Julio-Marcos García Maceiras

EL ESTADISTA

HERÁKLEITOS

ESSAYS & POEMS

Cubierta: *Justice*
(Grabado de los hermanos Facius sobre un óleo de Joshua Reynolds)

El Estadista

Primera edición: Octubre, 2024
Heràkleitos Club
Impresión: Mijnbestseller Nederland B.V.

ISBN 9789403752662
Printed in the European Union

For information, please address herakleitosclub@mailfence.com

La Túnica y las Togas

El Estadista

LA TÚNICA Y LAS TOGAS

An idea that can play so large a part in a life must necessarily have something of the complication and protean quality of life itself.

H.G. Wells, *The Research Magnificent* (1915)

PRESIDE EL HONORABLE J-BOT

1

Justicia—He aquí una idea seminal, tan antigua como la Civilización, no menos ardua de definir que de realizar, elusiva en su cualidad de anhelo, históricamente imbuida de tal complejidad de fenómenos que nuestra época ya no puede visibilizarla sino exfoliada en múltiples facetas, asumidas por diversas praxis fragmentarias cuyos postulados presuponen un desplazamiento de la intuición primordial a un limbo de entelequias donde apenas si concita un consenso emotivo.

Es el pensamiento socioeconómico de *Justice as Fairness* en su empeño por confeccionar el índice de posesión de bienes primarios, afirmar el principio de igualdad de oportunidades y clarificar las bases informacionales de una redistribución equitativa. Es también la Bioética, que proclama entre sus normas constitutivas un principio universal de *Justicia* entendido como el aprovechamiento compartido de los beneficios, ahora extendido lógicamente a las directrices deontológicas en el ámbito de la artefactalidad (*Roboethics*). O el estándar de *Justicia* como razonabilidad en la dinámica jurídica, surgido de la práctica conflictivista de los tribunales de garantías constitucionales, y especificado por la metodología jurisprudencial en la exigencia de proporcionalidad en la ponderación de derechos e intereses (*Verhältnismaßegkeist*, *Principe de Proportionalité*, *Ragionevolezza*, *Wednesbury Unreasonableness Principle*).

Equidad, redistribución, razonabilidad: enunciados que conciernen *Justicia*, muestras de una amalgama de concreciones cuyos logros aparecen revestidos con una vocación de transformación sin parangón en la Historia. No obstante, no cabe soslayar el fracaso de todo intento de abstraer una idea aglutinante de *Justicia*, resistente a deslizamientos, depurada ya de nebulosas intuicionales, todavía útil como vehículo para el pensamiento y la acción.

Aquí hay una misión todavía por cumplir. Y, si algo podemos referir *a priori* de lo buscado, es que ha de ser (o convertirse en) una moneda de curso legal; pues, si no es generalmente aceptada, aunque se aprecie la nobleza del metal o la maestría del artífice, nada valdrá como instrumento de valor e intercambio.

Una vía es la elaboración de un supraconcepto (*oberbegriff*) de *Justicia* que integre y supere las concepciones operadas por las praxis fragmentarias. La Ciencia ostenta una legitimidad pletórica para afrontar la hazaña de elaborar el discurso que ampare y habilite todas las praxis de *Justicia*, su teoría unificada.

Asunto distinto son las condiciones actuales para hacer valer esa legitimidad. La Filosofía de la Ciencia vigésima (Kuhn, Nagel, Feyerabend, Popper, Lakatos) infligió una crítica severa a la concepción heredada (*standard view*) de la Ciencia como olímpico anfiteatro de un conjunto de sistemas formales axiomatizables dominados por la objetividad—concepción todavía hegemónica.

La Verdad se ha convertido en una experiencia laberíntica, ensombrecida por reparos sociológicos de ideología, de clase o de género. Las teorías no pueden ser confrontadas tan alegremente como antes, pues se ha decretado la inconmensurabilidad de los paradigmas en cuyo seno han surgido, la intraducibilidad de los lenguajes.

Los resultados de la investigación quedan sujetos a una flexibilidad interpretativa que cuaja en un ambiente relativista dominado por el amarillismo sensacionalista de los medios de comunicación y la deriva autoritaria, xenófoba y fascista de una parte sustancial del tejido social de Occidente.

Extraña la escasez y ligereza de los valores que afectan a la Ciencia, exclusive extraídos de su componente epistémica, como la coherencia o la simplicidad. El análisis de los modos de resolución de polémicas y controversias ha terminado por disolver la idea de *autoridad* en un marco de conflictos de poder entre corporaciones multinacionales o bloques de Estados, cuyos intereses estratégicos suelen permanecer subrepticios.

La Ciencia se convierte en política científica en manos de ejecutivos codiciosos y réprobos politicastros cuya necedad o sectarismo mediatiza todos los contextos de la praxis, determinando condiciones tornadizas para los rituales de consenso, e incluso el estilo de la racionalidad de las metodologías.

La Ciencia, al insertar objetivaciones en la dinámica de la Historia mediante una economía de la acción eficaz, pretende juridificar todos los discursos en el marco de una legalidad universal. El inconveniente es que no deja de ser una suma de validaciones que sufre al ser sometida al contraste de otras clases de praxis en busca de los sentidos implicados.

Las series cronológicas, íntimamente ligadas a la naturaleza, fueron una forma de establecer significaciones trascendentes; la todavía inaprehensible matriz de resúmenes y esquemas de la Ciencia, soñada por el marqués de Laplace, será otra. Entre esos extremos se despliega una gama de representaciones que han mostrado un rendimiento que la furia aceleradora de la actividad tecnocientífica no puede invalidar.

El Arte, las religiones, los sistemas filosóficos muestran la exigencia más alta de un orden que persevere en la reducción de incertidumbres. Ahí se da también la elaboración de modelos teóricos y la evaluación de los datos experimentales, salvo que la instancia de refutación no es la maquinaria y la fórmula, sino la imaginación del individuo en su condición de instancia autónoma capaz de formalizar universos magmáticos de materia.

La Ciencia es un repertorio de enunciados que deben coadyuvar a construir el Mundo, no a destrizarlo. En este aspecto, no puede sostenerse sin discursos que infundan sentidos, dirijan intenciones o, cuando menos, establezcan coherencias aplicativas en esta lacra del azar gratuitamente desencadenado al aventar procesos y objetos asistemáticamente constituidos en medio de una realidad permeada por ideas socialmente, culturalmente, históricamente determinadas.

Esta es la causa radical de la fascinación y terribilidad del maquinismo. Una máquina es la realización de un concepto; pero de tal modo zanjante que queda ya establecido un abismo entre la función activada y la disponibilidad de intenciones. Su fascinación proviene del hecho de que libera de la responsabilidad de hacer el Mundo; su terribilidad, de que no hay otra responsabilidad sustitutiva que contraer. Y en su fabuloso catálogo de realizaciones jamás estará disponible una visionaria enciclopedia de la geometría de las interferencias de las reificaciones conceptuales, excepto por apelación al resto de praxis de conocimiento.

Otra vía es lograr un concepto de *Justicia* universalmente aceptado por todas las comunidades, designio hasta ahora irrealizable. A pesar de la creciente presión ejercida por los fenómenos de la globalización, el razonamiento de lo que sea

Justicia difiere por doquier. Cada sociedad, cada comunidad, se nutre de unas nociones peculiares, unos conceptos inconfundibles e insustituibles, y *Justicia* no es la excepción.

Los pueblos que han asumido tardíamente los formalismos de la Ley gozan de una idea de *Justicia* que, sólo tras ímprobos esfuerzos de retorsión, podría proyectarse en un concepto. Los incas inscribían en los quipus, en refranes, en pinturas, en tallas, bastones y utensilios domésticos, su idea de *Justicia,* que asociaban a los mandamientos básicos de no robar ni mentir, ni matar, ni pervertirse (*Ama llulla, ama sua, ama ccella, ama sipix, ama mappa o maclla*). En India, la idea moral central de su tradición es *Dharma*: la observancia de la verdad en la conducta, que culmina la percepción mental (*rta*) y la expresión verbal de esa percepción (*satya*). Todo lo más, el anhelo de *Justicia* viene personificado en el ideal del príncipe sabio y virtuoso que deja Cha Akga en el *Artha-Shastra*, entre cuyas habilidades se halla el arte de hacer cumplir la Ley (*Dandaniti*).

En las crónicas orales de África se refieren duelos judiciarios, ordalías, lectura de oráculos y auspicios; se detallan muertes propiciatorias, antropofagia y brujería; profanación de tierras o utensilios, sociedades secretas de hombres-animales. Hubo barbarie, ciertamente; pero también sutilezas que jamás alcanzará la burocracia judicial occidental. *Justicia* en un sentimiento íntimo, una emoción personal y común que no puede ser materializada sino fragmentariamente. Así, los símbolos de los Akan, plasmados en los textiles Adynkra: el signo *Mmra* representa el sello de la ley; *Sepow* es la daga del verdugo; *Kuranti en Kwamu* significa que una sola cabeza no hace un jurado; *Epa* viene a recordar que eres súbdito de aquel cuyos grilletes apresan tus manos.

Hay una estrecha implicación entre la historia de los conceptos y la historia de los hechos extralingüísticos. Los conceptos pueden surgir por consenso, por mandato, por contrato, por propaganda—por cualquiera de las clases de impulso activo. Son determinados por unidades de acción, a su vez por ellos determinadas, en un juego de reciprocidad donde no es infrecuente la asimetría y la exclusión.

Son receptáculo de realidad y a la vez un cauce para la acción. Establecen límites teóricos, pero también experienciales. A su través es posible comprobar la dilatación de los espacios semánticos, vislumbrando cambios y permanencias. Diacrónicamente, revelan la variación de las estructuras a largo plazo.

La Política es, en gran medida, el juego de las tensiones que viven los conceptos. Tensión entre conceptos contrarios, en una dinámica que los colma y vacía, en correspondencia con el surgimiento o extinción de una experiencia. Tensión entre concepto y cosa, entre las vivencias y el uso lingüístico que tiende a ellas o las trasciende. Un cambio de situación con el mismo léxico tiende a ejercer una presión hacia las nuevas denominaciones, las transformaciones de los significados y, por último, el cambio de las cosas. Tensión en el interior del propio concepto; es un concentrado de mundos contenidos de manera significativa, una pluralidad de significaciones y experiencias históricas.

El concepto unifica en sí la totalidad del significado; en ese sentido, es indefinible y casi indescriptible. Están tan repletos de Historia que forman un ámbito de experiencia total, irreductible. Es precisa una labor de esclarecimiento para discernir en su interior la articulación de significados que se solapan, se confunden, se estratifican, se pierden. Hay sumas de relaciones teóricas y praxis objetivas en un contexto que sólo se hacen experimentables por el concepto.

Hay también otro tipo de concepto, que no tiene referentes concretos, es difícilmente analizable y extremadamente peligroso. Puede surgir espontáneamente, reuniendo experiencias y disponiendo expectativas, lleno de frustración; o ser creado, marcando la operatividad de sus similares, con intención de ejercer control sobre el movimiento histórico mediante un acceso transversal al mundo emocional. No reúne un acervo total de experiencia, sino un ámbito magno de expectativa. Expresa un anhelo. Es la esperanza hecha concepto.

Tenemos asimismo las imágenes: estampas de lo justo y lo injusto que hemos experimentado en persona; representaciones de caracteres y situaciones aportadas socialmente. Durante milenios, la idea de *Justicia*, implicada por las nociones de equilibrio y proporción, ha cristalizado en predicaciones valorativas, como equidad o belleza, que impregnan los sueños de erradicación de la iniquidad.

La Imaginación suministra acceso instantáneo a significados que, de otro modo, tardaríamos siglos en validar. La Razón ha logrado postular, sea el caso, un último estadio de la carencia del ser—*Nada*—, cuya asunción sigue resultando psicológicamente ardua. En cambio, desde hace milenios nuestra mente intuitivamente comprende que no hay lugar más indigente y desolado que el vacío antaño ocupado por un manantial. Las imágenes siempre han estado y siempre estarán; son una barrera infranqueable para el programa de la racionalidad integral.

El Arte implica una continua reflexión en imágenes sobre las condiciones de *Justicia*; un diálogo permanente que ajusta y afina, sin recurrir a esferas públicas de decisión formal, visiones que sirvan para el pensamiento y la acción de *Justicia*. Ello concierne a los géneros tradicionales de las Artes, pero también a discursos y dramaturgias de nuevo cuño que surgen en ámbitos como la Televisión y el Cine, el Periodismo, el Deporte o la Política.

En todas esas narraciones se proponen imágenes de *Justicia* donde las comunidades, en la realidad factual o en el impulso del anhelo, desde el regocijo o desde el horror, puedan reconocerse. Claro que en ese *totum revolutum* no todo vale; ni todo lo que vale algo, vale lo mismo.

Las emociones que provoca saber que un conocido ha tenido un golpe de buena suerte, o la desgracia de un accidente o una enfermedad incurable, difiere según qué factor prevalece de entre cientos operando. ¿Valoran del mismo modo los súbditos de un tirano sus iconos de *Justicia* que los ciudadanos de un país democrático? La foto del cadáver de un niño inmigrante arrojado por el mar a la orilla de una playa, ¿causa el mismo impacto de injusticia si nos la enseñan tomando el sol en una piscina o en medio de una invernal reunión oficinesca?

Cada cual va experimentando su peculiar aquilatamiento de *Justicia*, que está en continuo ajuste, y no deja dos huellas vitales iguales. De joven, cuando soñaba con merecer la túnica del repúblico excelente, pensaba en *Justicia* como la fluencia inmanente de una idea cuyas realizaciones algún día irradiarían por doquier la luz del sumo bien, y creía ver destellos de su esplendorosa potencia en las manifestaciones artísticas que me fascinaban: en partituras de Haydn, Bartók y Shostakovich, en películas de Bergman y Mizoguchi, en edificios de Le Corbusier, en piezas vanguardistas de teatro y danza. O en los clásicos de la Literatura, leídos con la ansiedad de un idealismo feroz.

En *El ingenioso hidalgo don Quijote de la Mancha* (1605), pieza emblemática de la novelística, *Justicia* es motivo central. Alonso Quijano se lanza a correr mundo para enderezar entuertos y deshacer agravios, apelando a una narrativa anacrónica de paladines que ya se anquilosa entre las tinieblas del mundo feudal. Su folía justiciera, evidenciada en el lancinante patetismo de sus fracasos, cobra relieve por la cordura que el escudero Sancho Panza pone en la solución de disputas durante los diez días que ejerce el gobierno de la Ínsula de Barataria. Pero en el tránsito de lo ideal a lo real, en el empedernido ejercicio externo de su idea fija, Don Quijote es un príncipe, y uno de los más nobles, pues el impulso de voluntad por el que vive y muere es la idea de *Justicia*. Su heroísmo se desquicia no por errar en el afán, que sigue incólume en su frescura mañanera, sino en la anarquía de un Yo desbrujulado que desfigura las referencias de la realidad y se entrega a cauces de acción inadecuados.

2

Fuente insoslayable de imágenes de *Justicia* es ese conjunto de plataformas digitales aglomeradas por personas y automatismos que denominan *Redes Sociales.*

Con su profunda incidencia en el ámbito familiar, laboral o afectivo, en apenas un cuarto de siglo han consolidado la globalización fomentando un intercambio más rápido de conocimientos y experiencias que, entre otras cosas, ha permitido visibilizar realidades subyacentes que antaño causaban irritación o desconsuelo (injusticia de baja tensión), y ahora se consideran intolerables (iniquidad).

Han trastocado las estructuras discursivas tradicionales mediante la banalización, la apropiación cultural o una sofisticación de la desinformación hasta lo que podríamos llamar *ignorancia múltiple selectiva*, donde ciudadanos libres, responsables y bien informados deciden voluntariamente, respecto a un asunto o catálogo de temas, prescindir de los métodos básicos de verificación del dato.

Se han constituido en parapeto de ocultación, lo que puede propulsar el odio y la destrucción, pero también el disfrute del juego, las lecciones que proporciona la representación de roles distintos. Han provocado una percepción diferente de nuestra propia imagen y personalidad, que ha traído alteraciones en la apreciación de *la continua y perpetua voluntad de otorgar lo que por legítimo derecho a cada cual corresponde (Iustitia est constans et perpetua voluntas ius suum cuique tribuendi)*, que es la definición letrada tradicional de *Justicia* desde Domicio Ulpiano, jurista romano de origen fenicio que llegó a ser *praefectus praetorio* del emperador Severus Alexander.

No frecuento las *Redes Sociales.* He mantenido una cuenta indolente en *LinkedIn*, pues resulta cómodo disponer de un espacio público donde alojar tu currículum profesional; utilizo *YouTube* para escuchar música, y recurro a *WhatsApp* (textual) para evitar llamadas telefónicas, que me disgustan. No tengo *Facebook* ni *Instagram ni TikTok* ni *Pinterest.*

A primeros de noviembre de 2022, comencé a operar en *Twitter/X*. Sabía qué no me apetecía hacer: entrar en debates; buscar amistades; participar en el mercadeo de *like*. Podría practicar mis idiomas, airear viejos artículos, publicar reseñas musicales, anotar efemérides sobre literatos y artistas predilectos, o prender clips en curiosidades sobre Ciencia y noticias de Tecnología al servicio de proyectos profesionales o artísticos—y todo ello, sin ataduras ni afán de permanencia. *Twitter/X* como palimpsesto, libreta de notas y almanaque personal.

Inicialmente, seguía cuentas sobre Humanidades en francés e italiano. Lo que me llegaba eran tuits con obras pictóricas, citas literarias, anécdotas sobre compositores y acontecimientos históricos. En un momento dado, la orientación de la cuenta viró hacia autores anglófonos de microficción (#*vss365*), y de ahí a varias docenas de poetas que asumen la sugerencia diaria de tema (*prompt*) anunciada con antelación por perfiles coordinadores.

Cinco meses después de abrir la cuenta, a finales de marzo de 2023, ya podía considerarme un tuitero veterano. Mis tuits habían obtenido porcentajes raquíticos de *engagement* y *like*; me habían jaqueado la cuenta, que recuperé de inmediato; y me había acostumbrado a bloquear mensajes pornográficos y promotores de criptoactivos.

Había experimentado el fastidio de que se colasen monerías de gatos, o multitudinarias muestras de simpatía para con un extraño, fueran plañidos ante la muerte de un familiar, fueran albricias por el primer día de escuela de un hijo, una promoción laboral o el anuncio de una cita sentimental tras pasar el duelo de un divorcio.

Pero, sobre todo, me había percatado ya de que es en el activismo político, rabiosamente polarizado, donde alcanza su efervescencia esta plataforma. Apenas matizado en su emocionalidad, cada tuit es un acto individualizado de administración de *Justicia* que, si logra alcanzar refrendo grupal, puede llegar a la estigmatización y cancelación del ajusticiado.

Me propuse realizar una investigación informal sobre el estándar contemporáneo de *Justicia* a través de las manifestaciones políticas de los usuarios de *Twitter/X*, que se extendería durante quince meses. Descartada por muchos motivos la política del Reino de España, me centré en la actualidad de otros grandes países europeos.

Seguí varias cuentas alemanas vinculadas a los *Neuen Sozialen Bewegungen*, que no sólo actúan contra la ultraderecha de *Alternative für Deutschland (AfD)*, en auge, sino también contra el *Hauptströmung* de los medios de comunicación de masas y la cultura dominante, voceando el profundo malestar de una sociedad que suponíamos experimentada y estable.

Respecto a Italia, di por azar con la cuenta de Alberto Letizia, un letrado siciliano que, sin alzar nunca la voz, cargado de sensatez, ha ido componiendo un vasto fresco de la indignidad, mostrándose especialmente incisivo contra la *Lega Nord* de Matteo Salvini y los *Fratelli d'Italia* de Giorgia Meloni.

Enfilé la política gala, bifurcando el seguimiento entre perfiles conservadores, volcados en una oposición frontal a la presidencia de Emmanuel Macron y el desprecio hacia el batiburrillo centrípeto de *Renaissance*, luego *Ensemble*, así como el recelo hacia la Unión Europea y la pérdida de valores de la sociedad tradicional francesa; y otros feministas, como *Les Orchidées Rouges*, cuyo activismo se focaliza en erradicar la mutilación sexual femenina, el matrimonio forzado y otras violencias contra mujeres y niñas.

El triunfo de *Rassemblement National* en las *Elecciones Europeas (2024)* causó en el foro francófono de *Twitter/X* considerable agitación, que sólo se mitigó, meses después, con la designación de Michel Barnier como *Premier Ministre* de la XVII Legislatura (V República), aunque la maniobra de Macron al convocar elecciones legislativas anticipadas—donde liberales, centristas, socialdemócratas, socialistas y comunistas se apiñaron en segunda vuelta contra la ultraderecha—, ha dado más pábulo a una de las maledicencias más frecuentadas en *Redes Sociales* por el neofascismo posmoderno: los actores del sistema político tradicional no son más que vísceras varias del mismo basilisco a degollar, *le parti unique*.

Atendí asimismo la política británica, que ya vigilaba desde el referéndum del Brexit, mediante el seguimiento de un millar de cuentas de *rejoiners*, activistas que buscan forzar otro referéndum (*#BrexitDisaster*) para que el país vuelva al lugar que por derecho propio le corresponde (*Britback*).

En paralelo, se estaba articulando un movimiento transversal contra los *Tories*, procedente en parte de votantes suyos, horrorizados ante el proceso de desnaturalización del partido y las luchas personalistas por el poder entre personajes sin reparo en exhibir la arrogancia de una rancia conciencia de clase que es raro ya observar en ningún otro lugar a estas alturas del siglo.

Se agregaba a ello el zigzagueante curso del *Labour Party* bajo la dirección de Keir Starmer, temeroso de perder feudos tradicionales que habían votado a favor del Brexit, muñidor de estrategias contradictorias respecto a diversas facciones de sus partidarios (incluidos los irreductibles de Jeremy Corbyn), un ojo puesto en qué acontecía con la izquierda continental, una oreja entregada a la lánguida remembranza de figuras históricas como Clement Atlee y Harold Wilson, y el temor a la reaparición espectral de Tony Blair. Ejecutando una estrategia retardataria a la hora de presentar soluciones para el país, aguardó a que el fangal en que chapoteaban los *Tories* se convirtiese en una ciénaga que los tragara sin más.

Esa confusión hubiera podido ser aprovechada por los *Liberal Democrats (LibDems),* únicos abiertamente europeístas, si no fuera por su propensión a las torpezas estratégicas y las depresiones intempestivas. O incluso por el *Green Party*, apreciado por muchos, incluso conservadores, como imprescindible para vigilar cualquier desmán en materia de bienestar sostenible; sin embargo, lo que ha calado en el electorado es la improbable conciliación de sus postulados con la praxis real de gobierno, así como su inhabilidad para transmitir con efectividad acciones políticas esenciales, como sucedió con el manifiesto *The New Green Deal* (2019).

El activismo de mis *following* británicos se centraba en promover el regreso a la Unión Europea y en hacer caer al gobierno conservador (*#ToriesOut*).

Ya son infrecuentes sus discusiones con *brexiteers*. Tras años de enfrentamientos, con rupturas traumáticas incluso en el seno familiar, lo que ha provocado fatiga en ambas partes, se libra una guerra de atrición. No suelen confluir en un mismo hilo; si lo hacen, se puede atestiguar una esgrima verbal fugaz donde se mantiene un tono flemático de charla, incluso en ese clímax en que un *brexiteer* zanja la discusión con un *rejoiner* acusándole de *traitor* y sugiriéndole que haga las maletas y se marche del país.

Parte de la actividad de los *rejoiners* de *Twitter/X* se dirigía al enjuiciamiento de quienes todavía consideran responsables de la situación; ahí la administración de *Justicia* resultaba expeditiva, a veces ingeniosa, usualmente ácida. Boris Johnson era objetivo prioritario; no escasearon las jornadas en que lideró las tendencias por sus mentiras, o con ocasión de nuevos hitos en la investigación de su gestión de la pandemia del coronavirus, o por flecos de la caída de su consejero áulico, Dominic Cummings; o su lista proponiendo títulos nobiliarios a amiguetes y amantes.

Tampoco se escatimaban descalificaciones contra Rishi Sunak, aunque un tanto atenuadas. Opinan los *rejoiners* que, al menos, este tecnócrata euroescéptico ha ido desarrollando una carrera política derechista coherente, así como que las expectativas eran ya muy bajas al iniciar su liderazgo, tanto en la ciudadanía como en su propio partido, donde se ha banalizado la infausta *letter of no confidence* que cualquier parlamentario conservador sin ocupación ministerial (*backbencher*), respaldado por un quince por ciento de sus colegas, puede entregar al *1922 Committee* a fin de que se vote (entre ellos) la destitución de su *Prime Minister*.

Algunos personajes que permanecían fuera de foco, aliviados por el desdén causado por largos años de animadversión, resurgían, como David Cameron, con su inesperado regreso al gobierno al frente del *Foreign Office*, o Nigel Farage, insistiendo en azuzar pulsiones xenófobas mediante el relanzamiento de *Reform UK*. Cada cierto intervalo reaparecía Michael Gove, perenne *candidato de consenso* con una asombrosa habilidad para sobrevivir a las emboscadas fallidas que durante años tendió a muchos correligionarios; ocasión para que alguna *rejoiner*, con humor inglés característico, afirmara que tiene un rostro *seriously slappable*.

En el punto de mira estaba asimismo Jacob Rees-Mogg, en su día al frente del rimbombante *Minister of State for Brexit Opportunities and Government Efficiency*. Los *rejoiners* soportan su atildamiento y su altivez, incluso su ensoberbecimiento de burgués apresurando sus zancadas hacia la verja herrumbrosa de la aristocracia, pero no le perdonan los pingües beneficios que ha obtenido a costa de menguar la calidad de vida de obreros, enfermeras y maestros de escuela. Extraña que ningún *rejoiner* haya reparado en las gallináceas que ornan la cresta de su escudo de armas.

Suella Braverman, que fuera Abogada General, y la titular del *Home Secretary* hasta su cese (tras la publicación en *The Times* de un artículo virulento: *Police must be even-handed with protest*), cargaba con la ingrata tarea de mantener las esencias de un populismo que apela a la grandeza del Imperio Británico para acentuar las responsabilidades y difuminar los derechos. Acusada por la prestigiosa *Bar Standards Board,* el supervisor deontológico de los *barristers* de Inglaterra y Gales, por expresar sentimientos racistas y narrativas discriminatorias, fue profusamente vituperada al ejecutar su política inmigratoria—los fallidos vuelos a Ruanda; *Bibby Stockholm*, la jaula-barcaza atracada en el puerto de Portland, en Dorset, donde aguardaba su suerte medio millar de peticionarios de asilo.

A comienzos de año ya se intuía qué habría de suceder cuando se convocase la *UK General Election (2024)*, estimándose como probable que el nuevo liderazgo de los conservadores, tras su paso por la oposición, tuviese nombre de mujer. Penny Mordaunt, Priti Patel, la ascendente Miriam Cates, tal vez Kemi Badenoch, Siobhan Baillie, Laura Trott, o la treintañera Dehenna Davison si decidiese regresar a la política activa, la propia Braverman, eran mencionadas para discutir el liderazgo a varones como Dominic Raab, Jeremy Hunt, Tom Tugendhat, Richard Holden, Saqib Bhatti, quizás *outsiders* como el sindicalista educativo Jonathan Gullis o el discursista ultraconservador Danny Kruger, muchos de ellos miembros de la populista *National Conservatives* (*NatCon*).

Por entonces, entre los *Tories* sobraba ambición—por no decir: *temeraria osadía*. Matt Hancock, considerado el epítome de la incompetencia catastrófica, se había postulado como legítimo sucesor de Theresa May comparándose sin rubor con John Major; y Liz Truss, a quien bastaron cuarenta y cuatro días al frente del gobierno para hacer perder millonadas a la economía británica, había anunciado su liderazgo con la pretensión de competir con Margaret Thatcher como la gran estadista inglesa de la era posmoderna.

A menudo, los perfiles *rejoiner* han reflejado opiniones en prensa; obligada referencia resultan los columnistas de *The Guardian*: Polly Toynbee, impenitente institutriz de la ortodoxia de la vieja izquierda, que ya no existe; Marina Hyde, descollante por su estilo sardónico; Jonathan Freedland, sobrio articulista que raramente deja al lector insatisfecho; Owen Jones, incisivo ideólogo predestinado a escribir discursos gubernamentales para los *Labour*; o los editoriales impulsados por Pippa Crerar, que llegó desde el *Daily Mirror* con el aura de haber destapado el *Partygate*, aquellos fiestones que Boris Johnson daba en *Downing Street* mientras el resto del reino, incluida su nonagenaria monarca, sufría los rigores del confinamiento durante la pandemia del coronavirus.

También se citaba *The Independent*, donde han cultivado el *sketch* político Tom Peck y John Rentoul o, ya en estilo editorialista, Sean O'Grady; algunas escaramuzas socialistas en el *Daily Mirror*; o incluso *The Times* cuando ha aparecido un artículo contra la línea conservadora del periódico (*op-ed*) aunque fuera tangencialmente, sobre frivolidades; así Matthew Parris, Camilla Long o Ben Macintyre.

A ello hay que agregar las caricaturas y tiras cómicas. Algunas son obras maestras de la ilustración política—en varios sentidos de *ilustración*. Poseen gran ingenio, una calidad excelente, e impactante crueldad algunas, al estilo de *Punch*, con una libertad artística admirable sea cual sea el diario para el cual el historietista dibuje: Peter Brookes (*The Times*) y Dave Brown (*The Independent*); Martin Rowson y Ben Jennings (*The Guardian*); Matthew Prittchet (*Daily Telegraph*) y Andy Capp (*Daily Mirror*).

La *ratio decidendi* de los juicios sumarísimos de los *rejoiners* ha incorporado variados argumentos. Los más jóvenes culpan explícitamente a sus mayores por entregarse al Brexit en el delirio melancólico de un rencor imperialista. Se manifestaban los datos y los escándalos en políticas esenciales como Educación y Transportes, por no hablar de las fallas estructurales del *National Health System* (*NHS*), o la gestión de los recursos hídricos. Se esgrimía una política económica que ha fracasado a la vista de la inflación galopante, la irresponsabilidad fiscal, el desdén por las pymes, la deslealtad hacia el mundo rural y el favorecimiento a un puñado de *cronies*. El deterioro de derechos y libertades, y la súbita pérdida de influencia del Reino Unido en el *statu quo* internacional, actuaban de bajo continuo.

Agravaba esta situación la crisis en referencias identitarias ostentadas durante siglos. Baste referir los males reputacionales que aquejan a la Corona, que no habrá de aliviar el impopular Charles III; el miserable trato de la clase política respecto a *ScotlandYard*, donde por desidia se ha institucionalizado el sexismo, el racismo y la homofobia, lo que afecta también a las grandes universidades (*Oxbridge*), escuela de liderazgos; o la polémica que zarandeó al *Grand National (2023)*, donde murieron varios purasangres antes y durante la carrera, con protestas importantes por las condiciones de vida de los atletas equinos.

La *UK General Election (2024)*, celebrada el 4 de julio, actualizó la situación política de manera significativa—al menos, aparentemente.

En escaños obtenidos, los *Labour* barrieron (*wipeout*) a los *Tories*, cosechando una holgadísima mayoría absoluta (*landslide*); los *LibDems* obtuvieron un resultado notable; el *Green Party* mantuvo posiciones, y el independentismo escocés, sumido en una crisis de liderazgo y hastío, se desplomó. Extrapolado a un sistema proporcional, no obstante, el recuento advierte de fenómenos que replican o reflejan lo que sucede por doquier, haciendo inviable hablar de una hipotética *excepción británica*.

El avance de *Reform UK*—ultraderecha hipócrita, matona y circense, no menos peligrosa que sus pares continentales—permanece distorsionado al ponerse el foco de los medios y la opinión pública no en su ideario ni en la liga de la infamia que internacionalmente alienta, sino en las fantochadas de su líder, como cuando nombró *ChiefWhip* a *30p Lee*, político así apodado por afirmar que el problema de la miseria es que los pobres no saben cocinar, pues cualquiera puede hacerse un buen almuerzo con treinta peniques. La tarea más visible de un *Chief Whip* en los partidos populosos es coordinar los *Whips* repartidos por las bancadas de la *Commons Chamber* para indicar *Aye* o *No* al resto de compañeros en la siguiente votación, algo estrambótico para un grupo de cinco parlamentarios.

En cuanto a los *Tories*, algunos personajes se habían escabullido antes de la debacle, como Michael Gove; otros optaron por escandalizar una última vez a la ciudadanía, haciendo apuestas ventajistas respecto a la fecha en que serían convocadas las elecciones. De entre quienes se expusieron al veredicto de las urnas, no pocas figuras renombradas perdieron su escaño—Grant Schapps, Liz Truss, Jacob Rees-Mogg, Penny Mordaunt, Liam Fox, Victoria Prentis, Michael Fabricant—, dejando al partido en ruinas.

La crónica electoral de Marina Hyde, no especialmente corrosiva para su hábito y estilo, reflejó el sentir generalizado: *Sunak axed, the cast eviscerated: at last, it's the Tories' season finale*. Para encabezar las tareas de reconstrucción, además de Kemi Badenoch y Tom Tugendhat, esa misma mañana de resaca electoral se avanzaban los nombres de Robert Jenrick, Priti Patel, Mel Stride o James Cleverly.

Entre los *rejoiners* de *Twitter/X* ha predominado un abrumador sentimiento de injusticia, que impregnaba su cotidianeidad. No lograban superar la incredulidad ante el triunfo de la irracionalidad y la ignorancia, y vivían en duelo permanente; sus tuits eran expresiones sombrías de indignación, muestras lúgubres de frustración. Mayoritariamente votaron por los *LibDems*, y la victoria de los *Labour* les ha dejado un sabor agridulce, una emoción ambigua en espera de comprobar qué enfoque pretende adoptar Keir Starmer con los aliados tradicionales del país.

Ahí la representación más precisa de los anhelos de *Justicia* es algo que tuvieron, tal vez sin prestarle importancia, y hasta que la situación no se revierta, atesorarán como orgulloso símbolo de resistencia y esperanza: doce estrellas doradas de cinco puntas dispuestas en círculo sobre fondo azul—la bandera de la Unión Europea.

3

Mi interés por el sistema judicial norteamericano se remonta a los días en que recibía *Facetas*, la versión en castellano de *Dialogue*, magazín con una estupenda selección de artículos, que publicaba la *US Information Agency*.

Estudiando Derecho en Santiago de Compostela, con el seguimiento que hacíamos de la doctrina inaugural del Tribunal Constitucional español, se me indicaron diversas lecturas sobre la *judicial review* para comprender en profundidad la naturaleza de los tribunales de garantías constitucionales; años después, ya como jurista profesional, emprendí un estudio sistemático de la historia y jurisprudencia de la *Supreme Court of the United States* – SCOTUS.

Si en marcha tenía un proyecto sobre *Justicia* en *Twitter/X*, resultaba obligado aventurarme por el país donde se originó y mayormente se utiliza esta plataforma. Fui aceptado por más de cuatro mil perfiles *Blue Wave*, círculo de tuiteros que se declaran votantes del *Democratic Party*, proclaman su voluntad de frenar el avance del fascismo en América y aborrecen a Donald Trump.

Cada perfil es un mundo y, salvo por militar contra el movimiento *Maga* (*Make America Great Again*), carecen de afinidades. Proceden de grandes urbes, pero también de alguna aldea de Kentucky o un villorrio aislado en la falda de las Rocky Mountains. Hay *liberals* que ideológicamente se asemejan a un europeo de centroderecha, y *progressives* focalizados en una sociedad igualitaria, la injusticia climática, la reforma del sistema sanitario y el control de los mercados financieros.

Se trata de gente normal, con alegrías y tristezas ordinarias, orgullosos de su país y su familia, o de haber rehecho su vida dejando atrás un infierno de adicciones o abusos. Algunos tuitean desde un despacho de empresa, irritados por lo que acontece en Washington DC, y otros lo hacen en el enclave de un bungaló rural, hostigados por vecinos *Maga*.

Pueden ser fans de los *Baltimore Ravens* o de Taylor Swift; pueden adorar o meramente tolerar a Oprah Winfrey. Hay quien no lee otra cosa que lo publicado en *Twitter/X*, y quien devora *cozy misteries*, o *romantic suspense*, o *space opera*, o cualquier otro subgénero del centenar en que las agencias y editoriales norteamericanas cuadriculan su industria. Cada cual posee un *stock* diferente de soluciones para revertir una situación inequitativa.

Dando *like* al unísono, respecto a un tuit despotricando contra algún insurrecto, en mi círculo pueden coincidir una nativa iroquesa que regenta un supermercado en Pittsburg, un veterano pensionista californiano mutilado en Irak, un concejal de aguas de un condado de Mississippi y una profesora bostoniana cuyo principal interés es el ecofeminismo posthumanista de Donna Haraway.

Siguiéndolos durante mi estancia en *Twitter/X*, pude trazar el curso que sigue la información política por *BlueWave*.

Hasta el 20 de julio de 2024, fecha de la renuncia de Joe Biden a su candidatura a la reelección, había una primera línea, liderada por el 46° Presidente y la vicepresidenta Harris, escoltados por las cuentas ministeriales oficiales y el *Democratic Party*, a las que se agregaban Barack Obama y Hillary Clinton, que siguen gozando de una acogida formidable. *Maga* gusta de añadir aquí, en el bloque institucional, los medios liberales, empezando por la *CNN* y *The New York Times*. Y *Blue Wave* quizás no se molestase si quedasen encuadradas también algunas cuentas muy vinculadas, si no coordinadas, con la oficialidad del partido: *Call For Activism* y *Occupy Democrats*, entre otras.

Tras ellos, adquiría relevancia un ramillete de políticos demócratas cuyo verbo ha excitado siempre el debate tuitero, como el senador *progressive* Bernie Sanders, la *House Speaker* emérita Nancy Pelosi, las senadoras Elisabeth Warren, Kirsten Gillibrand, Tammy Duckworth y Amy Klobuchar; el gobernador de California Gavin Newson, congresistas como Alexandria Ocasio-Cortez, Hakeem Jeffries, Jasmine Crockett, Adam Schiff, Rashida Tlaib y Jamie Raskin, o el ministro de Transporte, Pete Buttigieg.

Se hallaban luego los comentaristas (*pundits*), protagonistas genuinos de la plataforma, pues son quienes intensifican y amplifican los mensajes. En lugar sobresaliente estaban los expertos jurídicos, ya desde una perspectiva teórica, como el constitucionalista jubilado Laurence Tribe, ya rastreando por lo menudo la actualidad judicial de cariz político, donde han brillado la exfiscal federal Joyce Vance-White, el profesor Steve Vladeck y la periodista Katie Phang, además de aportaciones relevantes desde las cuentas de Andrew Weissmann, Neal Katyal, Jennifer Rubin, Ryan Goodman, Jen Taub, Adam Klasfeld o Elizabeth de la Vega.

Constaban asimismo destacados comentaristas económicos, de carácter general, como Robert Reich; o incidiendo en asuntos regionales, personajes con proyección nacional como el texano Beto O'Rourke. Algunos han generado información de primera mano con base en investigaciones propias y datos suministrados confidencialmente por altos funcionarios, u obtenidos de ciudadanos anónimos que refieren lo escuchado en un restaurante o un campo de golf, como Ron Filipkowski, con *MeidasTouch*, o Allison Gill, con *Mueller, She Wrote*.

No han faltado, por supuesto, los agitadores, cada uno en su estilo, desde lo *camp* a lo *indie*, condescendiendo o acosando de modo virulento, pero siempre con una gran dosis de sarcasmo, ya desde el propio aparato del *Democratic Party*, como la estratega Lindy Li, ya desde las filas de los *influencers*, como Jeff Tiedrich; Joanne Carducci (*@JoJoFromJerz*); Jon Cooper (*@joncoopertweets*); BrooklynDad_Defiant! (*@mmpadellan*); Mayo *@MayoIsSpicy*; Leigh McGowan (*@IAmPoliticsGirl*), Ricky Davila (*@TheRickyDavila*) o el *Gen-Zer* Victor Shi.

Completaba *Blue Wave* el entramado de cuentas de base (*grassroots*), que repiten el mensaje, modulándolo con un expletivo, un emoticono o un refrán, o agregando creaciones propias mediante infografías o memes. En momentos críticos solían alineársele perfiles conservadores moderados, a los que *Maga* apoda *Rino* (*Republicans in name only*), tachándoles de ser derechistas de pacotilla: *Republicans Against Trump, The Lincoln Project*, *Republican Accountability*. Ocasionalmente, dando un brillo especial a *Blue Wave*, surgían tuits de gran impacto procedentes de celebridades como Stephen King o Barbra Streisand.

Tras el debate Biden/Trump el 27 de junio de 2024, cundió la amargura ante la inmisericorde campaña de los medios de comunicación contra el 46º Presidente; su renuncia sembró el desconcierto a la hora de trasmitir los mensajes políticos del día mientras no se oficializaba su remplazo. La situación dio un giro copernicano con la feroz, exaltada, casi alucinada reacción de *Blue Wave* cerrando filas en apoyo a Kamala Harris como candidata a la presidencia.

En apenas unos días se pasó de la depresión al ardor (*We're not coming back / Yes, We Kam / Forward*), con decenas de miles de personas voluntariando para la campaña, la recaudación de cientos de millones de dólares, el apoyo de un número relevante de figuras republicanas e independientes y la anuencia complaciente de gran parte de la prensa nacional e internacional respecto a improvisaciones del *Democratic Party*, incluida la designación de Tim Walz, gobernador de Minnesota, para completar la candidatura demócrata.

Blue Wave escudó a Joe Biden por su personalidad afable, su capacidad para el diálogo y sus logros económicos (*Bidenomics*), con cifras e hitos. Bajo su discreto liderazgo, el país logró la mejor recuperación económica dentro del G-7; se generaron quince millones de puestos de trabajo, impulsando una política coherente respecto al cambio climático.

Insistió en promulgar la legislación de control de armas más significativa en años; enfrentándose exitosamente a las grandes farmacéuticas; promoviendo la diversidad demográfica y profesional en nombramientos para cargos públicos, incluido los judiciales; aportando equidad a los códigos tributarios; fortaleciendo alianzas y asociaciones internacionales; siendo proactivo en la defensa de los derechos de las mujeres y, además, cancelando la deuda estudiantil, asunto que concierne a más de tres millones de personas.

En el último tramo de su presidencia, frente a la previsible imagen de *lame duck*, empeorada por su renuncia, la apreciación de Joe Biden por *Blue Wave* no ha hecho más que robustecerse, enaltecido no sólo por la dimensión histórica de su sacrificio, sino por algunos triunfos políticos de última hora, como el canje de presos más relevante en medio siglo entre Rusia y Occidente, o ciertas propuestas legislativas de largo alcance, como la reforma de SCOTUS.

Su mujer, Jill Biden, resistió con estilo y simpatía la añoranza de la presencia imponente de Michelle Obama, así como las comparaciones con Melania Trump, mujer a medias detestada, a medias compadecida. Como vicepresidenta, Kamala Harris caía bien entre los jóvenes pero, hasta el instante mismo de la renuncia de Joe Biden, pocos en *Blue Wave* la visualizaban como futura presidenta; a este respecto, se traían a colación Demócratas antes mencionados, u otros que tal vez ganasen su *momentum*, como Gretchen Whitmer, gobernadora de Michigan, o Josh Shapiro, gobernador de Pennsylvania. Era algo murmurado en pequeños círculos, con la boca regañada (*Never trouble trouble 'till trouble troubles you*). El tema central de *Blue Wave,* sin embargo, siempre será vencer al caos y la sinrazón que ha encarnado Trump y amplifica *Maga*.

Salvo en los apelativos, renovados cada cierto tiempo—*Orange Moron*; *Little Mushroom*; *Inmate No. 11780*; *Diaper Dictator*; *TFG (The Fucking Guy)*; *Dementia Don*; *Cockwomble*—, el retrato de Trump por *Blue Wave* ya no admite retoques: como presidente, un energúmeno insoportable, amigo de dictadores y supremacistas blancos, que banalizó la pandemia del coronavirus, ahuyentó a los aliados naturales de EEUU, y fue el causante de la mayor división social de la Historia de América; como ciudadano, el heredero narcisista de una fortuna dudosa, un empresario sin escrúpulos caracterizado por explotar a empleados y contratistas, evadir impuestos y llevar muchos proyectos a la bancarrota, además de un polidelincuente multirreincidente, un mentiroso patológico, un señoritingo miserable que se ha mofado de jóvenes neurodivergentes e insultado a veteranos de guerra (tras él escaquearse del alistamiento militar) y un depredador sexual con amistades nefandas en el ámbito de la corrupción de adolescentes.

Hay decenas de miles de memes atacando a Trump; durante mi estancia en *Twitter/X*, proliferaban las escenas de celda con rejas y aquéllos que lo destacaban como una vergonzosa excepción, al margen de todos los expresidentes vivos.

Blue Wave ha cargado duramente contra la base social trumpiana. *Maga* es descrita como una secta (*the cult*) compuesta por gente inmadura, ignorante, carente de capacidad crítica y, por tanto, fácilmente manejable (*gullibility*); para ello se aportan fotografías rurales de gañanes empuñando un rifle de asalto, y mujeres zafias con tatuajes salaces pro-Trump (*Grab my Pussy; Boner Garage*). El inconveniente es que surgen también instantáneas urbanas donde Trump aparece en un lujoso salón de convenciones rodeado de *Moms for Trump*, sofisticadas señoras maduras que parecen estar intervenidas por el mismo cirujano plástico, y caballeros de buenos modales que sin rubor se declaran *christofascists*.

Objetivo principal del troleo ha sido asimismo Ron DeSantis, gobernador de Florida, caracterizado como un nazi por su prohibición de libros (y diccionarios) y su desprecio a lo *woke*, el *infierno trans* y la senilidad de Biden, así como por sus políticas tiránicas, que han afectado incluso a la autonomía de *Walt Disney World Resort* en Orlando. La retirada de su candidatura a la *US Presidential Election (2024)*, ofreciendo su apoyo a Trump, que lo había insultado en numerosas ocasiones, provocó en *BlueWave* un bullicio importante.

Como secundarios han comparecido Ted Cruz, senador por Texas, y Sarah Huckabee Sanders, gobernadora de Arkansas; el excongresista George Santos, impostor profesional, y Jim Jordan; cierto Kennedy conspiracionista y el espinoso Matt Gaetz; el volátil infortunado Kevin McCarthy y el acendrado baptista luisiano

Mike Johnson; Scott Perry y Elise Stefanik; Kristi Noem y Mo Brooks; Andy Biggs y Greg Abbot; Nick Fuentes y Laura Loomer; advenedizos como Vivek Rawasmamy; o la populachera Lauren Boebert, que ha sufrido unos cuantos gafes—tiempo atrás cuajara la moda de calificar la estupidez de un tuit puntuándolo de uno a cinco *Boebert*.

Nikki Haley, que fuera gobernadora de South Carolina y embajadora en *Naciones Unidas*, sólo cogió relevancia en *Blue Wave* una vez que su candidatura presidencial se decantó como la única factible para competir con Trump o sustituirle en caso de que, por veto judicial o prescripción médica, éste no pudiera presentarse. El apoyo que brindó a Trump, aún tardío y reticente como fue, indignó a sus partidarios.

La designación de J.D. Vance como candidato republicano a la vicepresidencia provocó una reacción estruendosa en *Blue Wave*, mezcla de incredulidad y alborozo. Para acompañar a un personaje polarizador como Donald Trump no se había elegido a una mujer relevante ni a un prestigioso moderado, sino a un extremista que promueve políticas fascistas acentuando la nota machista al considerar que las mujeres han de quedarse en casa cuidando a los hijos—y, en su defecto (*cat ladies*), no deberían gozar de sus derechos civiles en plenitud. En su confusa biografía, además, constaban ya episodios (apócrifos o no) propicios para que *Blue Wave* lo haya motejado de *weirdo*, un lunático rarito.

En capítulo aparte está Marjorie Taylor Greene (*MTG*, *Moscow Marge*), profetisa del caos que, entre otras lindezas, afirmó que, si Steve Bannon y ella hubieran planeado el *January 6th*, el asalto al Capitolio habría triunfado; los incendios forestales son provocados por láseres espaciales; el Pentágono no fue atacado por un avión suicida el *September 11th*; los Clinton asesinaron a John F. Kennedy Jr.; Nancy Pelosi debería ser ejecutada por traición; la Covid-19 es una patraña liberal, igual que los tiroteos masivos en las escuelas, meras escenificaciones; el país no necesita una Guerra Mundial III, sino una Guerra Civil II; y, por supuesto, los Demócratas robaron a Trump la presidencia.

Comentadísimo sería su rifirrafe durante un comité capitolino con la congresista demócrata Jasmine Crocket, a quien espetó que sus dificultades para leer se debían al apelmazamiento de sus pestañas postizas; Crocket le canjeó la impertinencia con una descripción caricaturesca que provocó una gran carcajada en los círculos políticos de Washington DC: *Bleach blonde bad-built butch bodied.*

Respecto a los Republicanos como factótum histórico de la política nacional, el *Grand Old Party* (*GOP*), más que atacarlo *BlueWave* ha expresado la perplejidad de verlo sumido en la anarquía, como con ocasión de la destitución del *speaker* McCarthy, o la campaña *#VacateTheChair* para hacer lo propio con el *speaker* Johnson, o la desazón de testimoniar su deriva anticonstitucional, mansamente entregado al trumpismo, lo que se ha traducido en empeñarse en obstruir a los Demócratas y su programa de gobierno, o favorecer a los lobbies de *Corporate America*, por no mencionar los vínculos rusos. Como resumió *@econklin4*: *GOP's turned into a giant wrecking ball. They'd wreck our economy, our school system, our health, and our reputation around the world. Ultimately: our freedom.*

No debe sorprender que *Blue Wave* haya enfocado asimismo la *Supreme Court of the Unites States.*

La inquina contra el alto tribunal, basculado hacia una ultraderecha radicalizada, se ha ido fraguando desde el nombramiento de John Roberts como *Chief Justice* (2005); se agudizó con *Citizens United vs. FEC* (2010), sobre financiación electoral opaca y extralimitación en la libertad de expresión; se inflamó con los nombramientos de Trump (Neil Gorsuch, Brett Kavanaugh, Amy Coney Barret); y estalló con la revocación en *Dobbs vs. Jackson* (2022) de la jurisprudencia sobre el derecho al aborto establecida en *Roe vs. Wade* (1973) y consolidada en *Planned Parenthood vs. Casey* (1992)—una contrarreforma que se pergeñó con los votos favorables de *Associate Justices* a quienes el *US Senate* había otorgado el visto bueno tras declarar bajo juramento que jamás lo harían.

Durante el primer semestre de 2024, alcanzó visos incendiarios con el recorte de derechos y libertades que SCOTUS avaló en una serie de resoluciones reaccionarias cuyo corolario sería el *ruling* sobre inmunidad presidencial respecto a cuatro imputaciones contra Trump por su actuación en el intento de asalto al Capitolio en *January 6th*, demorado hasta el último día disponible del *docket* correspondiente a *October 2023*: *Trump v. United States (Certiorari to the United States*

Court of Appeals for the District of Columbia Circuit / No. 23–939. / Argued April 25, 2024—Decided July 1, 2024).

En ese *ruling*, ciertamente excepcional, no se buscó otra cosa que asestar el mazazo definitivo contra la Democracia. *Maga* no quería que los tribunales declarasen a Trump inocente de sus tropelías, sino que proclamaran su legitimación para hacer lo que quisiera. Afortunadamente, además de la opinión de la mayoría, futuras formaciones de SCOTUS dispondrán de los disensos de las tres magistradas liberales reflejando la frustración de muchos juristas norteamericanos, que siguen defendiendo su *Constitution* como un hito esencial frente a la barbarie autoritaria, con el ya célebre colofón de Sonia Sotomayor: *With fear for our democracy, I dissent.*

A ello se añadieron las revelaciones sobre conducta inapropiada en materia de regalos ofrecidos por potentados y corporaciones con litigios pendientes en el tribunal, mantenida durante años por Clarence Thomas (alrededor de cinco millones de dólares) y, en menor medida, por Samuel Alito; ambos asimismo bajo sospecha sobre su compromiso con el sistema constitucional vigente, no sólo por sus opiniones en SCOTUS, sino por la estrecha vinculación de Thomas con multimillonarios trumpistas, a quienes secretamente ha asesorado, y la bochornosa actitud de Alito ordenando o tolerando que la bandera nacional ondeara bocabajo en su jardín (y la controvertida *An Appeal to Heaven*, en su residencia veraniega), signo inequívoco de simpatía hacia los insurrectos.

Por vez primera desde la constitución de SCOTUS (1789), diversos sectores profesionales exigieron la elaboración de un severo código ético-deontológico—urgente pero desdeñosamente autorregulado por los *Justices* el 13 de noviembre de 2023, a semejanza del aplicado a los jueces federales, como señala el *Commentary* agregado al texto de sus cinco *Canon*. Dada la dimensión de la escandalera, ello no bastó, y han ido surgiendo iniciativas de políticos y académicos en orden a reformar radicalmente el tribunal, insistiendo en la urgencia de ampliar el número de miembros (nueve desde 1869) y acotar temporalmente su mandato, en principio vitalicio.

El 10 de julio de 2024, Alexandria Ocasio-Cortez, en unión de otros diecinueve congresistas demócratas, alzó *articles of impeachment for high crimes and misdemeanors* contra ambos magistrados; movimiento insólito, sin consecuencias efectivas mientras los republicanos dominaran la cámara baja, pero de gran impacto psicológico entre el electorado del *Democratic Party*. Dos semanas después, Joe Biden enunció su propuesta de reforma para el tribunal, seguida a los pocos días por el registro de *No Kings Act* por Chuck Schumer, *Senate Majority Leader*, proyecto legislativo concebido para contrarrestar el mencionado *ruling* sobre inmunidad.

La desafección respecto a SCOTUS provocó en *Blue Wave* una intensificación de la conciencia democrática, hasta apuntalarse en la certeza de que son las urnas, y sólo las urnas, donde la ciudadanía ha de defender sus derechos y libertades. Como dijo Beto O'Rourke en un momento en que los ánimos flaqueaban: *There are no sidelines. There's no sitting this one out. There is no hoping that someone else is going to come in and save the day. There is no cavalry. We are the cavalry.*

Sistemáticamente, *Blue Wave* ha denigrado jueces federales designados por Trump. Lo cierto es que algunos fueron tachados *not-qualified* por la *American BAR Association*, como Sandy Cook, Matthew Petersen, Brett Talley, Sarah Pitlyk y Lawrence VanDyke.

La irritación se exaspera ante personajes como Brett Kavanaugh, que Trump nombró para SCOTUS a pesar del clamor sobre su ineptitud como juez federal, o Aileen Cannon, cuya retardataria tramitación y posterior desestimación de la causa criminal contra Trump por la retención ilegal de documentos oficiales en su residencia de Mar-A-Lago comprometiendo gravemente la seguridad nacional, así como su desprecio a cumplir el deber esencial de abstenerse, causó estupor en el mundillo judicial.

Se ha puesto el foco en la telaraña de organizaciones no lucrativas litigando al servicio de *Maga*, como *Alliance Defending Freedom* (*ADF*), donde trabajaran destacadas personalidades conservadoras y que logró poner en jaque el derecho al aborto, ya directamente, forzando la revocación jurisprudencial antedicha, ya indirectamente, instando la prohibición de medicamentos abortivos (*Mifepistrone*) en juzgados federales ocupados por jueces trumpistas, como el texano Matthew J. Kacsmaryck, que pasó algún tiempo en *First Liberty Institute*, otro grupo de juristas neofascistas.

Se subraya también el *judge shopping* forzado por *Maga* para la consideración y resolución de litigios ideológicamente relevantes de alcance nacional, centralizando la mayoría de sus demandas en Texas, Luisiana y Mississippi a fin de provocar sentencias ultraconservadoras en apelación del *Fifth Circuit*; estrategia ejecutada, mediante *America First Legal*, por antiguos consejeros de Trump, o *Judicial Crisis Network*, ahora *Concord Fund*, presidida por Carrie Severino, que sirviera como letrada en el gabinete de Clarence Thomas en SCOTUS.

Como trasfondo, se halla la ejecución de un aberrante programa político de tintes medievales que permanecía oculto salvo para los acólitos del anarcocapitalismo trumpista, hasta que *Heritage Foundation* publicó *Project 2025*, manifiesto contrarreformista elaborado por estrechos colaboradores de Trump.

Poco a poco se han ido esclareciendo quiénes son y cómo actúan las piezas fundamentales del activismo legal ultraderechista (*gatekeepers*), como Peter Thiel, prohombre entre bambalinas de *Heritage Foundation* que colocó a J.D.Vance en el tique electoral como candidato a la vicepresidencia, o Leonard Leo, al frente de *Federalist Society*, que ha logrado instalar en cada rincón de la nación jueces afectos a una concepción reaccionaria del Derecho que pasa por la interpretación originalista de los preceptos constitucionales—empleando para ello, incongruentemente, tecnologías y métodos inimaginables en la *realia* dieciochesca de los *Framers of the Constitution*, como el análisis computacional mediante el *Corpus Linguistics*.

La gran mayoría de jueces nominados por Trump para los tribunales federales de apelación (*US Courts of Appeals*) estuvieron vinculados en algún momento a *Federalist Society*, asociación infiltrada como ninguna otra en el ecosistema jurídico norteamericano desde la raíz, con sus células capitulares en más de doscientas Facultades de Derecho.

Como lógica consecuencia, se han glorificado los profesionales liderando las investigaciones o juicios contra Trump—Jack Smith, Alvin Bragg, Fani Willis, Tanya Chutkan, Letitia James, Arthur Engoron, Lewis Kaplan, Juan Merchan—, así como unas pocas víctimas de sus muchas fechorías, como E. Jean Carrol, o relevantes testigos de cargo, como Stormy Daniels.

En las elecciones para cada juzgado local, en los nombramientos para cada tribunal, se han librado enconadas batallas cuyas tramas eran seguidas apasionadamente en *Twitter/X* como si fueran novelas de John Grisham; así, por ejemplo, la elección del séptimo miembro de la *Supreme Court* de Wisconsin, que recayó en Janet Protasiewicz, dando un vuelco liberal tras quince años de control conservador en la máxima autoridad judicial de un Estado significativo por el ajustado margen de diferencia entre los dos grandes partidos, donde una mínima variación en la inclinación del electorado adquiere extraordinaria relevancia nacional (*tipping-point state*).

4

Por lo que dicen o callan, en la intensidad de la mirada o un gesto de desdén en el ejercicio de su cargo público o en rendijas de su intimidad, los personajes públicos proporcionan visiones, emociones, imágenes de *Justicia*, que los círculos tuiteros reflejan en la cháchara global, modificando en cada instante el estándar de *Justicia*.

Sorprende que el azote de violencia cotidiana que asola muchos lugares de EEUU no sea articulado en *Twitter/X*—ni por Demócratas, ni por Republicanos. Debe suponerse que experimentan esa lacra tras un proceso colectivo de insensibilización, que a nivel individual no deja de incorporar un sentimiento latente de fatalidad.

Ello no concierne a los tiroteos masivos, que provocan en *BlueWave* avalanchas de indignación y memes contra la posesión de armas y la hipocresía de los Republicanos de responder con un duelo de rezos y memoriales (*#ItsTheGuns*), y suscita en *Maga* la reiteración del mensaje de que la seguridad en las escuelas, y en general, la protección de los derechos fundamentales de la ciudadanía, mejoraría con más y mejores armas. Un icono macabro sobrevuela los cadáveres: el rifle de asalto *AR-15*, arma elegida por los asesinos en las peores masacres de los últimos años.

Ámbito incandescente de politización es la esfera sexual. El feminismo norteamericano tiene muchos rostros y riqueza de matices, pero en nuestros días están todos en las trincheras. En su momento, los Republicanos no calibraron adecuadamente el impacto de haber revocado *Roe vs. Wade*, auspiciando que los Estados pudiesen volver a criminalizar el aborto, pues no sólo influyentes células demócratas, como *Emily's List*, han activado un bloque de confrontación allí donde se celebre una elección. No pocas republicanas moderadas, que jamás simpatizarán con *Maga*, lo consideraron una afrenta sexista, y abogan igualmente por una legislación permisiva a nivel nacional inspirada en *Roe vs. Wade*.

Contiendas brutales, asimismo, las que rodean a LGBTQIA+, asediado por *Maga* en algunos Estados, y las agresiones sexuales a menores (*sexual assault, child molesting, grooming, child pornography*). *Maga* culpa a los Demócratas por su lenidad respecto a la moral y, señaladamente, al colectivo *drag-queen*, figurado como una legión de tarados que corrompen a la infancia. Al revisar los casos surgidos en los últimos años, lo que aparece es un goteo diario de arrestos e imputaciones a varones blancos vinculados a algunas de las congregaciones religiosas marginales pululando por el país, afines a *Maga*.

Respecto a los crímenes de guante blanco, el mantenimiento de posiciones banderizas desaparece. En un país orgullosamente capitalista, el triunfador goza de una acentuada aura positiva y, salvo que haya irrogado daño directo a empleados y comunidades, o se trate de una figura pública jactanciosa, su caída en desgracia no provoca un ensañamiento popular, sino cierta ironía sobre el Destino a través de refranes y moralejas (*Life can turn on a dime / Don't count your chickens until they hatch*).

@nathaliejacobi1, una activista anti-*Maga*, preguntó a su círculo: *Si Donald Trump te ofreciera 10.000$ por votarle, ¿los rechazarías?* La diversidad de respuestas nos aclara que, cuando está implicado un beneficio personal que no causa de inmediato una lesión en los derechos e intereses de los demás, los fundamentos psicológicos de *Justicia* quedan alterados. En la muestra se hablaba del dinero procedente de un felón, pero pensemos en precios no dinerarios, especialmente aquéllos inmateriales o intangibles, incluidos los que afectan a la vanidad personal, como una mirada apreciativa o una sonrisa.

Las imágenes de lo justo y lo injusto vienen filtradas por el impacto o repercusión en la identidad de cada cual, y es frecuente que no haya un esfuerzo por alcanzar la objetividad más allá de la creencia y el prejuicio, de tal modo que la consideración sobre una persona o sus hechos se agrava o atenúa por su posición respecto a las piezas de pertenencia y reivindicación que conforman el ego que juzga.

En esta atmósfera polarizada, también los estadounidenses gozan de brillantes historietistas gráficos dedicados al comentario político.

En el cuatrienio 2021/2024, muchos se volcaron en acentuar la silueta de maleante oportunista de Donald Trump, la imbecilidad de *Maga*, el caos de los Republicanos y la degradación de ciertos magistrados de la *Supreme Court*, aunque no faltaba tampoco el editorial clamando por una reacción contra el izquierdismo rampante de los *libtards*, ni el incisivo apunte sobre torpezas que aquejaban a la presidencia de Joe Biden.

Por mencionar sólo algunos de un plantel disponible en la selección semanal efectuada por la revista *Politico,* o diariamente en *Twitter/X* gracias al compilador *Editorial & Political Cartoons* (*@EandPCartoons*): Michael de Adder y Ann Telnaes (*The Washington Post*); Nick Anderson (*Reform Austin News*), Matt Wuerker (*Politico*) y Adam Zyglis (*The Buffalo News*); Ward Sutton y Christopher Weyant (*The Boston Globe*); John Deering, Michael Ramirez y Gary Varvel (*Creators Syndicate*); Caly Bennet (*Chattanooga Times Free Press*), Kevin Kallaugher / *Kal* (*The Economist*) y David Horsey (*The Seattle Times*); Matt Davies (*Andrews McMeel Syndication*), Jack Ohman (*The Sacramento Bee*), Pedro X. Molina (*Confidencial*) y Bill Bramhall (*Tribune Content Agency*).

Resulta infrecuente que un hilo tuitero sobre crímenes no derive de algún modo en un enfrentamiento entre *Blue Wave* y *Maga*, con acusaciones cruzadas sobre control de armas y gestión del Orden Público.

A veces, sin embargo, los usuarios manifiestan su opinión respecto a un juicio que nada tiene que ver con la Política, ni afecta a personajes famosos. *@edKrassen* expuso el caso de una adolescente (blanca) que—según la Fiscalía, con dolo—había estrellado su coche contra un muro, en un callejón sin salida, a cien millas por hora, ocasionando la muerte de su novio, con quien mantenía una relación tormentosa, y otro acompañante; inconcebiblemente, ella sobrevivió con secuelas menores.

Ante muestras de arrepentimiento que desde el suceso había protagonizado y la declaración del padre de uno de los fallecidos en el sentido de que no deseaba que la cárcel arruinara la vida de esa chica, el tuitero preguntaba a sus seguidores qué opinaban sobre la eventualidad de que fuera sentenciada a cadena perpetua sin posibilidad de libertad condicional (*parole*).

El rango de respuestas ofrece una visión bastante ajustada de la variedad de emociones y pensamientos que los estadounidenses tienen de *Justicia*. Algunos abogaban por la pena de muerte; muchos consideraban la perpetua como una pena adecuada, mostrando mayor o menor animadversión contra la imputada (*Life sentence / Lock her up and throw the key away / Good riddance to her*); unos pocos mostraban cierta compasión, indicando cómo la juventud vive el instante sin considerar futuros ni consecuencias.

Se fueron tocando los tópicos: la naturaleza de los hechos probados y los factores de la intencionalidad, el peso de la edad en la imputabilidad, la actuación bajo la influencia de las drogas o el estado mental. Se mencionó la ejemplaridad de las penas, la cualidad disuasoria del Derecho Penitenciario, la dicotomía retribución-rehabilitación, el coste irrogado al contribuyente por el mantenimiento de encarcelamientos duraderos, la influencia de los abogados en la resolución de los pleitos y la inevitabilidad de que se cometan errores judiciales.

Alguien apuntó que, si la imputada fuera una chica negra, a nadie se le hubiera ocurrido abrir un hilo sobre el hecho—se entiende: no habría discusión a la hora de exigir el cumplimiento riguroso de la Ley. Y otro usuario, tal vez ignorando que aludía a la fase tribal de la Historia del Derecho, señalaba que los únicos que debían decidir si la pena resultaba justa o no eran los familiares de las víctimas.

Días después, la juez del caso (sin jurado: *bench trial*), la condenó a prisión de entre quince años y cadena perpetua, a especificar en función de su conducta en la cárcel y los informes de las juntas de evaluación, calificando su acto como *controlled, methodical, deliberate, intentional and purposeful: this was not reckless driving; this was murder*; si bien le ahorró el cómputo consecutivo de penas, una por cada fallecido, que podría haberle impuesto.

El estándar estadounidense de *Justicia* no diverge del europeo, salvo por la distorsión que provoca el derecho del ciudadano a poseer armas y la legitimación constitucional de los Estados para imponer y ejecutar la pena de muerte. Como sucede por doquier, prevalece allí un sentimiento retributivo—*Don't do the crime if you can't do the time*.

5

El ingrato escribe el bien en el agua y el mal en la piedra

En la *US Presidential Election (2020)* decenas de millones de ciudadanos votaron a favor de Donald Trump; cuatro años después, tras múltiples revelaciones que empañaron su imagen personal y sus narrativas políticas, ¿por qué muchos han continuado apoyándolo?

Gran parte de las interacciones de la ultraderecha norteamericana en *Redes Sociales* no se halla en *Twitter/X*, durante años percibida por *Maga* como sumisa a la ideología liberal. Con la entrada de Elon Musk, que ha experimentado altibajos en sus simpatías por Trump, algo cambió, pero no lo suficiente para *Maga*.

Otros son los vehículos comunicativos predilectos de la ultraderecha norteamericana, que ha ido replicando la estructura y operativa de las plataformas exitosas; así *Gab* para los hilos de debates, campañas de opinión o citas contestatarias; *Rumble*, dedicada al *streaming* y a descargas de videos; *MeWe*, la versión ultraconservadora de *Facebook*; las mensajerías *Signal* y *Telegram*, al modo de *WhatsApp*, y *Zello*, aplicación de *walkie-talkie*, utilizada a la hora de coordinar paradas o sabotajes.

Truth Social, propiedad de Trump, continuamente en peligro de enfilar la quiebra financiera (de hecho, se le rescató mediante una maniobra accionarial fraudulenta que soslayó la normativa sobre donaciones políticas), nunca ha llegado a cuajar, a pesar de contar con el plácet de *Q-Anon,* facción para quien todos los males de nuestros días provienen de una conspiración internacional de traficantes de niños; en su versión más truculenta, un contubernio de pedófilos caníbales.

Charlar con ellos implica corroborar la capacidad de la mente humana para ajustar la factualidad a una creencia predeterminada, vinculando fenómenos que objetivamente carecen de relación. Sus razonamientos resultan tan grotescos como su parafernalia. Hay fetiches, sin embargo, en donde todo aparenta cobrar sentido, como el *Great Awakening Map* (*GAM*), esquema que pretende relacionar cientos de hechos y teorías en un monstruoso apelotonamiento conspiracionista.

Lo no identificable nítidamente como perteneciente al *Magaism* es fulminado como expresión del *Uniparty*—el despreciado sistema político tradicional. Ahí la admiración no se decanta por quien más alto grita o con más ingenio injuria, sino hacia quienes sugieren novedosas hipótesis y supuestas evidencias irrefutables de *la colosal conchabanza contra Trump y los buenos patriotas*.

En esas redes, apenas moderadas salvo para señalar a traidores y expulsar a intrusos, se airean sin censura teorías conspiratorias que incitan a la violencia o, directamente, excitan a la revuelta sediciosa, como *Stop the Steal*, donde ha ocupado una posición destacada la esposa del *Associate Justice* Clarence Thomas, Ginni Thomas (Virginia Lamp).

Se utiliza profusamente, a contrario, el argumento *ad verecundiam*: nada es cierto si lo afirma un *liberal*; en casos extremos de alienación, ello llega a poner en duda, por ejemplo, la esfericidad de nuestro planeta, o provoca actitudes de morbosa vileza, como en el caso de John McEntee, asesor trumpiano que llegó a distribuir dinero falso entre los sintechos para que fueran arrestados al ponerlo en circulación.

Abundan *Proud Boys*, que promueven la supremacía de la raza blanca y, de conformidad con su credo de perfeccionamiento personal, implícitamente la misoginia. También se congregan los milicianos de *Oath Keepers* y *Three Percenters*, armados hasta los dientes, preparados desde años atrás para una confrontación bélica, y otras ramificaciones que pueden alcanzar esporádica relevancia, como *Patriot Front*.

En su discurso late un libertarismo de frontera que se halla en la raíz de la nación. Pueden citarse además el fascismo o el nazismo, de los que ignoran las razones históricas que los causaron, así como la actualización del pensamiento *Posse Comitatus*, a fin de promover una identidad cristiana filtrada y expurgada a su conveniencia, un nacionalismo antiglobalista, un capitalismo económico salvaje y la doctrina del *Sovereign Citizens*, donde el individuo sólo está sometido al *common law*—esto es: la costumbre reiterada y afirmada por la jurisprudencia.

Cualquier norma jurídica que no provenga directamente de la *Law of the Land*, como sucede con la gran mayoría de leyes parlamentarias, decretos y reglamentos ejecutivos y sentencias judiciales, les resulta sospechosa. El imperio de la Ley (*the rule of law*) no es más que el gran grillete que, de modo humillante, el Estado impone al hombre ordinario para sojuzgarlo. Aunque la citan profusamente para conservar sus armas (*Amendment II*), en el fondo abominan de la *Constitution*.

Para estos norteamericanos que se sienten acorralados por muchas de las manifestaciones socioculturales de nuestra época, en su incesante lucha contra todo en defensa de su libertad personal, que proclaman absoluta, la luz del *outsider* locuaz, intrépido y atractivo alcanza un resplandor icónico. Donald Trump ha representado la apoteosis real de una quimera ya bicentenaria.

En *Twitter / X*, *Maga* se ha ceñido a repetir un mantra, casi por desdeñosa obligación, sin molestarse en intentar convencer a la otra tribu.

Según esta narrativa, Donald J. Trump, *gentleman* admirable, fue el legítimo presidente de la nación durante el cuatrienio 2021/2024. Los intentos de deslustrar su figura, incluyendo las investigaciones penales, han obedecido a una persecución política instada por las fuerzas oscuras (*Deep State*), los medios liberales y los socialistas infiltrados en el *Department of Justice* (*DoJ*), cuyo fin es destruir América.

Joe Biden (*Crooked Joe*), el usurpador, el capo senil de una familia de criminales que urdían sucios negocios con la escoria, convirtió el país en una república bananera—así, el expolicía neoyorquino Dan Bongino, que también exhibe en sus camisetas la bandera bocabajo, en un programa masivamente seguido en *Rumble / @dbongino: Today is April 2nd (2023), and Joe Biden is the Worst president in US history.*

Los insurrectos del asalto al Capitolio en *January 6th* no son más que excelentes patriotas: *camaradas, hacéis bien en escuchar vuestras condenas con arrogancia, pues nuestro capitán general, de vuelta a la presidencia, os abrazará e indultará*. Los Demócratas han alimentado a Soros, ese lucifer; no saben tratar con China; nada hacen para contener la inmigración ilegal, y fomentan una administración de *Justicia* de doble rasero (*two-tiered justice system*). Adoctrinan a las nuevas generaciones en el comunismo y el ateísmo, en la fantasmagoría de lo *woke* y en la normalización de esa monstruosidad que son las *drag-queen*.

Las ciudades que gobiernan los Demócratas están infestadas de criminales y drogadictos. La crisis climática es una patraña liberal. *¿Por qué coño tenemos que solidarizarnos con Ucrania? Strike while the iron is hot*. Hillary Clinton merece ser encarcelada, y el Dr. Fauci también. Habría que clausurar los medios *mainstream*, recuperar *la integridad de los procesos electorales* y considerar seriamente elevar a los veintiún años la edad para votar.

Ese ha sido el guion propalado a diario, durante cuatro años, por figuras estelares ante audiencias multitudinarias: Megyn Kelly, Tomi Lahren, Glenn Greenwald, Franklin Graham, Candance Owens, Kid Rock, Bill O'Reilly, Tucker Carlson, Janine Pirro, Sean Hannity, Jay Sekulow, Laura Ingraham, Ran Paul, Ben Carson. De costa a costa, les hacían eco los personajes principales de *Maga*; otros cuyos días de gloria parecen haber pasado, como Marco Rubio, Sarah Palin o Mike Pence, y los agitadores, diversos en sus perfiles, pero caracterizados todos por su talento comunicativo y su tenacidad.

Sea el caso de Amy Kremer, que pasó desde el *Tea Party*, movimiento que en sus orígenes abogaba por aminorar la carga fiscal y, por extensión, la dimensión de la burocracia federal, a un activismo personalizado en Donald Trump, desde *Women for America First*, con motivo de la elección para SCOTUS de Amy Coney Barret, y posteriormente liderando *Women for Trump*. O Tina Descovich, al frente de *Moms for Liberty*, muy eficaz al persuadir a autoridades locales en la urgencia de prohibir libros escolares que hablen de racismo o libertad sexual.

En ese ecosistema ha cobrado importancia también la palabra de los arrepentidos, como Kurt Bardella, una estrella republicana emergente que se hizo demócrata al ver *GOP* marchar hacia las tinieblas; o Aaron Parnas, abogado y activista; o Rich Logis, en su artículo *How I Went from Ultra-Maga to Never Trump and Never DeSantis* (*Newsweek*, 28 de julio, 2023), que reverberó en *BlueWave*.

Se trataba de un ultra-*maga*, un propagandista que creía a pies juntillas que los Demócratas eran malvados (*malignant and nefarious*). Tras un proceso lento y doloroso, iniciado por la pésima gestión de la pandemia del coronavirus por Ron

DeSantis debido a razones ideológicas—eran los días en que circuló por las *Redes Sociales* el bulo de que la Covid-19 era un arma bioquímica arrojada por el gobierno federal contra sus propios compatriotas—, se percató de la verdadera índole del agujero donde se había metido: *Over the next several months, I went through the process of politically de-Magaizing myself. I challenged all of my beliefs in a process that was personally and existentially tumultuous; mind, spirit and emotions warred with each other. There were many quiet nights of just myself and my thoughts.*

Para los creyentes férvidos de *Maga*, Donald Trump ha supuesto la encarnación de *Justicia*, al modo en que los monarcas lo eran en la Edad Media. Su autoridad, de índole carismática, provenía de Dios, y todo lo que hiciese resultaba infalible e inefable: un ciudadano ordinario jamás podría discernir los intrincados meandros de la Divina Providencia—y, mucho menos tras salir indemne del (misterioso) atentado en una pequeña ciudad de la *Quaker's Province* de William Penn. Se cuentan por millones quienes pensaban así, pero su influencia ha sido residual.

Quien maneja el teatrillo de titiriteros de la ultraderecha norteamericana es un puñado de oligarcas *libertarians* a quien *Maga* vale de pretexto para imponer un entorno socioeconómico anarcocapitalista que sirva a sus excluyentes intereses, coadyuvados por algunos tecnólogos afortunados con ínfulas mesiánicas y ávida pretensión de personificar el rancio desvarío clasista de la criatura naturalmente superior—el genuino *American Specimen*: un atractivo macho *aryan*, astutamente inteligente, económicamente independiente, moralmente soberano—, que en su mentalidad infantiloide asocian a la figura de Bugs Bunny. No seré yo quien los nombre. Impulsados por la egolatría, la codicia y el afán de Poder, no reconocen más autoridad que sus designios de triunfo, despreciando la moral ordinaria como un manual de supervivencia para seres inferiores.

Este clan valora que Trump haya sido un ariete eficaz, un charlatán que atrajo los focos convenientemente sobre su gesticulante persona; una vez fuera de foco, se desligarían de él desdeñosamente, reemplazándolo por nuevas figuras surgiendo sobre la pasarela política tras haber aprendido las lecciones de estos años y estar mejor adaptadas al nuevo *zeitgeist*.

6

Entre *Blue Wave* y *Maga*, que a veces parecen representar un juego de espejos enfrentados, hay dos diferencias notables, además de la ideología: el tratamiento de la verdad y el uso de automatismos con fines políticos.

Aunque la manipulación y la propaganda también juegan su rol con los Demócratas (por ejemplo, respecto a los lapsus y achaques del octogenario Biden), la información que han difundido es más transparente, más sencillamente trazable. Según el *Fact Checker* de *The Washington Post*, en su cuatrienio presidencial Trump dijo 30.573 mentiras y afirmaciones engañosas, lo que nos da la cifra de veintiuna agresiones a la verdad por día como POTUS.

Notable asimismo es el catálogo de sus embrollos judiciales, con sentencia dictada, imputación ya proveída o pendiente de una investigación en marcha con indicios relevantes; *Blue Wave* se deleita en enumerarlos: *Treason, Collusion, Conspiracy, Obstruction of Justice, Inciting Violence, Racketeering, Sexual Assault, Misconduct, Perjury of Oath, Abuse of Authority, Bribery, Intimidation, Misuse of Assets, Failure to Supervise, Dereliction of Duty, Unbecoming Conduct and Refusal to Obey a Lawful Order, Malfeasance in Public Office, Organizing Hate Crimes, Witness Tampering, Tax Evasion, Breach of Contract, Money Laundering, Using Office of President for Personal Benefit.*

En cada caso donde haya estado implicado Trump, o sus émulos y secuaces, cualquiera puede acceder a los documentos judiciales, a los informes del *DoJ* y a las minuciosas investigaciones periodísticas publicadas por diarios prestigiosos— yo lo he hecho. Respecto a *Bidenomics*, incluso en la prensa económica frontalmente adversa al 46° Presidente, como *The Wall Street Journal*, se le reconocieron logros en materia de empleo y contención de la inflación.

Por el contrario, las tracas trumpistas aireando revelaciones explosivas sobre hipotéticos crímenes de Joe Biden (por contagio de las cuitas judiciales de su hijo Hunter, que no eran ficticias), se demostraron cortinas de humo. Sin embargo, durante semanas seguían circulando, cumpliendo su misión de instalación de la sospecha y la incertidumbre, que abonaba el terreno para las tácticas demagógicas.

O los amagos de *impeachment* presidencial de Kevin McCarthy, o el caso de Jim Jordan, *chairman* del *House Judiciary Committee,* que padecía el tic de abrir una investigación general urgentísima contra cada juez o fiscal que actuase contra Trump; curiosamente, este congresista por Ohio presidió asimismo el cenáculo que pretendía supervisar la instrumentalización política del poder federal por los Demócratas (*Subcommittee on the Weaponization of the Federal Government*).

Es aquí donde adquiere relevancia el uso masivo de bots por Trump, por *Maga*, por sus amigos y aliados. Tras años de arduas investigaciones, impulsadas en parte por la insistencia de tuiteros como *@MuellerSheWrote*, quedó demostrada la interferencia rusa en la *US Presidental Election (2016)* a fin de perjudicar la campaña de Hillary Clinton e impulsar la candidatura de Donald Trump, desestabilizando el país.

Le llamaban *Project Lakhta*. Se piratearon ordenadores, se forjaron múltiples falsificaciones, se efectuaron infiltraciones en redes que afectaban a la Seguridad Nacional; se cometieron delitos informáticos contra Demócratas, funcionarios, juntas electorales y compañías tecnológicas. Apoyada por las distorsiones de medios confabulados con Trump, como el *National Enquirer*, desde una granja de trols en San Petersburgo, una agencia gubernamental rusa creó miles de cuentas aparentemente norteamericanas que apoyaban a grupos políticos radicales; promovían eventos en apoyo de Trump y planeaban acciones contra Hillary Clinton, difundiendo artículos falsos, bulos y mentiras que llegaron a millones de usuarios de *Redes Sociales*.

Durante el cuatrienio presidencial trumpiano, menguó la manufactura de la desinformación; no había menester: además de abrazarse con tiranos, Trump, por sí solo, era un vomitorio infatigable de mendacidad. Una vez concluida la pandemia del coronavirus, a partir de 2022, recomenzaron los ataques, recrudeciéndose a medida que se acercaba la *US Presidential Election (2024)*.

En una operación llevada a cabo en colaboración con los servicios de ciberinteligencia canadienses y neerlandeses, el *DoJ* se incautó de dos dominios electrónicos y casi un millar de cuentas procedentes de una granja de bots, notablemente mejorada con *IA* generativa respecto a sus antecesoras, mediante la cual agentes gubernamentales rusos difundían desinformación por doquier, creando perfiles ficticios que mensajeaban propaganda con narrativas geopolíticas orientadas hacia los objetivos estratégicos prioritarios para Vladimir Putin.

Similares esquemas se han intentado replicar en Europa con *Project Kylo*—infundir miedo, desorientación, derrotismo—, a fin de debilitar las democracias occidentales tras la invasión rusa en Ucrania, así como ataques específicos, algunos consumados, otros interceptados en fase de amago, respecto a elecciones nacionales o regionales, buscando la amplificación del caos mediante el sostén a partidos ultraderechistas y agitadores antisistema.

Ante ello, Occidente ha empezado a reaccionar. Las instituciones de la Unión Europea han diseñado *un escudo europeo para la Democracia*, activado contra la desinformación tendente a desarticular la libre formación de la opinión pública, que pasa por el despliegue de una red de verificadores al modo utilizado por ciertas agencias nacionales, como la francesa *Viginium* o la sueca *Myndigheten Förpsykologiskt Försvar*, que apoyen el esfuerzo de la *Unidad de Comunicación Estratégica* del *Servicio de Acción Exterior* comunitario y su plataforma *EUvsDisinfo*.

Además de tener la certeza de que los imitadores del déspota ruso no cesarán en intentar sabotear los procesos decisionales en Occidente, si alguna enseñanza crucial hemos podido sacar de esa experiencia terrorista, es el formidable poder de esta primera generación de fanáticos artefactales con quienes no se puede razonar.

Por otro lado, tenemos la eclosión de la Inteligencia Artificial (*IA*) y su impacto en la configuración de los procesos políticos de la Democracia. Un ejemplo: el domingo 11 de junio de 2023 propuse a *ChatGPT*, aplicación dialógica *IA*, escribir un soneto sobre la imputación criminal de Donald Trump.

Por entonces había ya dos procesos penales abiertos contra él: (i) *Manhattan Hush-Money Case*, por la falsificación contable del dinero asignado para silenciar a una actriz porno durante la campaña electoral—*§170 New York State Penal Law*, Gran Jurado del Condado de New York, 30 de marzo de 2023—; y (ii) *Classified Documents Case*, por la retención y ocultación de documentos clasificados—*§18 United States Code*, Gran Jurado del Distrito Sureño de Florida, 9 de junio de 2023—.

Más tarde, se agregarían otros dos: (iii) *Election Case in Georgia*, en Fulton County, por conspiración criminal para alterar el resultado electoral y subvertir la voluntad de los votantes; y (iv) *Federal Jan.6 Case*, en Washington DC, por obstrucción a procedimientos oficiales, así como por conspiraciones para hacerlo, para conculcar derechos fundamentales y para defraudar al Gobierno.

De inmediato, *ChatGPT* generó la respuesta, que publiqué en mi cuenta de *Twitter*:

Good people gathered here in their embrace
Our eyes glued and fixed to the indictment's case
White House resident, Donald Trump in disgrace
Offered no defense no acceptance of disgrace

Each witness testified, each damning proof in store
And accusations pointing everywhere
Of Trump's abuse of power needs no more
Think of what the tyrant`s done, how could we ignore?

Time itself has come to not stay silent
To rise up, together, for justice' delight
Hence forth we must speak up and contain
That such abuses of power cease in our sight

Trump must face the consequences of his errors
That justice must be blind, yet still, so very clear.

En ese texto, generado antes de que pasaran cuarenta y ocho horas desde que se conociera la segunda imputación contra Trump, la *IA* actúa con la intensidad emocional de un activista panfletario; es imposible ser menos objetivo. En el poema, Trump es alguien que ya está condenado.

Se revela ahí un desdén por aspectos básicos del procedimiento judicial que una *IA* bien preparada, como *ChatGPT*, no podía no saber. En una sociedad civilizada, una imputación se convierte en condena sólo tras una larga concatenación de ritos de corroboración de la verdad histórica guiados por una serie de garantías procesales, que entre otras denominaciones llamamos *enjuiciamiento*.

La orden que le di fue escueta: *write a sonnet over Donald Trump's indictment.* Un texto aceptable desde el punto de vista de un observador objetivo debería mencionar el derecho fundamental del justiciable a la presunción de inocencia o, al menos, tangencialmente aludir al cumplimiento del principio de contradicción.

Por otro lado, puestos a considerar que la *IA*, a la vista de la subjetividad asociada a la personalidad de los poetas, se creyó en el privilegio de escribir el soneto de manera partidista, podía haber optado por una defensa acalorada de Trump, como de inmediato efectuó *Maga* en los medios de comunicación y las *Redes Sociales*, muchos de los cuales domina, articulando versos agonistas en torno al héroe injustamente perseguido por sus ideas políticas.

No vale decir que, por algún sesgo de algoritmo, sólo ha apelado a informaciones e imágenes anti-Trump, pues uno de los hechos relevantes para comprender la coyuntura de la nación, es que el mismo tuit de *@realDonaldTrump* servía a *Maga* para ensalzarlo y a *BlueWave* para ridiculizarlo; así esta declaración de la que se hizo eco *@PalmerReport* el 27 de agosto de 2023, tras unos días en que Trump se mostraba disgustado con el aspecto deteriorado que difundía la prensa en sus fotos recientes: *I am pleased to report, for those that care, that I just won the Senior Club Championship (must be over 50 years old!) at Bedminster (Trump National Golf Club), shooting a round of 67. Now, some people will think that sounds low, but there is no hanky/lanky. Many people watch, plus I am surrounded by Secret Service Agents. Not much you can do even if you wanted to, and I don't. For some reason, I am just a good golfer/athlete – I have won many Club Championships, and it is always a great honor!*

O, palmoteando cieno en arenas movedizas, lo dicho en una entrevista televisada tres días antes: *Tucker Carlson: "Do you think we're moving towards civil war?" / Donald Trump: "You know, Jan. 6 was a very interesting day because they didn't report it properly...People in that crowd said it was the most beautiful day they've ever experienced."*

¿De dónde procedía la presentación del asunto que *ChatGPT* efectuó en el soneto? Tras meses escuchando el mensaje de las facciones y corrientes de cada bando, se llega a reconocer su estructura, los énfasis y silencios que lo caracterizan. *ChatGPT* aprendió en las *Redes Sociales* el tono emocional del discurso *BlueWave*.

Entonces, ¿por qué se escoró para denigrar a Trump, y no para defenderlo, teniendo a su disposición similar intensidad también en el discurso *Maga*? La respuesta resulta evidente: una *IA* conversacional exuberante, que aspira a mostrar la vastedad y riqueza de su conocimiento, por defecto excluye informaciones que procedan de automatismos con un amplio historial de desinformación.

Se trata de una muestra menor del potencial de la *IA* como instrumento defensivo esencial en la lucha por una configuración racional del conocimiento, vislumbrando un fenómeno que ya había sido anticipado por la literatura prospectiva, uno de cuyos *leitmotiv* más frecuentes es el enfrentamiento de dos potentísimas *IA*, creadas con ideologías o finalidades antagónicas.

Otro ejemplo es su capacidad de supervisión de la calidad de la información. Mucho se habla en nuestros días sobre la mentira, pero muy poco sobre la degradación en materia de corroboración y estilo de la verdad oficial que consume el occidental medio.

El tratamiento dado a la senilidad de Biden entre el 27 de junio (debate televisado con Trump) y el 21 de julio (renuncia a su candidatura) por cientos de cabeceras de prensa, cadenas de televisión, agencias de noticias y chiringuitos informativos repartidos por todo el mundo—y el enmudecimiento sobre la incompetencia de Donald Trump para ejercer las funciones presidenciales (*I have concepts of a plan*)—deja conclusiones catastróficas respecto a la prensa libre.

El usuario de Internet se ha familiarizado ya con algunos bots maliciosos; así el *spamer*, que recopila direcciones de correo electrónico u opera mecánicamente en foros de debate; el bot que engaña al compartir archivos, infectando el dispositivo; el *stuffer*, con sus intentos automáticos de cumplimentar las credenciales hasta obtener el dato buscado; o el *talkativer*, capaz de imitar la cháchara humana, con creciente habilidad empática, para incitarte a revelar datos personales, incluido número y clave de tu tarjeta de crédito.

Las empresas sufren ataques de bots diseñados para hallar vulnerabilidades, como los *DoS*, que sobrecargan los servidores y dificultan su normal funcionamiento; o los que proceden al monitoreo del tráfico con el fin de apropiarse de datos a gran escala, o los que realizan ofensivas de denegación de inventario. O el *scraper*, que simula la navegación de un humano para extraer información en las webs; o el bot que prolifera clics engañosos, infiltrado fraudulentamente contra un producto o una marca en sistemas de mercadotecnia (*pay-per-click*) de buscadores (*Google*) o logísticas (*Amazon*), para forzar artificialmente el drenaje del presupuesto publicitario a ello asignado. O el *scalper*, que puede acaparar en un milisegundo la totalidad del *stock* de un producto escaso (vgr. boletos de un espectáculo pop).

Evolucionan continuamente. Lo que antes se efectuaba desde una misma dirección IP, ahora les permite rotar entre múltiples direcciones ajenas; o simular el patrón (relativamente) arbitrario con que la mano humana mueve el ratón del ordenador. En 2022 casi un tercio del tráfico global en Internet estuvo ocupado por bots maliciosos. Diversos servicios occidentales de inteligencia han alertado de la frenética actividad que en este sentido efectúan ingentes legiones de *hackers*, destacándose por su sofisticación técnica y su aparente ubicuidad los ingenieros chinos, cuyo objetivo panorámico es la infiltración total de China en Occidente.

Los bots que operan en *Twitter/X* son programas automatizados diseñados para interactuar con otros usuarios, compartir contenido y realizar tareas específicas en la plataforma. No todos son tóxicos; hay bots para colorear fotos y descargar vídeos, y bots hay para recordar tuits o efectuar capturas de pantalla.

Principalmente, se trata de bots con apariencia de cuenta humana, que mensajean de manera automática, siguiendo directrices programadas, o reflejan la actividad exterior a la plataforma de otros bots asociados. El uso principal en *Twitter/X* es el activismo político, en apoyo o agresión hacia un partido, un personaje o una postura circunstancial, en un fenómeno que ha incrementado exponencialmente la confrontación social en los países donde *Twitter/X* tiene presencia relevante.

La antigua gerencia de esta red social había recalcado en diversas ocasiones que *Twitter prohíbe en todo el mundo la promoción de contenido de carácter político. Tomamos esta decisión con base en nuestra creencia de que el alcance de los mensajes políticos se debe ganar, no comprar.*

Por mucho que se niegue, la realidad es otra—la Comisión Europea, en la actualización anual de su informe sobre el *Código Reforzado de Buenas Prácticas sobre*

Desinformación, confirmó que, de entre todas las *Redes Sociales*, *Twitter/X* es la mayor fuente de noticias falsas, entre otros incumplimientos concernientes al *Reglamento de Servicios Digitales* (2022). A finales de 2023, le abrió un procedimiento formal para verificar la conculcación de la normativa europea sobre gestión de riesgo, moderación de contenido, transparencia de publicidad y métodos engañosos en interfaces (*dark patterns*), como los denominados *overloading*, *skipping*, *stirring*, *obstructing*, *fickle* o *left in the dark*, confirmando posteriormente la índole esencialmente engañosa de elementos presuntamente fiables como el *Blue Check*.

Elon Musk poco hace por remediarlo—antes, al contrario: lo auspicia. Cualquiera ha podido comprobar cómo muchas cuentas dudosamente humanas se aliaban para retuitear en masa (*deck*) respecto a hechos reales, como los trompicones públicos del presidente Biden, o chismes, novelerías, ecos de bulos viejunos, como la falsedad de la partida de nacimiento de Barack Obama. O lanzaban etiquetas sin consistencia real, masivamente replicadas con el fin de apuntalar una acción desestabilizadora en un momento determinado, como el caso recurrente de *#stockmarketcrash* o las etiquetas refiriendo *caravans of criminals* cruzando la frontera sureña.

En algunos momentos, la actividad de esos automatismos torticeros ha alcanzado el delirio, especialmente cuando los agentes que gestionan sus directrices no tenían claro cuál era objetivo inmediato del ataque, como sucedió en el intervalo entre la renuncia de Biden y la proclamación de Harris como nueva candidata. El lunes 22 de julio, tras meses bombardeando contra la senilidad de Biden, en apenas unas horas surgió en *Twitter/X* una mastodóntica proliferación de ataques indiscriminados dirigidos hacia todos los nombres en liza: desde dudar que Michelle Obama fuera mujer (*Big Mike*) hasta el torrente de insultos racistas, misóginos e ideológicos para Kamala Harris, pasando por zafiedades escupidas contra Pete Buttigieg, Gretchen Whitmer o Gavin Newson.

Durante mi estancia en *Twitter/X*, viví el cambio de manos de la plataforma y, en consecuencia, pude observar las decisiones de transformación adoptadas por el nuevo propietario, algunas razonables, otras incomprensibles, todas con un cuño intervencionista, un designio de injerencia en la cháchara global que se ha articulado mediante alteraciones técnicas.

Blue Wave se figuraba a Elon Musk como un multimillonario de íntimas querencias ultraderechistas, peligroso por su inmadurez y el poder que atesora, pero no tanto para que las Democracias entrasen en pánico pues, a diferencia de otros, se trataba de un ególatra que haría lo que fuera para seguir conservando el foco y el aplauso—es decir: tiene un precio, negociable—; eso se creía.

Su pagana comunión con Trump sólo era conjetura hasta que *The Wall Street Journal* desveló conversaciones entre ambos para que Musk tuviera un rol relevante en la vuelta de Trump a la presidencia. Más tarde, se filtraría la (supuesta) donación de Musk de cientos de millones de dólares en apoyo a la campaña electoral de Trump; se facilitaría la impunidad de *Maga* en *Twitter/X* para denigrar a políticos demócratas y propalar bulos chabacanos de odio racista (*Haitian migrants eat dogs and cats*); se utilizaría descaradamente la plataforma para exhibición de Trump, como en una charla pública entre ambos que *BlueWave* describiría como *shitshow*, y se concretaría la aceptación por Musk de convertirse en el jefe del *Department of Government Efficiency* en la hipotética Administración Trump II.

No falta en *Blue Wave* quien aventure que, en el fondo, lo que ha hecho el sudafricano con Trump es utilizarlo para convertir el país en una selva alegal a fin de cumplir algún día su personalísimo *American Dream*, tal vez motivado por la euforia de un subidón de ketamina: lanzar su propia candidatura presidencial.

En cualquier caso, se ha tomado nota también de la procedencia del dinero con que Musk financió la compra de *X/Twitter* (oligarcas rusos, banca oficial saudí); su colegueo con *cryptobros* (jamás alude a *cryptosis*) con independencia de que blanqueen capitales o promuevan el crimen organizado; y su clamoroso silencio ante las revelaciones de que incisivos *influencers* de *Maga*—Tim Pool, Lauren Southern, Dave Rubin, Benny Johnson, Tayler Hansen, Matt Christiansen—eran opíparamente cebados por el Kremlim, a través de empresas como *Tenet Media*, para convertirse en correveidiles de narrativas pro-Putin.

Elon Musk se autodefine como un *fundamentalista de la libertad de expresión (Amendment I)*, y en ello ha basado decisiones de cambio estructural como la ocultación de los *like*, indicando que los usuarios se sienten mejor sin el escrutinio público de sus querencias—obstaculizando, de paso, el control externo de la actividad de bots que inflan las cifras de seguimiento de cuentas como la suya.

La sustancia de lo que entienda él por *libertad de expresión* sigue siendo un enigma, pues el amparo que le prodiga no sólo depende del sesgo ideológico de la opinión o el juicio del emitente, sino de emociones personalísimas suyas, como puede dar fe Vivian Jenna Wilson, su hija transgénero, cerrilmente denostada por *estar infectada por el virus de lo woke*.

Tampoco ha llegado a explicar Elon Musk su tendencia a alinearse con quienes buscan restringir cualquier libertad, emitiendo opiniones incendiarias que inevitablemente instigan a la sublevación (*Civil war is inevitable*), ni por qué ha entorpecido la difusión de contenidos nocivos para Trump, como su larga serie de agresiones sexuales, no siempre silenciadas con sobornos, ni su implicación en los crímenes cometidos en Little St. James, en las US Virgin Islands, por Jeffrey Epstein y Ghislaine Maxwell.

Asimismo, se ha verificado la suspensión o cancelación de cuentas *BlueWave* por lenguaje inapropiado o incitación a la violencia, cuando no se ha aplicado el mismo rasero al troleo agresivo procedente de *Maga*. Desde que Musk posee *Twitter/X*, muchos perfiles liberales exitosos han visto cómo se ha hundido abruptamente, sin justificación plausible alguna, su coeficiente de *engagement*.

Sin haberlo solicitado, se me dio acceso a las *Community Notes*, que pretenden atajar la desinformación mediante la redacción de textos complementarios denunciando la falsedad de un tuit, corrigiendo sus datos o contextualizándolos, así como calificar las notas propuestas; para ello, se emplea un algoritmo de consenso que busca soslayar el frentismo de bloques establecidos.

Me bastaron dos semanas para comprender que en esos espacios de metadiscurso se replican las obstrucciones a la verdad como si fueran muñecas rusas. Las *Community Notes* contra las mentiras y bulos de la ultraderecha norteamericana son automáticamente contrarrestadas por numerosos *Maga-bots* con acceso a la comunidad supervisora de *Twitter/X*.

Y yo, discreto observador extranjero con nula capacidad de influencia, comprobé cómo cada vez que retuiteaba comentarios jurídicos y documentos judiciales respecto a Trump, de inmediato se intentaba jaquear mi cuenta, o recibía mensajes en el teléfono y buzón electrónico con virus troyanos que procedían de cuentas oficiales de la plataforma, mensajes directos con el típico *Hello* y un enlace infectado a *Instagram*, o el súbito seguimiento de diez cuentas (con su foto, su perfil y su *blue check*) sin apenas actividad, que abandonaban el seguimiento de golpe unas semanas después, cuando no se me suspendió temporalmente sin causa, o por motivos banales.

He mencionado una *IA* de sesgo liberal como *ChatGPT*, así como una estructura de algoritmos y bots pro-Trump en *Twitter/X*, que obedece a directrices erráticas y un tanto chapuceras, pero hay muchos automatismos, muchísimos otros más, operando por doquier, con evoluciones fulgurantes en su aprendizaje, localización de objetivos más específicos y planes de acción extremadamente sofisticados.

La cuestión no es si los ingenios extrahumanos van a dominar la escena política imponiendo, entre otras cosas, sus propias definiciones de *Justicia*, sino cuándo y en qué condiciones lo harán.

7

Pocas ramas jurídicas tan inquietantes como el *Derecho de la Artefactalidad*, protagonizada en nuestros días por la tríada de Inteligencia Artificial, Datos y Robótica (*ADR*).

En pocos años, una sustancia todavía fragmentada cuyo disperso rango va desde la ciberseguridad o el *Tort Law* hasta la jungla de patentes de novísimos materiales adaptables y sostenibles, está reclamando una preeminencia que tendrá impacto inmediato y duradero sobre la totalidad del Ordenamiento Jurídico.

Es ya una certeza inapelable que los artilugios-criaturas que engendre lo *ADR* sobrepasarán la capacidad física e intelectual del ser humano. La llegada de máquinas inteligentes y autónomas, aptas para ser adiestradas para el pensamiento y la decisión, transformarán la existencia tal como la conocemos.

No sólo serán avances asombrosos en transporte, sanidad, agricultura o educación, las radicales reconversiones que provocarán en el ámbito laboral o artístico; lo que, en último término, provocarán es una crisis teleológica sobre la índole de la Libertad y el sentido de la Vida.

Al configurar el modo de relacionarnos con estos ingenios, estamos redefiniendo *Humanidad* más allá de nuestra constitución antropológica y, por ende, nutriendo el embrión de las próximas ideaciones de *Justicia*.

Tras intensas negociaciones, focalizadas en la excelencia y la confianza a fin de impulsar la investigación y la capacidad industrial, garantizando la seguridad y los derechos fundamentales, en marzo del año 2024 el Parlamento Europeo aprobó el *Reglamento de Inteligencia Artificial*.

La norma categoriza las *IA* según niveles de riesgo. De *riesgo inaceptable*, a prohibir, son aquéllos que se consideran amenazantes para las personas. Incluyen la manipulación cognitiva del comportamiento de individuos o grupos vulnerables específicos (vgr. juguetes activados por voz que inducen comportamientos peligrosos en los niños); la clasificación de ciudadanos según su comportamiento, estatus socioeconómico o características personales (*social scoring*); y los sistemas de identificación biométrica en tiempo real y a distancia (vgr. reconocimiento facial), si bien se permitirían tasadas excepciones (vgr. identificación biométrica a distancia, *a posteriori*, en la persecución de delitos graves, tras aprobación judicial previa).

Los sistemas *IA* que afecten negativamente a la seguridad o a los derechos fundamentales, considerados de *alto riesgo*, se dividen entre los sistemas *IA* empleados en objetos cubiertos por la legislación comunitaria sobre seguridad de los productos (vgr. juguetes, aviación, automóviles, dispositivos médicos, ascensores); y los sistemas *IA* incluidos en ámbitos específicos que deberán registrarse en una base de datos UE: identificación biométrica y categorización de personas físicas; gestión y explotación de infraestructuras críticas; educación y formación profesional; empleo, gestión de trabajadores y opción al autoempleo; acceso y disfrute de servicios privados esenciales y servicios y prestaciones públicas; mantenimiento del orden público (*law enforcement*); gestión de la migración, el asilo y el control de fronteras; asistencia en la interpretación jurídica y la aplicación de la ley. Todos los sistemas *IA* de alto riesgo serán evaluados antes de su comercialización y posteriormente también, durante su ciclo de vida.

Respecto a *IA* generativas, tendrán que cumplir ciertos requisitos de transparencia; así, explicitar que la materia ha sido generada por *IA*, diseñar el modelo de tal modo que evite la generación de contenidos ilegales, y publicar resúmenes de los datos protegidos por derechos de autor utilizados para el entrenamiento. Finalmente, los sistemas *IA* de *riesgo limitado* deben atenerse a unos requisitos mínimos de transparencia que permitan a los usuarios tomar decisiones con conocimiento de causa. Tras interactuar con las aplicaciones, el usuario puede decidir si desea seguir utilizándolas; debe ser consciente de cuándo está interactuando con la IA—ello incluye los sistemas *IA* que generan o manipulan contenidos de imagen, audio o vídeo (vgr. *deepfakes*).

A ello se añadió, pocas semanas después, el acuerdo político en el seno del Consejo relativo a la propuesta de la Comisión Europea sobre un *Reglamento para ampliar los objetivos de la European High-Performance Computing Joint Undertaking (EuroHPC JU)*, destinada a impulsar el liderazgo europeo en *IA*: desarrollar y explotar factorías *IA* que proporcionen infraestructura de servicios de supercomputación a fin de que las empresas emergentes e innovadoras europeas entrenen sus modelos *IA*.

Fuera del bloque comunitario, iniciativa importante ha resultado también el *Convenio Marco sobre Inteligencia Artificial y Derechos Humanos, Democracia y Estado de Derecho*, aprobado por el *Conseil de l'Europe* con carácter de tratado internacional abierto incluso a países no europeos.

En el incipiente acervo comunitario, añádase a ello la normativa sobre Datos—*Reglamento (EU) 2016/679* (RGPD) y *Directiva (EU) 2016/680*, además de textos como *Estrategia Europea de Datos* (2020), *Ley de Gobernanza de Datos* (2020), *Ley de Datos* (2022) y la propuesta avanzada sobre *eIDAS-2*—, y los documentos de referencia europea en Robótica—*Resolución del Parlamento Europeo, de 16 de febrero de 2017, con Recomendaciones destinadas a la Comisión sobre normas de Derecho Civil sobre Robótica (2015/2103(INL))*, interpretada a la luz de *Robotics 2020 – Multi-Anual Roadmap* (2017), y *Strategic Orientation Towards AI, Data, Robotics – Roadmap 2025-2027* (2023)—.

Hay unas condiciones técnicas indispensables para el desarrollo *ADR*: infraestructura digital que ofrezca conectividad ubicua y garantice que el acceso a la banda ancha y las redes 5G sea acorde con el principio de neutralidad de la red; interoperabilidad entre los sistemas, los dispositivos y los servicios en nube, basada en la seguridad y la privacidad integradas en el diseño, promoviendo un entorno plenamente abierto; libre flujo de datos; y fiabilidad de la información de posición y tiempo proporcionada por los programas europeos de navegación por satélite (*Galileo*, *EGNOS*).

Mediante directrices deontológicas propuestas para diseñadores y usuarios, se esboza ya el retrato del robot inteligente y autónomo que algún día habrá de integrar todos los avances *ADR*. Se habla de ingenios constituidos por sistemas fiables, previsibles y transparentes, debidamente registrados y autorizados de conformidad con la legalidad vigente y los comités de roboética, que no tengan una apariencia engañosamente humana, integren mecanismos sencillos de interrupción y garanticen el cumplimiento de los Derechos Fundamentales, especialmente la salvaguarda de seguridad y salud de las personas, los datos personales y la privacidad.

Dentro de los principios y libertades que marcan los Tratados UE, se trazan vectores económicos de preferencia, fijando como faro para empresas y emprendedores un conjunto de misiones, objetivos y tendencias. La UE busca crear un sistema coherente y eficaz para *ADR*; mantener y fortalecer el liderazgo industrial europeo en Robótica, visión artificial (*computer vision*) y tecnologías *IA* fiables; integrar e interconectar el panorama continental *ADR*; desarrollar una estrategia potente para atraer habilidades y talentos hacia la UE, así como tecnologías *ADR* de alto impacto socioeconómico para reforzar la fortaleza competitiva de la UE, asegurando la confianza de la sociedad en *ADR*.

Son objetivos declarados: impulsar la industria europea de *ADR*, aumentando la competitividad y acelerando las transiciones verde y digital; lograr la independencia europea en *ADR*; alcanzar un impacto global en la investigación de *ADR*; y maximizar los beneficios sociales y medioambientales de *ADR* para abordar los grandes retos en materia de clima, alimentación, energía, salud y seguridad, en el marco de una economía circular que subraye el lugar preeminente del medio ambiente.

Para lograrlo, se urge converger en un solo ámbito—*ADR*—lo que todavía son tres comunidades de investigadores (*AI/Data/Robotics*). En el sector de la *IA* generativa, el desafío actual es aumentar el control de la generatividad, incrementar la calidad de la materia creada, lo que incluye reducir sesgos y contenidos inapropiados, y añadir cauces adicionales para que el mismo modelo pueda crear contenidos multimodales.

Otra tendencia es el aprendizaje a partir de las reacciones humanas, lo que ofrece la oportunidad de personalizar los modelos o dirigirlos hacia estilos y temas pertinentes, además de reducir la necesidad de una cantidad mayor de datos. Se progresa en el tratamiento de datos relativamente sencillos, texto, imágenes y sonido; en breve, podremos tratar información más compleja—*Redes Sociales*, estructuras moleculares, marañas de transporte y otras complejidades gráficas—. Asimismo, está el aprendizaje geométrico, que se ocupa de estructuras intrincadas e incorpora conocimientos físicos a las redes neuronales de modo principal.

Se mencionan también los métodos híbridos neuro-simbólicos de *IA*, que intentan hallar enfoques sistemáticos para combinar representaciones simbólicas y neuronales; una aproximación basada en principios a fin de entrelazar Razón y aprendizaje; y el entendimiento maquinal automatizado (*AutoML*), donde el proceso de configuración de los canales de enseñanza, la selección de las arquitecturas de modelo adecuadas y la realización de una optimización sistemática de hiperparámetros se hallan automatizados.

Ello debe ser completado por directrices éticas y normas jurídicas que reflejen la complejidad *ADR* y sus innumerables implicaciones en nuestra civilización.

Como señala el Parlamento Europeo, el potencial de empoderamiento de la Robótica se ve matizado por tensiones o riesgos y debe ser evaluado detenidamente a la luz de la seguridad y la salud humanas, la libertad, la intimidad, la integridad y la dignidad; la autodeterminación y la no discriminación, y la protección de los datos personales.

Habremos de atenernos a los principios consagrados en la *Carta de los Derechos Fundamentales de la Unión Europea*—Dignidad Humana, Igualdad, *Justicia* y Equidad, No Discriminación, Consentimiento Informado, Vida Privada y Familiar y Protección de Datos—, así como otros principios y valores inherentes al Derecho de la Unión Europea—No Estigmatización, Transparencia, Autonomía, Responsabilidad Individual, y Responsabilidad Social—, sin olvidar las actuales prácticas y códigos éticos.

Se mencionan varios principios específicos, que van más allá de las directrices asimovianas: el *Principio de Beneficencia* (los robots deben actuar protegiendo y favoreciendo al humano); y su reverso, *el Principio de No Maleficencia* (la doctrina de «*primero, no hacer daño*», en virtud de la cual los robots no deberían perjudicar a las personas); el *Principio de Autonomía* (la capacidad de tomar una decisión independiente y con conocimiento de causa sobre los términos de interacción con los robots), y el *Principio de Justicia* (la distribución equitativa de los beneficios asociados a la Robótica y la asequibilidad de los robots).

Se busca construir un marco ético claro, estricto y eficiente que oriente el desarrollo, diseño, producción, uso y modificación de los robots. Habrá un código de conducta para los ingenieros en Robótica que incluya los principios de precaución, participación, rendición de cuentas, seguridad, reversibilidad, respeto a la privacidad e intimidad de las personas, maximización de beneficios y minimización de daños, con expresa mención de la licitud de la retroingeniería (*reverse engineering*), así como el estímulo de normas abiertas, a fin de maximizar el valor de la innovación y garantizar que los robots puedan comunicarse entre sí.

Habrá asimismo un código deontológico destinado a los comités de ética de la investigación, cuya misión principal será controlar y revisar los protocolos de Robótica, operando bajo directrices de independencia, transparencia, rendición de cuentas, nitidez funcional y procedimental, y sujeción a supervisión.

Se están trabajando las propuestas de instrumentos legislativos sobre los aspectos jurídicos de *ADR* previsibles en la próxima década, en unión de instrumentos no legislativos, como recomendaciones y códigos de conducta. Dos vectores principales impulsan la tarea.

Por un lado, la conveniencia de adoptar un enfoque horizontal y de neutralidad tecnológica para la propiedad intelectual en *ADR*; la necesidad de que la legislación *ADR* se ajuste a la normativa de Protección de Datos y a los principios de necesidad y proporcionalidad, aclarando las normas y criterios aplicables al uso de cámaras y sensores en los robots, y velando por la protección de la intimidad desde el diseño y, por defecto, minimización de datos y limitación de finalidad, así como por la existencia de mecanismos de control transparentes y vías de recurso adecuadas.

Por otro lado, debe efectuarse una prospección de hipótesis y escenarios a corto, medio y largo plazo, sobre la responsabilidad en el ámbito *ADR*, tanto contractual como extracontractual, centrada en la noción de *autonomía* del ingenio—definida como *la capacidad de tomar decisiones y aplicarlas en el mundo exterior, con independencia de todo control o influencia externos.* El Parlamento Europeo ha esbozado ya un marco de reflexión, instando a la Comisión Europea y demás partícipes en el debate europeo actual sobre *ADR* a explorar, analizar y considerar las implicaciones de las posibles soluciones jurídicas.

Entre ellas se halla *establecer un régimen de seguro obligatorio en los casos en que sea pertinente y necesario para categorías específicas de robots, similar al existente para los automóviles, en el que los fabricantes o los propietarios de robots estarían obligados a suscribir un contrato de seguro por los posibles daños y perjuicios causados por sus robots,* así como *un fondo de compensación que no solo garantice la reparación de los daños o perjuicios causados por un robot ante la ausencia de un seguro*, y *permitir que el fabricante, el programador, el propietario o el usuario puedan beneficiarse de un régimen de responsabilidad limitada si contribuyen a un fondo de compensación o bien si suscriben conjuntamente un seguro que garantice la compensación de daños o perjuicios causados por un robot.*

Se plantea *si conviene crear un fondo general para todos los robots autónomos inteligentes o crear un fondo individual para cada categoría de robot, así como la elección entre un canon único al introducir el robot en el mercado o pagos periódicos durante la vida del robot;* así como *crear un número de matrícula individual que figure en un registro específico de la Unión que asegure la asociación entre el robot y el fondo del que depende y que permita que cualquier persona que interactúe con el robot esté al corriente de la naturaleza del fondo, los límites de su responsabilidad en caso de daños materiales, los nombres y las funciones de los participantes y otros datos pertinentes; y crear a largo plazo una personalidad jurídica específica para los robots, de forma que como mínimo los robots autónomos más complejos puedan ser considerados personas electrónicas responsables de reparar los daños que puedan causar, y posiblemente aplicar la personalidad electrónica a aquellos supuestos en los que los robots tomen decisiones autónomas inteligentes o interactúen con terceros de forma independiente.*

8

En este debate sobre *ADR*, en gran parte en fase todavía conceptual, ya aparecen disensos importantes.

Uno es caer en *la ilusión de la alianza global sobre Robótica*. Las soluciones a los retos sociales, éticos, jurídicos y económicos que plantea *ADR* no pueden provenir de decisiones unilaterales de Estados o grandes corporaciones, sino desde un diálogo público estructurado que implique la totalidad del tejido social planetario, cristalizado por la comunidad internacional en normas de obligado cumplimiento bajos los auspicios de *Naciones Unidas*.

Esta predisposición al consenso global topa con la realidad del *statu quo*, que no tiene visos de mejora en el próximo cuarto de siglo. Vivimos una era convulsa; y, a diferencia de otros momentos de la Historia, esta crisis tiene mil facetas, los factores de sus ecuaciones mutan constantemente—mejor dicho: nuestra crisis tiene carácter sistémico.

Países que no respetan los Derechos Humanos, o que obstaculizan tratados internacionales básicos, ¿por qué van a acatar normas jurídicas y recomendaciones roboéticas sobre *ADR*? El día en que se instaure un mercado regulado de creaciones robóticas, será también la fecha de apertura de cientos de mercados negros, tanto para los ingenieros y emprendedores que, por ideología o por codicia, no desean seguir las reglas generales, como para todos aquellos que las directrices del mercado, o sus propias actividades, marginen.

Si en nuestros días la influencia de Occidente poco logra en orden a avivar la *Justicia Social* en dictaduras, autocracias y naciones autoritariamente gobernadas con mano de hierro por unas pocas familias o clanes, cuando eclosione la primera generación de robots autónomos e inteligentes, será arduo que pueda evitarse la instrumentalización de la Robótica en exclusivo beneficio de esas minorías.

Para los líderes democráticos de países en desarrollo, la tentación será también intensa. La Robótica, allí donde puedan adquirirla a buen precio, suministrará los útiles para una verdadera y genuina emancipación nacional que les permita, por fin, desprenderse de la tutela de los grandes bloques y potencias económicas y el corsé de sus rigurosas *conditio sine qua non* para disfrutar de las ayudas internacionales a la cooperación.

Incluso en los países occidentales desarrollados, en situación de inestabilidad sociopolítica muchos de ellos, no será sencillo alcanzar consensos sobre *ADR*, pues se trata de una materia sensible al discurso demagógico, a la excitación populista de terrores atávicos. Entretanto, las corporaciones tecnológicas, cuyo compromiso con los valores humanistas se altera con cada cambio significativo en el accionariado, seguirán su agenda societaria.

Lo mismo puede ser afirmado de ejércitos y agencias de inteligencia, que cuentan con sus propios planes de contingencia ante los vaivenes de la política en defensa de la seguridad nacional. Todo lo que afecte esencialmente a su operativa quedará excluido de la legislación internacional (vgr. no estarán obligados a declarar el doble uso de cualquier avance que aporte *ADR*).

Surge la tentación de practicar una política de hechos consumados que fuerce al resto de la comunidad internacional a seguir el camino trazado. Para ello, es necesario disponer de una posición preponderante, lo que hoy en día no es sencillo afirmar de país o bloque alguno.

Tampoco resulta evidente quién se halla en la vanguardia de la Robótica. Decenas de miles de emprendimientos interesantes están en curso por todo el mundo; y por mucho que se planifique y programe, la convergencia de una docena de proyectos dispares en una misma realización excepcional puede conceder a cualquiera una ventaja decisiva, no sólo a nivel económico, sino sobre todo para esgrimir legitimidad a la hora de imponer sus concepciones reguladoras.

En la perspectiva de la Unión Europea, cuyas empresas actualmente lideran muchas líneas de investigación y desarrollo industrial *ADR*, movimiento obligado en este sentido ha de ser la constitución de un *Registro Europeo de la Artefactalidad*, como primer paso hacia uno de carácter global.

Ahí deberá ser inscrito cada proyecto y realización en el ámbito de la Robótica: líneas de investigación; autorizaciones de los comités roboéticos; trazabilidad de materiales y piezas; tipo de robot avanzado según las clasificaciones y finalidad; número de matrícula, cadena de responsables (diseñadores, formadores, fabricantes, comerciantes, usuarios), régimen de responsabilidad y patrimonios adscritos.

El Parlamento Europeo propone que esté a cargo de una agencia independiente compuesta *por reguladores y por expertos externos en cuestiones técnicas y deontológicas dedicados a controlar, desde un punto de vista intersectorial y pluridisciplinar, las aplicaciones basadas en la robótica, a determinar las normas en materia de mejores prácticas y, en su caso, a recomendar medidas reguladoras, a definir nuevos principios y a hacer frente a posibles problemas de protección de los consumidores y desafíos sistémicos.*

No menos relevante, y tal vez más arduo de alcanzar, es *el consenso de las comunidades científicas* respecto a muchas ideas que, entre la efervescencia de foros, comités y gabinetes *ADR*, planean hoy frágilmente prendidas por el hilo de la falacia de la *petitio principii*.

Ello afecta a aspectos básicos, como es la definición de *robot autónomo inteligente* (*smart autonomous robot*), tomando en consideración: la capacidad de adquirir autonomía mediante sensores y/o el intercambio de datos con su entorno (interconectividad) y la comunicación y análisis de dichos datos; la aptitud de autoaprendizaje a partir de la experiencia y la interacción; un soporte físico mínimo; la habilidad de adaptar su comportamiento y acciones al entorno; y la inexistencia de vida en sentido biológico.

Así, la idea de *autonomía*, que parece aludir a entelequias todavía problemáticas como *agente moral*, *subjetividad* o *centro de decisión*; o la imbricación de la evidencia científica con el concepto filosófico de *emergencia*, que permite explicar conductas estereotipadas y sistemas adaptativos complejos; o nociones que suponemos entender perfectamente hasta que avanzamos un poco en su genuina comprensión, como *Machine Learning*, o *Inteligencia*.

Ámbito cenital en el empeño por fijar los pilares fundamentales donde estructurar el citado consenso son las Neurociencias. En su fabuloso asedio contra la opacidad del cerebro humano, no dejan de celebrar conquistas que conciernen a la Política, a la Mercadotecnia, a la Computación, a todos los ámbitos de la sociedad y el individuo.

Las Neurociencias, en su afán por explicar cómo interoperan los elementos del sistema nervioso, proporcionarán las claves para desentrañar enigmas todavía sin resolver sobre la conducta de las criaturas orgánicas. Es ahí donde se disputarán los juegos de poder decisivos: la naturaleza de la percepción y la cognición; las emociones y el sistema decisional; la génesis, condiciones y tipología del recuerdo y del sueño; los mecanismos biológicos responsables del aprendizaje y las patologías; la semántica; la determinación genética de la habilidad cerebral, la capacidad de registrar e interpretar toda la actividad neuronal, las vías de injerencia para alterar el comportamiento.

Esa colosal tarea requiere un intercambio multilateral de conocimientos que actualmente no se efectúa de manera eficiente; muchas veces ni siquiera se comparte, ni obedece siempre a fines beneficiosos para las comunidades. Por lo demás, desde muchos puntos cardinales del pensamiento se critica que la amplísima variedad de manifestaciones de la existencia humana, especialmente aquéllas que suponen realizaciones más allá del individuo, como la Historia, sean reinterpretadas, o siquiera mediatizadas, por los descubrimientos neurocientíficos.

En todo caso, los avances de las Neurociencias constituyen un factor predominante para el desarrollo legislativo integral y coherente sobre el robot autónomo inteligente, pues será en este ámbito, empezando por la definición de *conciencia*, donde se dilucide la legitimidad de un artefacto para alcanzar un estatus cuasiantropológico de derechos y obligaciones.

Además, por lo que a nuestra misión concierne, serán las Neurociencias quienes ofrezcan la aproximación al fenómeno mental de *Justicia*, corroborando aspectos que hoy tan sólo podemos intuir, como la nociva influencia de las imágenes de equilibrio o simetría cuando pretenden vincularse a *Justicia*.

Ha bastado la popularización de algunas aplicaciones *IA*, y la difusión en prensa y *Redes Sociales* de vistosas exhibiciones de Robótica avanzada, para que se haya alzado una oleada social de indignación, palpable aunque todavía no articulada, como de ira murmurada, pues no hay un objetivo claro contra quien fulminar un *dictum* de cancelación.

De uno u otro modo, en *los reparos sociales a la Robótica* se está proyectando la hipótesis del *androide*, tantas veces imaginada por la literatura prospectiva y hoy declarada factible a medio plazo por la Tecnociencia: artefactos sintéticos antropomorfos similares a la criatura humana en su corporalidad y mentalidad.

El temor se bifurca entre varios malestares; así, el miedo atávico a la realización casi mágica de una fantasía que se enraíza en lo más hondo de la psique humana. Como señala el Parlamento Europeo, *desde el monstruo de Frankenstein creado por Mary Shelley al mito clásico de Pigmalión, pasando por el Golem de Praga o el robot de Karel Čapek—que fue quien acuñó el término—, los seres humanos han fantaseado siempre con la posibilidad de construir máquinas inteligentes, sobre todo androides con características humanas.*

La citada institución se enfrenta a ese miedo enmarcando cómo debería ser la licencia de usuarios finales de robots, al insistir en la libertad de uso no angustiado por miedos ni amenazas, la previsibilidad del cumplimiento de tareas asignadas al robot con plena conciencia de sus limitaciones, con respeto de la fragilidad humana y sus necesidades emocionales, la privacidad, el principio del consentimiento ante la recogida, utilización o divulgación de información, y la responsabilidad por el uso ilegal o no ético del robot, incluido emplearlo como arma.

Otro miedo es la posibilidad de que todo asalariado o profesional, cualquiera que sea el sector económico donde trabaje, pueda ser sustituido por un robot. Está claro que, a estas alturas del progreso humano, los tecnocientíficos no tienen que pedir permiso afuera para consensuar entre ellos, en sus laboratorios y obradores, los métodos de la investigación, ni establecer la índole de sus validaciones. También es evidente que la sociedad en su conjunto tiene la obligación de valorar y, en su caso, limitar las realizaciones aplicando en la elaboración de sus normas éticas y jurídicas un filtro hermenéutico humanista, que en mucho excede a la Tecnociencia.

9

Mención especial debe hacerse aquí a las profesiones jurídicas, cuyas celebridades han salido en tromba a efectuar una defensa gremial contra la eventual incorporación de artilugios automatizados en tareas que consideran esenciales, lo que ha sido respaldado por gobernantes y legisladores alertando sobre las distorsiones que podrían inferir los robots avanzados en los ámbitos del Orden Público y las garantías procesales.

Desde que aparecieron los *smart contracts*, los tecnólogos especializados en robótica jurídica no han dejado de lograr avances. Baste estudiar la operativa de aplicaciones precursoras como *DoNotPay*, que ha recurrido más de un cuarto de millón de multas de aparcamiento en Londres y New York City (exitosamente en más del 60%), y trabaja asimismo en el reembolso de cargos indebidos en billetes de avión y facturas hoteleras, peticiones de asilo y obtención de visas y *green card*, y cancelación de suscripciones y pruebas gratuitas digitales.

Siempre se ha jugueteado maliciosamente con la hipótesis de sustituir a los abogados, dada cierta mala prensa que tienen desde hace siglos, basada en las malas prácticas de algunos y el alto coste de casi todos. Sin llegar a urgir el remplazo de letrados y leguleyos a corto plazo, lo cierto es que *ADR* es una herramienta insoslayable en los bufetes del siglo XXI. Lo es para la joven abogada callejera que actúa en solitario sin una sede física propia, y para los pequeños despachos que no pueden permitirse una estructura administrativa; y lo es para las grandes compañías multinacionales de servicios jurídicos.

En el supuesto de que se haya institucionalizado el *know how*, de manera que la compañía optimiza los servicios poniendo a cada elemento de la fuerza productiva en el mejor lugar de la cadena de conformidad con su talento y experiencia, hasta el punto de que el conocimiento objetivo de la firma es superior a la suma del conocimiento de todos sus profesionales, los robots tendrán su sitio en múltiples tareas legales y paralegales, desde estudios prospectivos de legislación hasta el *sparring* de testigos, pasando por la confección de centenares de modelos diferentes de escritos—lo tienen ya.

Al *software* avanzado de gestión financiera, laboral y administrativa del despacho, o limpieza de contratos, o sistematización y análisis de leyes, doctrina y jurisprudencia, que trajo la segunda década del siglo, *ADR* está agregando, entre otras muchas cosas, asombrosas revelaciones sociológicas de *Justicia*; por ejemplo, el análisis de la conducta sentenciadora de un determinado juez o tribunal, profundizando en qué situaciones o condiciones hay más probabilidad de éxito, información que se clasifica empleando cientos de parámetros.

La Tecnología aporta soluciones novedosas en cada fase del procedimiento judicial tradicional pero también, en su propia potencialidad, nos sugiere alternativas al modo en que puede materializarse el enjuiciamiento de una disputa conforme a Derecho. Hablamos de bot virtuosos que automatizan numerosas tareas; y de la utilización del *cloud computing* para agilizar flujos típicos de mediación y conciliación; hablamos del tratamiento documental con técnicas OCR (*optical character recognition*), y del Big Data, del que puede obtenerse numerosos usos legítimos, incluida la llevanza de un laboratorio de analítica legal—todo esto está quedando ya obsoleto.

Hablamos de que la máquina aprenda la utilización de un algoritmo predictivo sin estar previamente programada para ello, lo que resulta relevante para confeccionar taxonomías, o en tecnologías como e-*Discovery,* facilita la búsqueda y registro de pruebas digitales entre el patrimonio electrónico de las partes litigantes.

La Robótica no puede (ni podrá jamás) entregar hermosas piezas de orfebrería jurídica; tendría que emplear un algoritmo artístico, y entonces tendríamos otro problema: la involución hacia a una *Justicia* personalista. Pero puede realizar aportaciones sobresalientes; así, en los organismos que trabajan en *alternative dispute resolution*, cuya existencia suele obedecer a la sobrecarga del sistema judicial, puede mostrar, de manera rápida y fiable, la palabra de la Ley, enriquecida por la interpretación jurisprudencial y adecuadamente calibrada en el acervo doctrinal acopiado.

En ese sentido, la última gran reforma de la *Justicia* en España (*Real Decreto-Ley 6/2023*), además de implantar el nuevo marco de la Justicia Electrónica, incorpora lo que denomina *actuaciones automatizadas, proactivas y asistidas*—el primer esbozo de un proceso irreversible.

No hay en ello problemática diferente al advenimiento de *ADR* en el resto de profesiones. Nuestros nietos dedicados a la Arquitectura o la Sanidad serán menos arquitectos o sanitarios que expertos en Robótica.

Los próximos juristas se convertirán en especialistas en programación profunda y técnicas avanzadas de entrenamiento de sus *IA* para explorar soluciones en la redacción de un testamento o unos estatutos societarios de conformidad con los deseos del cliente, o aproximarse a la negociación de un contrato o una indemnización mediante el uso sofisticado del *scenario thinking*.

Asunto diferente es imaginar al *robot juez* sin supervisión humana. Si la UE está considerando dotar de personalidad jurídica a los androides, no tiene sentido que se dé esa zancada conceptual sólo a efectos de montar un sistema complejo de responsabilidad que resuelva la casuística de los daños irrogados. La Humanidad tendrá que ir experimentando una evolución donde habrá que ajustar las leyes a cada fase, distinguiendo lo deseable, lo posible y lo factible, hasta encontrar la fórmula adecuada de lo normativo para cada momento histórico.

Un argumento a favor del *robot juez* se centra en que sus decisiones serían más objetivas, lo que se aduce también para proponer la incorporación de la Robótica a tareas legislativas en orden a mejorar la calidad del Ordenamiento Jurídico. Ahí subyace un grave malentendido. La Ley, tal como la conocemos, no es algo calculable mediante nociones de semántica inalterable, concepción para la que se precisaría la elaboración *ex professo* de un lenguaje artificial y demás condiciones que arrojó sobre el tablero de las grandes ideas la Filosofía Analítica.

El Derecho no existiría sin la historicidad de sus instituciones; tampoco, sin el empleo del lenguaje natural por las comunidades que plasman en preceptos normativos las reglas básicas de la coexistencia. Sabemos que la Ley, definida clásicamente como *la expresión de la voluntad general* y convertida en la era moderna en *el resultado contingente de una lucha de intereses*, se ha transformado en nuestros días en un instrumento complejo, una de cuyas funciones es la inclusión de sesgos (vgr. políticas activas contra el sexismo) a fin de corregir lo declarado pernicioso en la objetividad oficial anteriormente establecida.

En contra de la incorporación de la Robótica se arguye que ocasionaría una mengua significativa en las garantías procesales de los justiciables. Tengo mis dudas. Hay fases de los procedimientos judiciales que hoy mismo podrían tratarse con *ADR*, ganando en fiabilidad y eficiencia, en rendimiento, sin detrimento significativo del escudo garantista. Y, a medio plazo, hay que ir pensando en otros paradigmas.

Por todo lo que han aportado a la Humanidad en su perfeccionamiento como tal, los ritos judiciales tradicionales son muy valiosos, pero no deben ser sacralizados. Ningún derecho o interés tiene carácter absoluto.

La *Justicia* artesanal tarda tres años en resolver un conflicto; la *Justicia* tecnificada puede hacerlo en tres meses; se vislumbra ya el momento en que la administración robótica de *Justicia* emplee tres minutos. Pensemos en jurisdicciones urbanas dentro de treinta años, cuando se hayan desarrollado todos los avances previstos para la *smart city*, con una interconectividad universal de objetos (*IoT*) y seres humanos, y robots avanzados que dispongan de una capacidad casi ilimitada de archivo, procesamiento y análisis de datos.

Si la eficiencia robótica en la resolución judicial de conflictos aporta una mayor estabilidad social, el *Honorable J-Bot* llegará, para quedarse.

10

Sin políticas de racionalización del progreso tecnológico, es altamente probable que la revolución robótica no sólo no valga para apuntalar los logros de la *Justicia Social*, sino que sirva más bien para acentuar todo tipo de desigualdades, acopiándose la nueva riqueza, y el poder que ello conlleva, en manos de una minoría.

Por ello, una de las directrices que se plantean como clave de bóveda de la Robótica sea el *Principio de Justicia*, en el sentido de garantizar a todos los ciudadanos el acceso a las innovaciones tecnológicas de manera igualitaria. Sin embargo, para que no se petrifique en una mera declaración programática, se requiere un esfuerzo masivo que no logró siquiera atisbar.

Si los poderes públicos de nuestro tiempo no son capaces de gestionar de manera mínimamente coherente las transiciones en curso (verde, digital, feminista), ¿qué sucederá con la transición robótica, que amenaza con reemplazar a la Humanidad como principal categoría histórica?

Para ello se requieren políticas públicas cuya ejecución a corto plazo resultan inconcebibles pues habría que instaurar un nuevo paradigma económico tras efectuar una reconversión ciclópea de los medios de producción y el mercado laboral, que pasaría por la voladura controlada de sectores enteros de la Economía.

Lo que sí puede hacerse es ponderar concreciones del *Principio de Justicia* para la realidad que nos ha tocado vivir. En este sentido, debería introducirse una onerosidad fiscal escalada para los diversos tipos de robot en proporción a la *finalidad específica* autorizada por los comités de roboética y declarada como tal en su inscripción registral. No deja de ser una tributación contra la insostenibilidad.

Considerando que uno de los consensos tácticos que podemos alcanzar es que la Robótica debe orientarse a complementar las capacidades humanas y no a sustituirlas, la *tasa de usurpación* vendría determinada por el impacto de un determinado robot en las comunidades, cifrado en el cociente de dividir la *progresión tecnológica* que trae por la *regresión social* que irroga—conceptos jurídicos indeterminados a día de hoy, pero no tan nebulosos como para que dos centenares de jóvenes investigadores establezcan la precisa parametrización y sus taxonomías en menos de un lustro.

Esa *tasa de usurpación* tendría que seguir al robot como una sombra. Debería cargarse en origen a los fabricantes, adoptando tal vez la forma de un porcentaje en la cuota a abonar para nutrir los fondos que se prevén en materia de responsabilidad. Debería cargarse como arancel de fronteras cuando provengan de terceros países con los que no hay reciprocidad ni acuerdos comerciales sobre la materia.

Debería cargarse localmente, como tasa municipal. Sólo a ese nivel puede efectuarse una correcta *evaluación de impacto de usurpación*. *A priori*, en una villa de mil habitantes, sin conocer su realidad y los factores que la constituyen, no podemos anticipar que la usurpación provocada por la incorporación de robots a su industria principal sea mayor, menor o equivalente a la generalización de la asistencia robótica a sus ancianos.

Debería imponerse a los formadores, fabricantes o comercializadores, con cargo a los fondos adscritos al régimen de responsabilidad por daños, en caso de desviación en la *finalidad específica* asignada; y, para aquellos robots avanzados a los que se haya otorgado personalidad jurídica, al propio robot, con cargo a su *peculio roboticio*, en los supuestos en que esa extralimitación se deba a una decisión propia exclusivamente suya.

¿Qué sucederá entonces con los androides, engendros autónomos e inteligentes con apariencia humana de los que no se puede predicar sino que poseen una *finalidad general*? Cualquier solución que pase por mantener la creencia de que un ciudadano pueda incorporarlos a su patrimonio privado mediante compraventa, sucesión u otro modo de adquirir el dominio, como si fuera una más de sus pertenencias, abre un escenario distópico en que unos pocos pueden acaparar un poder propiamente sobrehumano y unos muchos decidan que la existencia humana carece ya de sentido.

Los androides, disfruten o no de personalidad jurídica, deberán tener no sólo la consideración de una *res extracommercium* sino quedar asignados obligatoriamente a una función pública, con su régimen de incompatibilidades y bajo el mando de autoridades sujetas a Derecho Público, como cualquier otro funcionario—y, si no se atienen a ello, llamad a *Blade Runner*, fiscales especializados en conducta robótica ilegal.

Otra serie de objeciones conciernen a las fisuras que la Robótica causa en la imagen que nos hemos dado sobre lo que es (o deba ser) la Humanidad.

Un disenso relevante se refiere a la denominada *falacia antropocéntrica,* impulsada mediante la paulatina infiltración de la filosofía transhumanista desde territorios con impronta libertaria, como EEUU, y extendiéndose entre la comunidad tecnológica internacional, los aficionados a la Ciencia Ficción, una parte del movimiento ecologista-animalista y sectores fuertemente tecnificados de la juventud.

Los valores humanistas de Occidente, que la UE proclama como esenciales, son percibidos por estos objetores como piel caduca que debe ser mudada para que surja una nueva Humanidad; y, entre sus diatribas preferidas, se indica la constricción de la Robótica dentro de límites inaceptables que la sociedad burguesa pretende imponer, así como la instalación de una narrativa alienante para encorsetar nuestra relación con las criaturas posthumanas, ejemplificada en la metáfora *amo-esclavo.*

Se asuma o no esa crítica como idónea, al menos subraya el error de reducir el vasto y complejísimo ámbito *ADR* a lo androidal, cuando sabemos que los avances de la próxima década se centrarán en ampliar las habilidades jardineras de un *cobot*, diseñar exoesqueletos infantiles más ligeros y eficientes, o programar nanorrobots quirúrgicos para batallar contra las células cancerígenas.

En cuanto a la metáfora *amo-esclavo*, cierto es que habrá que idear un entorno intelectual más amplio para describir nuestra relación con los robots; pero, por ahora, mientras los androides carezcan de personalidad jurídica, nos vale, siempre que actualicemos su semántica—así, destacando que ahí se alude también a modos y procesos de emancipación; y que la carga peyorativa de crueldad y abuso a la que históricamente se asocia queda excluida en las legislaciones modernas por aplicación de la doctrina de la función social de la propiedad y la prohibición de ir contra los actos propios, que en caso de mal uso pueden determinar la retirada al propietario de los derechos de tutela o la expropiación forzosa del robot.

Enunciar otra cosa en estos momentos supondría homologar la irresponsabilidad. El control humano de *ADR* debe ser pieza fundamental en las propuestas legislativas a corto y medio plazo. Ello deberá traducirse en una articulación minuciosa del *Principio de Transparencia*: la previsibilidad y trazabilidad de las tomas de decisión robóticas; la habilitación de una *caja negra* donde queden registrados los datos de las operaciones efectuadas por la máquina, incluidas las causas y circunstancias que han motivado los daños que haya podido inferir; el acceso al código fuente con los datos de entrada y detalles de fabricación; la conversión de los cálculos del artefacto en lenguaje comprensible para los humanos.

A medida que se vayan introduciendo nuevos tipos de robot, iremos matizando, modulando, corrigiendo este principio de tal modo que el control humano de las acciones del robot, basado en la previsibilidad y la direccionalidad, vele por su funcionamiento, disponibilidad, fiabilidad, seguridad y protección continuados.

Es necesario abrir amplio debate sobre los robots médicos: cómo gestionar el creciente fenómeno del *autodiagnóstico* con bots sanitarios móviles; la vigilancia de la programación automatizada de cuidados y planes de rehabilitación; las condiciones de la supervisión humana en operaciones quirúrgicas robotizadas de alta precisión y terapias repetitivas.

Estamos analizando ya, en condiciones reales, los problemas asociados a los vehículos autónomos y los drones; pronto habrá estudios significativos sobre el impacto de los robots asistenciales, que nos suministrarán datos valiosos para una comprensión profunda de la interactuación humano-robot, y respuestas al interrogante de si los beneficios que aporta este tipo de robots se ven sobrepujados por el riesgo de deshumanización.

11

Me he referido a la *personalidad jurídica* de ciertos robots avanzados, pues así lo anticipa el Parlamento Europeo, tanteando la noción de *personalidad electrónica*, en su preocupación por cuadrar el sistema de responsabilidad por daños causados por artilugios autónomos e inteligentes.

En la Prehistoria, en el seno del hogar cavernario o durante la errancia nómada, lo que aconteció durante milenios fue una afinación del comportamiento animal. Ello incluía un elenco de supuestos en que el clan reaccionaba contra el miembro que por incapacidad o rebeldía no se atenía a la conducta normalizada, en un modo similar al observado en jaurías, manadas o rebaños, cuando no en colmenas y cardúmenes. Respecto a lesiones y daños causados a otros clanes, los actos de un miembro desencadenaban una responsabilidad colectiva ilimitada del clan.

Sólo cuando los grupos humanos se ampliaron estableciendo asentamientos, la distribución de roles en cada comunidad impulsó cierto reconocimiento de la individualidad, que determinaría la necesidad de implantar ritos judiciarios y hallar soluciones de limitación de la responsabilidad. Con el tiempo, el enjuiciamiento fue focalizándose en el responsable directo e inmediato del acto ilícito, se instauró el principio de personalidad de la pena y se exigió cierta proporción equitativa entre la ofensa y la punición, idea que los juristas ancestrales fueron sofisticando hasta articularla en una norma jurídica: la Ley del Talión.

Hablamos de *persona física*. En un momento ya avanzado de las civilizaciones, se le fueron agregando ficciones de presunción para ciertas situaciones donde no podemos operar sino con hipótesis de persona (el *concepturus*, el *nasciturus*) o proyecciones de persona (el *defunctum*); o, simplemente, nos topamos con una carencia de persona respecto a patrimonios sujetos a responsabilidad (la herencia yacente, ciertas comunidades de bienes), o adscritos a una misión (legados y fideicomisos finalísticos).

Un nuevo grado en la abstracción fue la atribución de una personalidad a las asociaciones de individuos, dotándolas de voluntad y patrimonio distinto de los caudales de sus miembros, asignándoles una aptitud legal para ser sujeto en el tráfico jurídico; hablamos entonces de *persona jurídica*. No obstante, esta ficción, apenas objetada en el ámbito civil, ya en materia contractual, ya posteriormente en el supuesto de daños y perjuicios irrogados sin voluntariedad, nunca ha tenido fácil encaje en el ámbito de la responsabilidad penal. ¿Puede una corporación ser imputada por un crimen?

La respuesta clásica está acuñada en la locución *societas delinquere non potest*. Si una empresa realiza actividades delictivas, es obligado redirigir la imputación hacia alguno de sus agentes. Ello se fundamenta en la carencia de elementos esenciales al sujeto activo del delito, como el dolo, entendido como un proceso psicológico asociado a las ideas de conocimiento y voluntad; así como en la personalidad de la pena y en la dificultad de aplicar a una corporación las tradicionales sanciones penales (castigos corporales, encarcelamiento).

En el Derecho Continental europeo esta concepción se mantiene inalterada hasta que, a mitad del siglo XX, varios penalistas alemanes empiezan a elaborar nuevos desarrollos sobre autoría y participación en los delitos de empresa (Tiedemann, Schünemann), así como formulaciones avanzadas en materia de ilícitos omisivos y criterios para la determinación de las posiciones de garantía (Nagler, Kaufmann, Wolf, Barwinkel, Pfleiderer), lo que se une a una reconsideración general de la naturaleza y justificación de la sanción penal, y la propuesta de un elenco más extenso de penas y consecuencias accesorias al delito.

La jurisprudencia anglosajona llega a conclusiones análogas medio siglo antes. Los tribunales victorianos habían validado la condición de las grandes corporaciones como entidades legalmente independientes—cf. decisión de *House of Lords* en el caso *The Princess of Reuss* (1871)—; y las dudas que venían surgiendo respecto a la responsabilidad limitada del pequeño negocio unipersonal registrado como sociedad (*one-man type company*) quedan despejadas con los fallos en los casos *Re Georges Newmann & Co.* (1895) y, sobre todo, *Salomon vs. A.Salomon Ltd* (1897). Como efecto necesario para solucionar la rigidez del principio en ciertas situaciones, habría de elaborarse la *doctrina del levantamiento del velo* (*dislodging the corporate veil*).

En lo que hace a Estados Unidos, a finales del siglo XIX una parte significativa de su judicatura toma plena conciencia del desmesurado poder que acumulan las grandes corporaciones. Aun reconociendo su labor en general benefactora para el progreso de la nación, no pueden dejar de apreciar que constituyen una amenaza por su capacidad para conculcar leyes y ordenanzas (monopolios, abuso de posición dominante, prácticas colusorias, corrupción). La cuestión, que en nuestros días sigue siendo todavía objeto de apasionados debates entre políticos, historiadores, constitucionalistas y magistrados, es si la personalidad corporativa (*corporate personhood*) está o no está cubierta por la *Constitution* y sus *Amendments*.

El término *artificial person* venía siendo utilizado por los tribunales ingleses desde la época isabelina; reconocer a una corporación los mismos derechos y obligaciones que una persona natural en materia contractual es lo que se hace por vez primera en EEUU en *Trustees of Darmouth College vs. Woodward* (1819), con el *Chief Justice* Marshall expresando la opinión de la mayoría (Washington, Story, Franklin, Livingstone).

Posteriormente una serie de fallos hacen lo mismo en el ámbito del *Tort Law* (así, *Lake Shore & M. S. R. Co.* v. *Prentice,* 1893). En 1909 termina por reconocerse su imputabilidad penal cuando *New York Central & Hudson River Railroad Company* demanda ante SCOTUS la casación por error de una sentencia del *Circuit Court* donde se condena a esta compañía y a uno de sus agentes (Fred L. Pomeroy) por haber efectuado descuentos ilegales en cargamentos de azúcar.

La vista pública del caso—con Fox, Lindsay y Harris en el equipo legal de la demandante de casación; y Stimson, Bonaparte y Ellis articulando la defensa de *United States*—tuvo lugar los días 14/15/16 de diciembre 1908, y fue decidido el 23 de febrero siguiente, siendo ponente el *Justice* William Rufus Day, de Ohio. La demanda de casación fue desestimada al indicarse que el principio tradicional de no imputabilidad penal de las empresas, sostenido por las fuentes clásicas (*Lord Chief Justice Holt*; *Blackstone's Commentaries*), había decaído ante el pensamiento más autorizado de los juristas contemporáneos, a saber: cierto es que hay infracciones penales que, por su propia índole, no pueden ser cometidas por las corporaciones; pero hay un amplio abanico de conductas antijurídicas donde el ilícito consiste en efectuar voluntariamente acciones prohibidas por la Ley.

Respecto a ello no se ve razón alguna para que las corporaciones no puedan ser declaradas penalmente responsables e imputadas por el dolo de sus agentes cuando actúan dentro de la autoridad a ellos conferida. Si no fuera así, muchas infracciones penales quedarían impunes, cuando la Ley expresamente requiere que toda persona, natural o jurídica, se abstenga de realizar ciertas prácticas que han sido vedadas en aras del interés público.

Persona física, persona jurídica. Recientemente, a la configuración de estas instancias de responsabilidad se ha agregado la noción de *identidad digital*, o *Identidad 2.0*, que se refiere primordialmente al conjunto de informaciones que de nuestra persona constan en Internet, sujeto a diversos derechos, como la protección de datos personales, y el derecho de rectificación y al olvido digital.

No obstante, *identidad digital* significa también la creación de una identidad específica, que puede o no corresponder en todos sus componentes a la identidad civil (*offline identity*) y tener un perfil o decenas de perfiles y presencias, de la que surgirá la nueva categoría de *persona digital* una vez quede establecida su relación con la *identidad civil* y se aclare detalladamente su operatividad en cada uno de los escenarios del universo electrónico, empezando por aquellas tecnologías mayormente interesadas en su regulación, como es la estructuración de protocolos de verificación en los sistemas descentralizados de confianza (*blockchain*).

¿Dónde podría encajar la *personalidad jurídica* de un androide? Tal vez más que en ningún otro tema, aquí habría que adoptar esa *actitud gradual, pragmática y prudente* que predica el Parlamento Europeo.

No se comprende por ello su mención a una hipotética *personalidad electrónica* de robots avanzados, que resultó prematura y confusa. Nada aclara; y, por añadidura, con ello necesariamente se alude, entre otras facetas problemáticas, a la referida *identidad digital*, compleja de articular todavía.

Es previsible que a medio plazo se consensue el régimen de responsabilidad; inevitablemente, se hablará entonces asimismo del Derecho Sancionador contra el robot y se propondrá un sistema adecuado de imposiciones correctivas, incluso penas. En buena lógica jurídica, ello debería venir acompañado de un catálogo de derechos, hasta configurar un *Estatuto del Androide*.

Podemos imaginar algunos elementos, como el *peculio roboticio*, a fin de completar el sistema de los fondos de compensación por daños, que servirá también para configurar un espacio individual (sería excesivo hablar de *intimidad*, ¿o no?), fuera de la finalidad específica y misiones principales del robot, que le permita autorregularse dentro de un marco restrictivo bien definido, incluyendo la gestión de sus recompensas.

Se necesitarán conceptos y categorías jurídicas que hoy ni siquiera podemos conjeturar, tal vez incluso una jerga *ad hoc* que combine el lenguaje natural y los símbolos tecnocientíficos. Lo que sí parece obvio es que, una vez configurado ese *Estatuto del Androide*, por cautela, debería esperarse algún tiempo (diez generaciones humanas, quizás) para que estos sapientísimos artilugios puedan hacer efectiva su emancipación.

La *identidad* es la premisa para erigir esa monumental construcción que es el Ordenamiento Jurídico. Es la *identidad* lo que permite elaborar el concepto primordial de *persona jurídica* y, por ende, el núcleo de capacidades de las que se derivan los catálogos de derechos y obligaciones.

Sin embargo, ¿tenemos claro de qué estamos hablando cuando decimos *identidad*? No es sencillo definir *identidad*, incluso desde el terreno menos inestable de la Lógica. ¿La relación que un ente tiene consigo mismo? Esta enunciación básica puede resultar aceptable, o no, según acudamos al principio de los indiscernibles, al análisis lingüístico, a la teoría de conjuntos, a la conceptografía.

Fuera de este campo, el empleo de las nociones identitarias es francamente problemático. El Yo moderno resulta un haz múltiple y siempre movedizo de factores constitutivos, modulado por procesos sociales y culturales. El fundamentalismo del *Ego Sum* ha dado paso a una aleación de realidades de ajena procedencia que la Posmodernidad tiende a pulverizar con su oferta de virtualidades y modificaciones corporales, donde cobran nuevo relieve las vetustas paradojas de remplazo, como el Barco de Teseo.

Si sustituimos todos los componentes de un objeto, ¿sigue siendo el mismo objeto? ¿Y si lo desmontamos y armamos de nuevo con los componentes iniciales? Con el factor *tiempo,* el análisis se intrinca pues de esa *relación del ente consigo mismo* habría que predicar la cualidad de persistir en su inmutabibilidad.

Traigo a colación ese retazo filosófico, pues la *identidad* se halla concernida en la raíz de otro disenso actual sobre Robótica, de gran alcance ético, como es *la generalización del dopaje ADR*.

Empleamos hoy a diario decenas de objetos y artilugios externos que nos ayudan a desenvolvernos en nuestro entorno más allá de las respectivas limitaciones personales, mucho más allá de los condicionantes genéticos y habilidades socialmente adquiridas—unas gafas para miopes o un patinete, pero también la pulsera digital que monitoriza nuestra salud, nos da las coordenadas geográficas de nuestro destino vacacional, nos conecta con ordenadores y sirve de teléfono móvil, o una docena de *IA* que actúan mejor que una mente humana en la concepción y resolución de problemas.

La cuestión es qué acontecería al internalizar todos esos dispositivos, y algunos más, no todos para nuestro gusto—qué va a suceder cuando los vayamos incorporando al cuerpo humano. ¿Hay tanta diferencia bioética entre disponer de ellos *fuera* o haberlos *dentro*? No podemos hablar de *robots avanzados* sin antes reflexionar sobre *humanos avanzados*.

Respaldada por la Bioética clásica, y el Humanismo centrado en la dignidad de la vida humana, una corriente de pensamiento se muestra reticente ante la posibilidad de que el cuerpo humano sea colonizado por chips, prótesis y mecanismos extrahumanos y, aún más, ante la amenaza teratológica de criaturas híbridas.

Como primera línea de defensa, se apela a la deontología médica. A la hora de alterar la corporalidad del ciudadano, se debe distinguir entre cirugía reparadora (plenamente aceptada); cirugía de perfeccionamiento *(enhancement)*, que puede consistir en realce estético (aceptada con reparos) o mejora del rendimiento físico (prohibida con excepciones); y cirugía transformadora, ya por reconversión sexual (aceptada con reparos) o mediante composición de engendros cibórgicos (prohibida).

Otros, en cambio, focalizados en el principio de autodeterminación personal, abogan por permitir—y, en su caso, fomentar—cualesquiera modificaciones corporales, incluso neuronales. Y se pone el ejemplo de cómo ha evolucionado la aceptación de la clonación genética; desde el rechazo frontal inicial se ha llegado a un punto donde se ve factible y quizás éticamente aceptable cuando se trate de órganos y tejidos y se emplee con finalidad terapéutica.

A su favor, dicen, está el curso de la Humanidad, que es la historia de la expansión evolutiva de un animal más allá de su constitución zoológica; la crítica que la filosofía vigésima efectuó de la noción de *normalidad establecida*, y una pregunta inquietante: *¿quién no preferiría que la Democracia fuese realizada en plenitud por ciudadanos poderosamente dotados para el procesamiento de datos y un protocolo decisional inmune a la mentira y la desinformación?*

En cualquier caso, ¿qué imágenes de *Justicia* nos traerán los androides, los cíborgs, cualquier híbrido que, en un momento dado, se juzgue oportuno crear para realizar tareas en una nave espacial o una ciudad-jardín submarina? Muchas hipótesis nos vienen a la mente; tenemos la certeza de que algunas protagonizarán la próxima escenificación de las viejas cuestiones filosóficas; sea el caso del *Dobloide* (*Doppeloid*).

En nuestros hospitales, laboratorios y centros de entrenamiento militar o adiestramiento deportivo, vemos cómo la Tecnociencia puede monitorizar gran parte de la actividad del cuerpo humano y su mente, y *leerla correctamente*. Es cuestión de tiempo—y no de *mucho tiempo*—que la totalidad del complejo vital de un individuo pueda quedar registrado en cada momento de su existencia.

Esa conjetura abre numerosas posibilidades. Una es la constitución de una especie de disco duro externo que podríamos llamar (irónicamente) *Pandora*. Ahí podría usted recuperar sueños y recuerdos, analizar cómo y por qué han actuado ciertos factores en sus procesos de decisión, trabajar sobre sus emociones y sentimientos, comprobar lo que forja un centro de decisión humano, que usualmente no es la estadística sino el peso relativo de acontecimientos que dejan huella o se constituyen en puntos ciegos.

Podría emplearse *Pandora* para uso íntimo, o por otros debidamente autorizados privadamente, sea un psicólogo para terapias de conducta, o investidos públicamente, como los miembros de un jurado a fin de determinar el grado preciso de intencionalidad en un procedimiento penal. Serviría para efectuar un análisis profundo de un instante (trivial o trascendental) de su historia personal, o comparando varias manifestaciones de *Pandora*, realizar estudios diacrónicos de su ego.

Cabe asimismo que, a partir de una determinada *Pandora*, se cree una o varias réplicas y se incorporen a un soporte físico en curso o aún no iniciado, antropomórfico o no, o se dejen encapsuladas en ámbitos no físicos, y se proceda a dotarlas de un acervo existencial y unos condicionantes de entorno, aprendizaje y finalidad, para que sigan trabajando de manera autónoma.

En función del grado de desvinculación que se irrogue a esos *Dobloides* respecto a la *Pandora* extraída, y el desarrollo de capacidades por su cuenta, estaríamos hablando de alter-egos, o de entes que tienen cierta semejanza con su humano originario y, reunidos todos juntos, mostrarían un patrón similar, o un dibujo invisible, o una concepción del mundo, como ocurre con los personajes de ficción respecto a su autor.

Podemos imaginar también docenas de réplicas con pequeñas variaciones para distintos desempeños; funciones específicas que cada *Dobloide* podría ir desarrollando para asistirle a usted; así, a fin de ejercitar mejor sus deberes como votante, especializado en asuntos de singular complejidad técnica, como puede ser el reglamento de un tributo o la gestión de redes de telecomunicación; o como jurado en un tribunal, un alter-ego adiestrado en las maneras deductivas de razonamiento; o en asambleas escenificando debates y procesos de consenso.

Esos *Dobloides* no serán *usted*, pero tampoco serán extraños a su personalidad; habrá en ellos algo más que una estrecha familiaridad. No obstante, ¿qué se hará cuando fallezca el ser humano del que proceden las *Pandoras* que han constituido la base vital de los *Dobloides*? ¿Deberían ser eliminados? Tal vez se les permita seguir existiendo de conformidad con condiciones *mortis causa*, de manera general o con asignación de una sola misión específica. Ante ello, es imposible no sentir el vértigo metafísico de la inmortalidad de una conciencia vagando hasta los confines del Universo por los siglos de los siglos.

12

Tras la pandemia del coronavirus, un cliente al que había asesorado legalmente durante el *Sexto Programa Marco de Investigación UE* me cedió la copia de una versión rudimentaria, incompleta y parcialmente defectuosa de una de las primeras aplicaciones *IA* en que habían trabajado.

La finalidad era que, después de trastear con ella unas semanas y comprobar de primera mano cómo actúan las *IA* Restringidas, pudiera dar mi opinión, con un mínimo conocimiento técnico, en relación con propuestas normativas sobre *IA* que las instituciones europeas estaban elaborando.

Di en llamar al juguete *LaHerculina-2022*; no en vano, pasé los años decisivos de mi niñez jugando en la pequeña galería del segundo piso de un edificio en la confluencia de las calles Orillamar y La Torre, en la hermosa ciudad atlántica de La Coruña, que contaba en su bajo con la mercería *La Herculina*.

Me cuadraba referir ese comercio al que solía bajar con recados de mi madre, la mejor costurera-bordadora del barrio, donde las señoras trasegaban en busca de carretes de hilo, botones, corchetes, cenefas o cajas de alfileres, pues de lo que se trataba era de nutrir la *IA* con una miscelánea de datos a fin de confeccionar algunas hechuras de mi personalidad.

Vinculé o descargué currículo estudiantil con calificaciones y estudios complementarios, historial profesional, fotografías, *memorabilia*, catálogo de mi biblioteca y listas de predilecciones musicales, informes médicos e historial farmacéutico, escritos jurídicos y obra literaria, así como la cumplimentación de un formulario con cinco mil cuestiones, que en parte incluía varios test de inteligencia, y en parte exploraciones sobre miedos, lugares, deportes, arte, símbolos, simpatías, colores, paisajes, aficiones, emociones, ciencias, números, hábitos *et cetera*.

Esa pálida caricatura de *Dobloide* dejó sin responder muchas preguntas, indicando que no las entendía o estaban fuera de su alcance; con otras, se ciñó a reproducir textualmente frases mías, o acoplar fragmentos aparentemente aleatorios, entregando un *output* extravagante, cuando no absurdo. El experimento me resultaría tedioso en su preparación, incomprensible en la opacidad de la operativa IA y fastidioso en el alcance de sus logros—con una excepción.

Horas antes de que la aplicación se desactivase, le pregunté: *¿Qué es Justicia?* Entonces *LaHerculina-2022* entregó algo que jamás había formulado yo de tal modo; una respuesta que los fundamentalistas juzgarán execrable y los pragmatistas validarán como valiosa en sí misma:

Justicia es una noción comunitaria en permanente proceso de definición

BAJO EL INFLUJO DE LAS LEÓNIDAS

1

Los antiguos *Juzgados de Primera Instancia e Instrucción de Betanzos* se ubicaban en una rúa en cuesta que daba a la plaza mayor, en un edificio indiferente a cualquier casa de vecinos excepto por la ranciedad de sus desconchaduras y una bandera española astrosa que ondeaba flojamente de un mástil descascarillado.

Por la acera, dos muchachas parloteaban. Un tabernero barrigón rodaba un tonel. Una anciana encorvada, murmurante, portaba un cartucho de papel estraza del que sobresalía el corrusco de un mollete de pan blanco; cada poco se paraba, risueña, y trazaba signos en el suelo con la punta del paraguas. Entre nubes claras, el sol fulguraba sobre la piedra vieja, enverdecida por la lluvia y la humedad salitrosa de la ría.

Achicaba yo un cigarrillo *Habanos* con hondas caladas. Vestía corbata verde bosque sobre camisa blanca, chaqueta de *tweed* combinada con pantalón de franela, y mocasines de borlas en color granate. De mi brazo izquierdo colgaba la toga negra que mi madre había confeccionado con primor.

Al acceder al lóbrego zaguán, tropecé con una mujer enjuta de ojos llorosos. El chasquido de un encendedor iluminaba a su lado la expresión cínica de un varón de rostro atezado. Un apresuramiento de saltos, entreverado de jadeos, retumbó en la penumbra, procedente del hueco de la escalera.

Un niño sangrando por la nariz debía ir al dispensario; lo urgía su madre, con voz aguda, mientras el chaval, que emitía un quejido grimoso, bajaba peldaño a peldaño a ciegas y de puntillas, con la cabeza a considerable distancia del tronco, que a su vez sufría una espantosa torsión, incapaz de zafarse de las ensangrentadas manos de su madre.

Intenté dejar expedita la única vía de salida, pero ya había cruzado la puerta, silbando, un camarero sosteniendo una bandeja con tazas de café y bollería. Me hice a un lado, acurrucándome tras los buzones. El camarero se disculpó e intentó recular. Aparecieron otros dos individuos: un abogado maduro, bronceado, con cartera de mano de gastada piel; y tras él, un hombrecillo bajo, regordete y desgreñado. El camarero, al topar su espalda con los entrantes, giró sobre sí mismo, y lanzó una tímida carcajada.

Con raudo movimiento de avance y esquiva, el hombrecillo se adelantó al abogado, empujó al camarero, detuvo a la madre pujante por salir y, mirando con arrogancia a la mujer de ojos llorosos, berreó: *¡Cagnnnndiosssssss, a qué grado de degeneración se ha llegado en este jodido país para que un puñado de presuntos tenga acorralado a un juez!*

Entonces, a pesar de la imposibilidad física de dilatar ese reducto abarrotado, como por arte de transfiguración se me abrió un cauce cuya índole no puede mensurarse en términos de amplitud y profundidad. Alterado, perplejo, ascendí a paso vivo por las escaleras. Eran las diez y diez de la mañana del miércoles 6 de noviembre de 1991.

Por cada piso se distribuían respectivamente las dependencias de los tres órganos jurisdiccionales. A esas horas la actividad resultaba ya efervescente en el N°2. El pasillo se hallaba congestionado de personas en espera de ser llamadas, a viva voz, para cumplimentar alguna actuación judicial. Había imputados, testigos y peritos; juristas había, dando indicaciones a sus clientes.

En los despachos, los funcionarios se ajetreaban. Un hombre de mejillas hundidas examinaba de pie un expediente, pasando el dedo por la lengua antes de hojearlo con vehemencia, página tras página. Un procurador leía edictos de subasta clavados con chincheta en el Tablón de Anuncios. Otro togado maduro de gran porte y prestancia, el pelo engominado, bigote pinturero y un anillo de rubí en su anular, simulaba que flirteaba con una funcionaria, que fingía estar conmovida por la atención.

En uno de los extremos de la vivienda se acondicionara el despacho principal, que ocupaba el juez Linter—nombre figurado para referir un ciudadano real, como el resto de personajes que convoco en estos apuntes. Recientemente promocionado a la categoría de Magistrado, le esperaba destino en la capital de la provincia, resolviendo exclusivamente pleitos civiles y mercantiles. Iba yo a cubrir la vacante, como Juez Sustituto, hasta que llegase el nuevo Titular.

Del juez Linter sorprendía la mirada burlona que adoptaban sus ojos fríos. Tenía reputación de ser inaccesible e implacable, quisquilloso con las formalidades procedimentales.

Había accedido a la judicatura por el *turno de juristas de reconocida competencia.* Se ataviaba en claros trajes grises de paño y corte mediocres. Fumaba cigarrillos rubios con largas aspiradas durante las cuales la oclusión de la boca angulaba sus facciones, y la mirada se hacía más pétrea, hasta un punto en que parecía ya el ojo vítreo de un guacamayo disecado.

Me recibió flemático; respondía vagamente las preguntas un tanto ansiosas que yo le hacía. Sugería reformas a efectuar en las dependencias del Juzgado, empezando por los lavabos; aseguraba que el Presupuesto del año venidero tampoco preveía partida alguna para remplazar las máquinas de escribir por ordenadores, ni siquiera en el *Tribunal Supremo.*

Tres nudillazos en la puerta interrumpieron el palique. Un hombre uniformado asomó su cabeza descubierta: *Señoría, hay un asunto urgente...* No pudo concluir la frase; Linter, displicentemente, le indicó que esperase afuera; luego, se inclinó, abrió un cajón de rieles, tomó un folio mecanografiado y firmó al pie.

Se trataba del documento por el que yo tomaba posesión del Juzgado de conformidad con la resolución dictada por el *Consejo General del Poder Judicial*; solemnidad a la que no se adjuntaba el Alarde, ese informe que detalla los asuntos pendientes y, en general, la situación de la oficina judicial. Tras mi firma, Linter recogió el folio y ordenó por el interfono que avisaran al teniente que ya podía pasar.

Otros tres nudillazos precedieron la apertura de la puerta donde el uniformado, con el mismo ángulo de inclinación, repitió: *Señoría, hay un asunto urgente...* Una vez más no pudo concluir la frase. *Hable con este caballero, que es el juez de este Juzgado,* indicó Linter. Acto seguido, se irguió, guardó encendedor y cajetilla en la chaqueta y, sin decir más palabra, salió del Juzgado.

Miré al teniente de la Guardia Civil, que permanecía indeciso observando el sillón vacante del Juez; rodeé la mesa, me senté e indiqué al visitante que se acomodara.

El uniformado se plantó, gorra y carpeta bajo el brazo, en posición de descanso reglamentario, y expuso el asunto. Se habían obtenido pruebas de que, en varios establecimientos de una localidad costera se estaban replicando y comercializando copias piratas de videocintas originales de películas. Dada la índole de las infracciones, se aconsejaba una acción combinada realizada por sorpresa, para lo que se requerían sendas autorizaciones judiciales de entrada y registro a firmar por el Juez de Guardia. Me entregó la carpeta.

Aparentaba yo hojear los informes y actas de las pesquisas, estupefacto. El Juez Titular se había esfumado sin darme indicación alguna, nadie me había presentado a los funcionarios del Juzgado, de los que ignoraba nombres y desempeños, y ahora un hombre armado, que tampoco se había presentado, solicitaba que en mi estreno en las funciones jurisdiccionales ordenara una restricción de derechos y libertades fundamentales que incluso los jueces experimentados son reacios a autorizar sin constancia evidente de la comisión de delitos graves y la inexistencia de alternativa a la puesta entre paréntesis de la inviolabilidad del domicilio.

Fui llamando uno a uno a los trabajadores del Juzgado, empezando por la funcionaria de mayor rango, la oficial Astrifer, pues el Juzgado N°2 carecía en esos momentos de Secretario Judicial. Cada uno expuso sus atribuciones y el estado de asuntos de cada negociado, incluido el Registro Civil. Parecían extrañados ante la amabilidad de este juez, que les permitía incluso sentarse a charlar.

Todos, excepto el hombrecillo bajo, regordete y desgreñado, que resultaba ser Pervicax, auxiliar judicial a cargo de los expedientes penales más complejos, que mostraba ánimo zumbón y un desparpajo de mandamás. Prioritario, según me confirmaban, dado que el Juzgado se hallaba saturado de gente, era proceder con la audiencia pública de los juicios civiles, cuyo señalamiento nadie había tenido la previsión de posponer.

Al salir del despacho, ya entogado, tres docenas de personas aguardaban alborotando no sólo el pasillo sino también las dependencias desatendidas del Juzgado, pues parte de la plantilla disponible había partido ya con la Guardia Civil para proceder a los registros.

En la Sala de Audiencias, los juicios agendados para ese día pasaron como un carrusel irreal de lentas evoluciones: las medidas provisionales en una separación matrimonial, el incumplimiento de un contrato, un desahucio, la reclamación de una deuda. El patrón procedimental apenas variaba. Tras la apertura, el demandante exponía, el demandado contestaba, aunque podía allanarse o reconvenir; luego, el juicio se recibía a prueba antes de terminar con las conclusiones.

En la última audiencia, uno de los letrados, perteneciente a una familia solariega de políticos y juristas, se aproximó al estrado del juez, intercambió cortesías y afablemente me deseó buena suerte. Visto el asunto para sentencia, ya en el pasillo, el letrado contrincante haría lo mismo, agregando que se sentiría honrado si yo tuviera la gentileza de aceptar un libro suyo, un tratado mercantil sobre letras de cambio.

De vuelta al despacho, las tareas se acumulaban. Eché en falta el Alarde, y decidí comenzar examinando los sumarios en cuya portada se había adherido la estampilla roja que alertaba de ser una causa con preso.

Atendí igualmente a litigios sobre los que había que proveer, así como aquellos cuya vista estaba señalada para los próximos días: el impago de recibos de los gastos corrientes de un garaje; la reclamación del precio de unas obras de desmonte y movimiento de tierras, así como ciertos servicios de jardinería. Se discutían dos cláusulas de un testamento. En un pleito se pedía determinar quién tenía derechos sobre un camino obstaculizado; y en otro, el contribuyente que debía abonar unos tributos. Un litigio sobre servidumbre de luces y vistas prometía una controversia jurídica de gran enjundia, aunque tal vez ello se truncara al estudiar con calma la invocada excepción de falta de litisconsorcio pasivo necesario.

A las tres menos diez de la tarde, asomaron por la puerta el juez Scapha, titular del N°1, y el juez Ponto, titular del N°3. Afablemente, me conminaron a que hiciera un alto; que dejara algo de trabajo para las semanas venideras. Un refresco y un pincho de tortilla sería todo lo que almorzaría, en la barra de una cafetería, de pie.

A media tarde llegaron los funcionarios con los efectos delictivos hallados en el registro de los videoclubes. Quicumque, Secretario Judicial del N°3, hombretón calvo de severa circunspección que había encabezado la comitiva judicial, resumió la secuencia de acontecimientos. No había resultado sencillo; se habían producido varios lances de desacato, obstrucción y amenazas graves a los agentes de la autoridad, además de la crisis de histeria sufrida por la dependienta de uno de los establecimientos.

Mientras Quicumque proseguía con los pormenores de su relato, observé las evoluciones de los funcionarios. Llegaban cajas con videocintas; llegaban hatos y bultos con más y más videocintas, que iban siendo apiladas en medio de un silencio irritante. Los funcionarios iban y venían derrengados tras una jornada de trabajo arduo. Meneaban la cabeza, miraban de reojo, musitaban enfurruñados. Un Juez Sustituto les había fastidiado la tarde. El agente Depudet había debido renunciar a un partido de baloncesto; la oficial Astrifer no había podido recoger a su hijo a la salida de la escuela; a la auxiliar Scabellum se le habían quebrado dos uñas y llevaba el pelo diabólicamente alborotado.

La falta de previsión logística resultaba flagrante. Las dependencias judiciales, atiborradas ya de por sí con mobiliario, expedientes, trastos y efectos, resultaban insuficientes para alojar de manera adecuada ese aluvión de objetos, que fuimos amontonando en los despachos, en la Sala de Audiencias, en el pasillo. No había disponible material de precintaje; y, para un correcto establecimiento de la cadena de custodia, hubiera debido realizarse un inventario minucioso antes de cerrar las puertas del Juzgado.

Un manto frío de sombras se había extendido sobre la comarca. Volví a casa fatigado, excitado, preocupado. Demasiado consciente de demasiadas cosas a la vez, no pude dejar de pensar, empero, en un detalle que me provocara desazón.

Curioseando entre las cajas, comprobáramos que muchas videocintas contenían copias de películas de ínfima calidad; según las listas de facturas y albaranes, de algunas se habían hecho hasta treinta réplicas ilegales que no cesaban de ser alquiladas. El interrogante se interponía con crudeza, pues hay pensamientos que espesan la sangre: *El individuo ¿es un continuo de realidad, o podemos fragmentarlo en compartimentos, pulverizarlo en la multitud de actos de que se componen sus días?*

Si no ha de haber hiatos en la extensión de la sustancia moral, emocional o intelectual de una vida, el público que consumía esa clase de cinematografía debía aceptar una clase pareja de verdad: debía validar un tipo similar de *Justicia*.

2

El Juzgado es una fábrica de decisiones.

Ese era el primer mandamiento del decálogo que había podido entresacar en dos charlas previas con el juez Linter. Mentalmente lo repasaba yo en la Sala de Audiencias mientras una abogada joven, con dulce voz de viola a veces pellizcada en *pizzicato*, exponía su alegato demandante en un litigio sobre responsabilidad decenal contra una empresa constructora por las grietas y humedades sobrevenidas en un chalé.

Una fábrica de decisiones; y su único responsable, el Juez. Según Linter, no había lugar para el consenso ni la consulta. Ni siquiera se permitía una cháchara insustancial con *esa comparsa de astutos* denominada *funcionarios de la administración de Justicia*, cuya cifra, operativa e intenciones situaba dentro del principio de incertidumbre. El modo más eficaz de tratar con ellos, según Linter, era no tratar con ellos, dejando que lo hiciese el Secretario Judicial, a quien debía dotarse de amplia discrecionalidad para luego, cuando así conviniera, a todos apiolar.

Con abogados y procuradores no cabía miramiento alguno. Cualquier confianza, por trivial que pareciese, era percibida por Linter como el devaneo tentativo de una *latrodectus* voraz. Por supuesto, un juez jamás debía recibir visitas en su despacho—jamás. Y en ningún caso, excepto muerte criminal, debía aventurarse fuera de las oficinas del Juzgado. Para levantar cualquier otro cadáver, o realizar inspecciones *in situ*, estaba la Policía Judicial, o la comisión judicial con el Secretario Judicial al frente; y para algo estaban también los reportajes fotográficos, y los atestados, y los informes periciales, y *las modernas tecnologías*—entre ellas no estaba aquel *teléfono transportable*, aparatoso y analógico, que por entonces sólo poseían unos pocos.

En las guardias uno debía mostrar temple y perspectiva. La Policía Judicial funcionaba eficazmente, aunque casos había en que actuaba sin control. Valiaris, la médico-forense, era mujer ducha pero desbordada por la sobrecarga de asuntos que atendía en las jurisdicciones de la provincia. Las Fiscales aparecían los jueves, para los Juicios de Faltas, y solían traer espíritu constructivo.

Por lo demás, para dirigir la oficina judicial bastaba con un poco de sensatez. Y decidir sin canguelo, la Ley a la vista, y también el *dictum* del predecesor, pues se esperaba que un Sustituto no cambiase súbite el sentido de las resoluciones arraigado en cada Juzgado. El sistema asumía como normal los errores de los jueces temporales. Lo que se les pedía era que cerrasen numerosos asuntos, siendo de todo punto indiferente que se despendolasen en desatinos o labraran camafeos de lógica jurídica. Muchísima cordura, empero, según Linter, con el Dinero y los Detenidos, porque en estos ámbitos la Inspección no iba a admitir atenuantes, tanto si el desmán fuera obra de un ilustre veterano o de un lelo traído de rondón.

El Partido Judicial de Betanzos extendía su jurisdicción sobre diecisiete municipios. Reunía costa y montaña, pequeños núcleos urbanos y extensiones agrícolas, parques industriales y áreas empresariales dedicadas al pequeño comercio, turismo y servicios, abarcando zonas concurridas de ocio nocturno y tramos problemáticos de autopistas y carreteras. Tenía su cabecera en la noble villa homónima asentada desde el siglo XIII sobre un castro prerromano, a orillas de una ría.

Bastaron unos días para corroborar que Linter había dirigido la oficina judicial con mano firme. En muchos casos, había logrado cumplir incluso los plazos de publicación de sentencias, hecho infrecuente. No obstante, el Juzgado sufría retrasos. En la sección penal ello afectaba a varios centenares de Juicios de Faltas por accidente de tráfico. Una disposición normativa reciente los había despenalizado, pero los juicios debían proseguir para depurar la responsabilidad extracontractual prevista en el artículo 1902 del Código Civil español. Discretamente, la oficial Astrifer me hizo saber que las dos docenas de abogados y procuradores habituales—*as togas betanceiras*—mucho me facilitarían el trabajo si priorizaba esta área.

Preparaba yo las vistas públicas de los litigios, examinaba los expedientes; comprobaba si las citaciones habían sido correctamente efectuadas, sus acuses de recibo. Estudiaba la demanda y la contestación. Consultaba los preceptos de las leyes sustantivas que podían ser aplicables. Siempre quedaba la incertidumbre de una inesperada pieza de prueba, algún testigo que diera un vuelco a la apreciación del litigio; frecuentemente, el caso estaba decidido de antemano a la vista de lo que ya constaba en autos.

Me iba habituando a decenas de casos entre un tráfago continuo de copias y fotocopias, sellos y firmas. Se abría un juicio ejecutivo basado en pólizas de crédito, con petición de medidas cautelares. Se enjuiciaba una avería causada por negligencia del taller en el cambio de filtro del aceite de una moto. La colocación de un andamiaje había obstaculizado un paso; había dudas sobre el informe del perito, que sufría cólicos nefríticos, y su aclaración tenía que aplazarse.

Debía remitirse a la gaceta oficial el anuncio de la subasta de los bienes embargados a un comerciante de embutidos. Se abría una pieza incidental para examinar la concesión del *beneficio de justicia gratuita*. Se discutía una liberalidad *propter nuptias*. En una demanda se hacía un estudio extenso sobre el abuso de Derecho y el fraude procesal. Aunque no faltase el litigante temerario, ni el pleiteador vocacional, imperaba la buena fe.

En hojas sueltas se cumplimentaban los trámites previstos en las leyes de enjuiciamiento. Autos, providencias, diligencias de ordenación, escritos de parte, notificaciones, exhortos de auxilio judicial, acuses de recibo, daciones de fe, certificaciones—todo ese papel escrito pasaba de mano en mano, peligrando en cada pase, hasta que la grapadora hincaba sus colmillos decretando la pertenencia a un expediente.

En el cumplimiento de las tareas, podía comprobarse cómo cada funcionario adoptaba un ritmo personal de trabajo que vertía en el engranaje impersonal de la burocracia, y de algún modo lo coloreaba con matices peculiares. Ello tenía las ventajas de sus inconvenientes. Allí donde se fisuraba la integridad de lo uniforme, surgía también la habilidad para improvisar soluciones *ad hoc*.

La auxiliar Scabellum, que llevaba la agenda de las declaraciones penales y los Juicios de Faltas, se convirtió en mi persona de confianza. Era una treintañera de carnosa sensualidad y prontitud en la mirada, que conocía al dedillo el Partido Judicial. Me suministraba datos precisos, referencias comprobables, indicaciones de qué habían hecho o dejado de hacer jueces anteriores. Con la mayor naturalidad, me dijo que, si se efectuaba un arresto durante el fin de semana, nadie iba a protestar porque el detenido esperase en el calabozo hasta la mañana del lunes.

También me indicó la tozudez de algunos lugareños que venían a pedir licencia para enterrar parientes. A pesar de que los servicios del Registro Civil eran gratuitos, a pesar de que incluso el juez Linter había colgado dos rótulos con esa advertencia, no eran pocos los que insistían en traer un sobre con dinero para el encargado. O, más precisamente, para el amanuense que hubiera de caligrafiar la inscripción de defunción en los libros del Registro pues, según la auxiliar Scabellum, entre los paisanos seguía en vigor la superstición de nacer y morir apuntados con buena letra.

El Juez trata con narraciones—por *Juez* entiéndase *la persona titular del Juzgado*; según las estadísticas, en nuestros días, en Occidente, suele ser una mujer. Además de versado en leyes, debería ser un lector perspicaz y dominar el oficio del historiador.

La actividad del juzgado se resume en el Expediente. Es un libro elaborado día a día. Su autor principal es la Ley, que a grandes rasgos prevé los episodios de la narración judicial. El núcleo de un litigio puede reducirse a un párrafo en la demanda, una pieza de prueba y el precepto de la Ley, pero no era insólito recibir fárragos colmados de extraviadas perífrasis y convólvulos indescifrables.

Las controversias traían el tono prosaico de los relatos de costumbres. Se habían efectuado obras no autorizadas en una industria arrendada. Un impago provocaba la traba de cuentas bancarias mediante el decreto de embargo preventivo. Se instaba un interdicto para recuperar la posesión de una caseta en medio del monte. Un accidente de circulación aportaba sus atestados y evalúos. Se abría incidente para cifrar las costas a satisfacer por el litigante condenado. Una comunidad de propietarios demandaba a un vecino recalcitrante por deudas derivadas de reformas en zonas comunes. Un agente comercial pedía la rescisión de un contrato de representación.

A medida que los litigios eran sustanciados, yo me preguntaba qué tipo de verdad amparaba la burocracia judicial. Porque había un ciento de verdades concurrentes, y raramente la Verdad era la suma de todas ellas o se hallaba en su precisa equidistancia. La verdad era una planta delicada que debía florecer en el molde de la Ley entre una jungla de mentiras, tergiversaciones, aproximaciones y estereotipos.

El Juez es un escuchador. No todos los instrumentos de escucha están afinados para hacer capturas en el mismo rango. En mi vehemencia por escuchar lo esencial, estaba acechado por el peligro de sólo apreciar la disonancia. Y el sentido de una historia judicial puede consistir en algo fuera de tu rango de escucha, como la atonía o el sinsentido.

Llegaba el escrito de oposición en un juicio ejecutivo. Se abría a prueba una controversia sobre un arrendamiento agrícola. En el convenio regulador de un divorcio, entendía que la solución dada a la patria potestad y al régimen de visitas era correcta, pero dudada en lo relativo al reparto de bienes. Se demandaba el cumplimiento específico de un llamativo contrato de permuta. En una reclamación de daños y perjuicios, había que declarar la prescripción de la acción. Un perito mostraba con gráficos cómo un pozo artesano provocaba inmisiones nocivas que afectaban a la potabilidad del agua.

Irrumpían las voces de las narraciones, de todo timbre y modulación. Voces aparatosas surgían, que parecían reclamar compaña de saltimbanquis y contrapuntos de trompetería; y voces también había que tan solo eran hilos de voz, frágiles como un tallo virginal que la brisa lacera. La voz afirmaba, confirmaba; la voz señalaba y corroboraba. La voz dudaba, proseguía, carraspeaba; la voz se afectaba en ridículas imposturas. La voz se ahogaba, pues sabido es que uno puede contar una mentira recurriendo sólo a fragmentos de verdad, pero no puede contarla sin respirar cada cierto intervalo de tiempo. La voz quebraba en llanto. La voz se entrecortaba y aturullaba, y repercutía en el rostro de esa voz una mueca que no era disgusto sino la sombra de reconocimiento de una certeza que habría de mortificarle durante el resto de sus días.

Las voces deben ser bienvenidas en un Juzgado, lugar donde se calla en exceso; ello incluye la voz del charlatán, pues cumple una función higiénica: abarrotar el espacio sonoro para que pueda ser restituida la carga sacra del silencio.

Al dictar sus sentencias primerizas, el Juez vive en el ámbito de la imitación. En su aspiración por emular el prestigio de la autoridad, durante una temporada debe atarearse en la antecámara de los espejos, probar su donaire con túnicas y levitones, con penachos, pamelas y boinas.

La estructura de la decisión judicial apenas ha variado en más de dos siglos, y los novicios gustosamente se dejan mecer por una marea de cláusulas formularias, clichés y frases hechas. Al encabezamiento con las circunstancias identificativas, sigue un resumen de los trámites seguidos, la descripción de los hechos, la explicación de cómo esos hechos deben subsumirse en los preceptos de la ley, para acabar con la decisión, las vías de recurso y la expresión ritual de la judicatura española: *Así, por esta sentencia, lo pronuncio, mando y firmo*.

A mí me tocó el albur de que esa experiencia inaugural viniese en la forma de un accidente de tráfico con daños y lesiones. Tras examinar concienzudamente el atestado, los informes periciales, las declaraciones de los testigos y un abultado volumen de certificados, recibos y facturas, tracé la secuencia causal del accidente y establecí la responsabilidad extracontractual del agente culpable de imprudencia, al contravenir los deberes de cautela exigidos al conductor de un vehículo. Entre otras cuestiones, fijé la suma de dinero para resarcir los daños y demérito del vehículo, los gastos de la grúa; el coste de médicos y medicamentos, incluidas las carreras del taxi para acudir a las sesiones de rehabilitación, así como la compensación de los días en que la víctima había permanecido de baja laboral. Pero tenía una duda.

Además de esas partidas, se pedía compensar el perjuicio por el menoscabo de derechos e intereses que, si bien no tienen consistencia patrimonial, se entiende que deben ser resarcidas—el *pretium doloris*, el deterioro estético, la alteración peyorativa de la reputación o la consideración social. La víctima sufría, además de depresión aguda, traumatismos en piernas y cicatrices afeantes en el rostro: secuelas que jamás le permitirán retomar su estilo de vida. Su abogado solicitaba, en concepto de *daño moral*, una indemnización multimillonaria.

La Ley no había fijado todavía un sistema de valoración de daños y perjuicios causados a las personas en accidentes de circulación, y lo que estaba vigente era un baremo orientativo, no vinculante, que algunos tribunales tenían a bien desdeñar. No era infrecuente que por hechos análogos se adjudicasen indemnizaciones grotescamente dispares. En la curia se había extendido una sensación de incertidumbre, y aún de lotería.

Cuánto dinero he de otorgar, me preguntaba. Trepando desde los muslos, un demonio mascullaba indecencias. Dictar sentencias supone experimentar también la prueba de la tentación.

Surgía la hipótesis de no resolver: apartar el expediente en un cajón y esperar a que lo resolviese otro; suprema felonía del juez, que tiene prohibido abstenerse, ni siquiera alegando oscuridad o insuficiencia de las leyes, salvo que haya motivos graves que afecten a su imparcialidad. Surgía la tentación de la decisión libre, sin ataduras de legales ceñiduras o congruencia con el *petitum*, reliquia de la era de los clanes donde las palabras de *Justicia* eran un conjuro y un himno.

Surgía la llamada del ternurismo hacia una víctima a quien la negligencia de un desconocido había truncado su proyecto vital. Surgía la pertinencia de penalizar a la compañía aseguradora por su publicidad engañosa y los procedimientos obstructivos que invariablemente seguía en el tratamiento de expedientes y quejas. Surgía el impulso de escarmentar al abogado demandante, castigar su altanera fanfarronería, su desprecio a las reglas del decoro en el vestir forense y, sobre todo, una carrera profesional de carroñero basada en dádivas para saber dónde se habían producido accidentes graves y anticiparse en presentar su tarjeta.

Sabía yo qué suma de dinero sería considerada misérrima, y cuál supondría ya un enriquecimiento injusto del perjudicado. Pero ¿cuál era la cifra precisa entre esos dos polos, el ápice exacto que hasta el más exigente de los soñadores de *Justicia* validaría con la plena satisfacción de un anhelo cumplido? Salvando el bochorno de tener que mostrar mi ignorancia, pregunté al juez Ponto y al juez Scapha. Ambos me respondieron (hoscamente) que cada juez tenía su criterio y que yo debía buscar el mío.

Lo imprevisto en los preceptos jurídicos abre un ámbito de discrecionalidad donde el Juez debe invocar algo que está más allá de la letra de Ley. Para muchos, ello es precisamente lo que justifica la existencia de Tribunales y Juzgados, pues de otro modo para aplicar la Ley bastarían los resortes mecánicos de un autómata.

Desde la perspectiva de un hipotético legislador, idear qué suma debe recibir como indemnización una víctima, es plantear cómo se reparten los frutos de la abundancia, o los sacrificios de la escasez. La administración de *Justicia*, entendida como un acto de rectificación, se convierte entonces en una reflexión sobre las condiciones de una *Justicia* que reúna atribución y contribución y distribución y retribución. Es plantear las cuestiones fundamentales de la Filosofía Política.

Sin embargo, el juez no es filósofo ni político; trabaja el caso concreto y, al contrario de esos volátiles, es inmediatamente responsable de sus decisiones, que hunden huellas profundas en la senda de los destinos. Me urgía hallar un cauce. Necesitaba motivar mi *Fallo*—vocablo que entraña una acción indicativa, pues procede del latín *afflare*: soplar hacia algo, rozar con el aliento, olfatear. Al igual que es necesaria una Ley estandarizada e impersonal, di en pensar entonces, tiene que haber un método de selección de criterios que soslaye la aberración de una jurisprudencia personalista basada en el capricho o en la genialidad, o en el sentido común del Juez.

En esa búsqueda, el Juez puede acudir a la autoridad de los precedentes resueltos durante décadas por sabios jurisconsultos o concilios de ciudadanos jurados. Puede acoger la interpretación científicamente deducida por académicos y jurisprácticos, el raciocinio de la deducción y la tópica jurídica. Puede inspirarse en vaguedades tales como el *contexto social* o el *espíritu de la ley*. Puede decantar el extracto de una ideología, o un perfil temperamental, ya se trate de un catecismo de virtudes personales o un conglomerado de prejuicios.

En todas esas referencias, agotando su recorrido lógico, la respuesta sobre la luz última que ha de inspirar al Legislador para redactar los preceptos de la Ley, que ha de ilustrar al Juez para colmar los hiatos de la Ley, para corregir los desafueros de la Ley, es unánime: *Justicia*. Pero ¿qué es *Justicia*?

3

> *Nous sentons plus que jamais que la mémoire est dans le cœur; car, quand elle ne nous vient point de cet endroit, nous n'en avons pas plus que des lièvres.*

Pronto me percaté de que el desajuste de mis nervios variaba según el tipo de asuntos que debiera atender. Los casos mercantiles me desasosegaban; los litigios matrimoniales me exasperaban. En cambio, las declaraciones penales me provocaban tensa expectación.

Con el fardo de sumarios contra la cadera, llegaba la auxiliar Scabellum, ataviada con ropa más ceñida, tacones más altos, profusamente maquillada e impoluta manicura roja. Haciendo crepitar las teclas y el gong de metal de su máquina de escribir con un ritmo peculiar de fogoso pasacalle, iría tomando el extracto relevante de cada declaración en una transcripción avezada que solía no requerir enmienda.

Los imputados venían pertrechados para decir lo que convenía a su interés; en ocasiones se apreciaba cómo, entrando por la puerta, los labios seguían musitando las excusas o coartadas que habían memorizado. Puede que no toda la verdad, y puede que no la verdad relevante del caso, pero a través de sus gestos y silencios, a través del irregular o incongruente andamiaje de sus mentiras, el Juez obtiene fragmentos significativos para construir su propia narración de los hechos.

Era evidente que enfrentarse a un juez instructor dejaba al descubierto, involuntariamente, vastas áreas de la personalidad. Parecía que se aceleraban las secuencias habituales del pensamiento; se acentuaban manías, juegos de compensación y mecanismos de defensa. Ese imputado mostraba una reticencia taciturna; aquel, una expansividad que operaba en su detrimento pues a ningún juez agrada que un granuja denunciado por desfalco se allegue con una gran sonrisa y la palma extendida ofreciendo un apretón de manos.

En el curso de esas narraciones, no era insólito que se utilizase al Juez como receptáculo donde aliviarse de culpa; el relato criminal parecía entonces desear desprenderse del sujeto como la cera huye de la llama que la consume. Tampoco resultaba infrecuente que, inopinadamente, destellara la verdad—un hallazgo al final de una incursión inocua; una consecuencia lógica que ponía al declarante ante sus contradicciones.

Se recibía declaración asimismo a víctimas y perjudicados, cuyo sufrimiento se evidenciaba, más que en la queja de sus derechos conculcados, en la fluencia corporal, igualmente vulnerada, y como restricta por un atascadero interior cercado con estorbos y óbices. En la mayoría de los casos, corroboraban y, en su caso, detallaban o ampliaban lo que ya constaba en atestados policiales, partes ambulatorios o escritos de querella o denuncia.

Esa mañana varios expedientes pasaban directamente a enjuiciarse como Faltas, sin declaración previa, salvo la que constase en el atestado: un asalariado despedido rajara las ruedas del vehículo de la esposa del dueño del negocio; un conocido ratero huyera de un taxi sin abonar la carrera; un árbitro recibiera amenazas por parte de dos padres en un partido de fútbol infantil. Además, se decretaba el sobreseimiento provisional de varios robos en viviendas, dejando nota para comentarlo con la Policía Judicial.

Una denuncia refería un caso de defraudación de fluido eléctrico. Durante meses, un matrimonio había disfrutado fraudulentamente de suministro, captando corriente mediante un artilugio casero y unas pinzas de enganche. Una viuda labriega confesó, sin visos de malicia, que sí: que efectivamente golpeara a su vecino con una horca de labranza, y lo haría todas las veces que volviera a quemar rastrojos de mala manera. Habíamos tenido que dictar orden de detención contra la mujer, pues se le citara para comparecer como imputada en un delito de lesiones (traumatismo craneoencefálico moderado), sin atender el requerimiento; a la tercera, la Guardia Civil la había arrestado cuando se deslomaba en el campo, y así llegó al despacho, remangada y sudorosa, trayendo consigo el aroma venerable de la tierra faenada.

Mi puerta sólo en ocasiones estaba cerrada. Me agradaba que los ciudadanos vieran que nada se ocultaba en el despacho del Juez, salvo los libros de la Ley y otro ciudadano que decidía en consecuencia. Tenía sus inconvenientes. Raro era el día que no asomaba la cabeza alguien que por el pasillo se había extraviado, fuera de puerta, individuo o realidad. Como aquel viejo en andrajos que se paró en el umbral y, sin venir a cuento, me apuntó con el dedo y espetó: *¡Qué hijo de la gran puta! Con los bomberos chupatintas como tú, yo me hago forros de estropajo para los cojones.*

Ello era algo que Linter, juez de puerta cerrada, jamás hubiera permitido suceder. Tuve tiempo de hacerme una idea de la categoría profesional del anterior Titular. Sin duda era un técnico correcto; conocía al dedillo cada corvadura del procedimiento, y había impuesto en la oficina un orden estricto de trabajo. Pero los aires de gran juez que afectaba quedaban enturbiados tras analizar sus decisiones.

Su estilo era convencional; si había de hollar terrenos inciertos, tras un celo puritano y la máscara de soberbia suficiencia, se percibía su achicamiento. Y en esa tachadura inferida con denuesto, o en el destemple de aquella providencia que parecía una filípica, lo que se evidenciaba era el rumor de algo íntimo defendido a picotazos, la imagen de un pájaro volando en círculos alrededor de algo extraordinariamente valioso: su resentimiento.

En el curso de las tareas, iba recogiendo facetas de realidad en forma de retazos de efigie o conversación que fugazmente cogían relieve entre un movimiento plural.

Llegó un hombre con sombrero de fieltro verde, pipa de brezo, pajarita ajedrezada y chaleco escocés con dorada cadenilla, que se registraba asustadamente los bolsillos; había olvidado traer su documento de identidad. Llegó una vieja de rubia cabellera estropajosa. Tenía labios cuarteados y nariz bulbosa, y en el pescuezo seco y canaloso parecía concentrarse la traza de las miradas de los otros.

Llegó una joven de piel mantecosa y sonrosado rostro mofletudo, denunciada por hurto en un supermercado. Maquinalmente sorbía sus lágrimas, aplicaba un gurruño de papel sobre las aletas enrojecidas de la nariz. Tras el desahogo de la confesión, permanecería en un estado de lividez catatónica, la cara vaciada de expresión, caídas las manos a ambos lados. Y yo me preguntaba: estas personas, ¿qué imágenes, qué emociones tienen de lo justo y lo injusto?; ¿qué dirían de *Justicia*, si pudieran decir algo?

En el pasillo del Juzgado, espacio de apreturas, media docena de muchachos cabizbajos, con sus rostros iluminados por la quejumbre, como se amustia en agosto un campo de girasoles, esperaba para declarar por la muerte de un amigo fallecido en accidente de moto. Un anciano pasmaba, la boina en sus rodillas, mientras su nieta, con ojillos alerta, mordiscaba los pellejos de las uñas. Un paralítico de medio rostro quemado y tos cavernosa era llevado en volandas por un fortachón.

Dos hermanas jubiladas cuchicheaban, mirando de refilón; traían el desconcierto que siempre provoca la misma sangre bifurcada. De un lado para otro, arrastrando los zapatos, un hombre sacudía la cabeza con desesperación, apretaba los nudillos de sus puños contra la boca; su mujer, las mandíbulas caídas, se hallaba sumida en el estupor: acababan de enterarse de que sus hijas les habían arruinado. Y yo me preguntaba: si a estas personas se les diera el don de la invisibilidad y la inmunidad, ¿qué tipo de *Justicia* elegirían?

El abogado Colum, tras pedir permiso con las cejas enarcadas y el índice de su mano derecha tímidamente señalando el interior del despacho, se desplazó hacia mi mesa como un boxeador por el cuadrilátero, con el cuerpo recogido en guardia, fintas de cintura y lento traslado del peso sobre los pies. En la mano traía su *Tratado de Derecho Cambiario*.

Agradecí el obsequio, la afectuosa dedicatoria; cordialmente discreteamos sobre esa maravilla de la abstracción jurídica que es la letra de cambio. Sin percatarme, otros dos abogados entraron sigilosamente; y luego, otros cuatro más que, buscando al tratadista, terminaron por interrumpir la conversación con chanzas y lisonjas.

En el Nº3 se había celebrado una reunión de acreedores en el seno de un juicio por la quiebra de una empresa fabril, y un buen número de abogados locales fuera contratado por los copiosos acreedores. Ignoraba yo si tenían previsto reunirse nuevamente con el juez Ponto, cosa improbable a estas horas ya tardías de la mañana, pero lo cierto es que se acomodaban en el despacho con el alborozo de quien ha sido inesperadamente invitado a un gran banquete.

En un momento dado, dejé de hablar, reculando hasta una cómoda baranda mental. La imagen incorporaba reminiscencias de lienzos antiguos: tal vez un cónclave de galenos alrededor de un paciente encamado; quizás un aparte de gentilhombres ya desentendidos del clavecinista. Ahí estaban los letrados que operaban diariamente en el juzgado: el foro. No llevaban los grandes asuntos, pero sí la gran cifra de asuntos menores, el estribillo continuo de la litigiosidad. Ahí estaba, pues, un fragmento de la verdad del Juzgado que no revelaban los expedientes ni las sentencias, sino la narración vital de cada cual, su personalidad, la historia de sus afinidades y rivalidades, sus pensamientos sobre la Ley y *Justicia*.

Hablaba Alabaster, y resultaba curioso que fuera él quien tomara la iniciativa, si bien para referir la lluvia que en ese momento arreciaba, pues se trataba de un caviloso que respiraba melancolías. Observaba yo cómo en ocasiones su mirada, de plácidos ojos entornados, se posaba en una sombra, en la traza esfumada que dejaba un gesto en el aire; y tenía la sensación de que, una vez que salía del Juzgado, se abandonaba a la soledad como a un regazo acogedor.

Hablaba Cicnus, que desviaba la conversación hacia sus manías. Previsiblemente, lanzó su milésima diatriba contra el disparate de arreglar el café con azúcar, con aguardiente, con leche. Como hacía en Sala, no paraba quieto. Se restregaba nerviosamente las manos. Suspiraba; volvía a suspirar. Insinuaba un mohín de repugnancia. Con movimiento fugaz de reptil, alternaba el paso de la lengua por cada comisura. Se mesaba la barba. Se pasaba la mano por una prominencia en la sutura sagital de su calva de tonsura. Mordisqueaba una patilla de las gafas; arrojaba aliento sobre los lentes, que desempañaba con su corbata.

Hablaba Sportula, que replicaba defendiendo su derecho a enriquecer el café. De la abogada Sportula, escuchaba yo sobre todo la calidad de sus silencios. Una de esas mujeres que se adaptan a cualquier sitio, a cualquier situación, y de las que intuyes que de su vientre sólo podrían surgir valientes. Pasan desapercibidas únicamente para quienes sólo se fijan en los payasos. Destacan por su inteligencia emocional. Resultan ser trabajadoras de formidable resistencia. Suelen tener tras de sí una tragedia familiar.

Esa mañana la había visto llegar empapada, calada por un súbito chaparrón. En el pasillo, intentando desprenderse de la mojadura, me fijé en su falda, amoldada a la desigual altura de las caderas; en sus manos, más viejas que el resto del cuerpo; en sus ojos de lechuza, que parecían estar dotados de una cualidad de impavidez en medio de las tormentas de la mente.

Alabaster sabía que, si tenía enfrente a Cirrus, en vez de a Sportula, no debía exponer mucho en su demanda; tenía que ocultar argumentos, o tergiversarlos; en cambio, si litigaba contra Lyra, le era inexcusable contrarrestar con capcíunculas técnicas la fascinación que provocaba su discurso rocalloso, erizado de silencios corrosivos.

Escuchándoles conversar sobre fruslerías, intentaba yo discernir qué aportarían a mi idea de *Justicia* estos individuos que consagraban su vida a la Ley. Pensaba que, con tiempo, en la geometría de sus relaciones, basada en años de trato continuo a través de pleitos judiciales, podría hallar fragmentos relevantes para integrar una definición sociológica de *Justicia*. El abogado Mortarium, a punto de concluir un chiste sobre clérigos, se giró hacia la puerta y enmudeció.

En el umbral se hallaba el juez Ponto, escrutando a los letrados con enojo. Un silencio viscoso, un silencio que fluía pesadamente en su deformación tangencial contra las paredes del despacho, cobró presencia antes de que los siete letrados se dispersaran como con un estallar de alas espantadas.

4

Una niña había sido violada.

La noticia llegó por cauces extraoficiales. Automáticamente, el Juzgado erizó sus defensas, como sucedía cada vez que le tocaba tramitar un caso aireado en prensa. Según informaba al poco un noticiario radiofónico, el sospechoso se hallaba detenido en los calabozos de la Guardia Civil y sería puesto a disposición del Juzgado de Guardia en las próximas horas. *Bueno es saberlo*, pensé, con resignada ironía.

En los sucesos que impactan contra la esfera emocional, la recepción de la verdad se asemeja a despertarse por las olas en la orilla de la playa. La ola primera atonta con una confusión en la que uno sólo puede procesar datos parciales; luego llega una segunda ola, y otras más, y cada una va dejando en la arena su barbada raya de algas, hasta que la enésima deja precisamente el tono de una repetición a partir de la cual se asientan las certezas.

Un nuevo noticiario volvía a hacer mención del suceso. Una niña había sido agredida sexualmente a las siete de la mañana del domingo en un descampado aledaño a una discoteca. La Guardia Civil, tras efectuar el interrogatorio, ya había puesto al detenido a disposición del Juzgado. Agregaban que se trataba de un joven sin antecedentes penales.

Me asomé al pasillo; lo único que pude apreciar era al procurador Cirrus al lado del paragüero, desplegando un pañuelo blanco y emitiendo una sucesión de sonadas. De inmediato llamé al auxiliar Pervicax para que, también por cauces extraoficiales, se enterase de qué pasaba con el detenido, obtuviese la identidad de la víctima para citarla de comparecencia urgente, si su estado lo permitía y, de paso, se reclamase la presencia de Valiaris, la médico-forense.

El lunes empezara mal, y no haría más que empeorar. Llegaban actas de la Policía Nacional y de la Guardia Civil con asuntos enmarañados: una pelea tumultuosa entre los invitados a una boda; lesiones, amenazas y desacatos en el curso de pruebas de alcoholemia; una menor abandonada con síntomas de maltrato y desnutrición.

Se recibió una llamada de la *Audiencia Nacional* donde un funcionario sin modales informaba de que, tres semanas atrás se había ejecutado una operación en el Partido Judicial en una investigación de narcotráfico. Más tarde, en otra extraña llamada, un magistrado del *Tribunal Superior de Justicia* se interesaba por el estado de un pleito civil de menor cuantía, pendiente de sentencia.

Si no fuera suficiente con los casos que por turno iban surgiendo, aparecían problemas en expedientes que yo no había abierto. En un sumario que llevaba en el Juzgado más de una década, y en el que habían trabajado no menos de siete Jueces de Instrucción, se pedían nuevas pruebas a realizar sobre los restos de los cuerpos calcinados de una conocida pareja, hallados en el maletero de un vehículo. En otro sumario, relativo a un hombre atropellado de madrugada, cuando salía de un prostíbulo de carretera fumando un gran veguero y bailando el chachachá, constaban dos atestados contradictorios y había un embrollo importante en la pieza separada de responsabilidad civil.

Y un sumario se extraviara; aunque parezca chufla, se había extraviado un complejo sumario por alzamiento de bienes, estafa y falsedad documental en que se hallaba encausado, entre otros, el director de una sucursal bancaria. Podría ser que, entre dimes y diretes, el expediente se hubiera trasconejado, estuviera en el limbo unos días y terminase apareciendo bajo otros expedientes. No sería la vez primera. Pero yo sospechaba que no se trataba de un extravío fortuito; que se había aprovechado la ocasión de que en pocos meses hubiera tres jueces distintos (la ocasión, también, de que no constara Alarde) para hacerlo desaparecer. No dejaba de ser una carpeta voluminosa, como tantas otras, que reposaba en una mesa o en un anaquel, y cualquiera que accediese al Juzgado, en un descuido, se podía llevar.

Más exasperante todavía que decidir sobre litigios matrimoniales, era tener que recibir declaración sobre violencias de género. Había noviazgos tormentosos, y parejas aclimatadas en el dolor, e individuos que sólo sabían expresarse a través del maltrato.

Había también convivencias en que se pasaba de la pasión al cariño, y del cariño a la indiferencia; los miembros de la pareja empezaban a hacer vidas separadas, y terminaban por no hablarse. Perdían la ilusión de un proyecto de vida compartido. Cada año la primavera llegaba con colores menos vivos, como si el amarillo fuera descartado de la paleta. Todo era una gran balsa de aceite hasta que, de repente, alguien aparecía con un hachazo en la cabeza.

¿Quién no ha experimentado alguna vez, ante ciertas situaciones que distorsionan sus expectativas de plenitud, el surgimiento de un reflejo reactivo de compensación, que puede ser o no ser obedecido? El impulso de administrar *Justicia* es una experiencia personal y común, y excepciones no hay, ni en la horda de los viles, ni en el coro de felices instalados en el limbo de la bienaventuranza o la abulia.

En ese expediente se hacía referencia a otros expedientes en una larga cadena de constancias, donde abundaban las agresiones y las reconciliaciones. El marido era un hombre desfigurado por la hidropesía, que se movía con torpor. Apenas asentó su tumefacto corpachón ante mí, comenzó a balbucear: *lo siento, lo siento*, los ojos hundidos en el pecho, roído por la culpa.

Hablaba de su deseo: cuando el planeta fuera una roca, y los imperios y las pirámides no fueran ya más que polvo esparcido entre el polvo de billones de tumbas, ella seguiría siendo suya y sólo suya. Hablaba de una necesidad tan imperiosa de que su mujer no saliese de casa, que hasta le dolía el pensamiento de que pudiera asomarse a la ventana. Rodeando sus celos como un pájaro roto abraza su agonía, derramaba lagrimones que brillaban con tonalidades opalinas, como si fueran hitos estelares en un proceso de consagración a algo turbio y oscuro, dejando en la traza pegajosa la imagen de una herida que sólo la muerte podría cicatrizar.

Un ruido lastimero, el dibujo caótico de un ancla despuntada y sin agarre, que araña sobre un fondo de roca, esa era la imagen de su amor.

Tras abrir de oficio diligencias penales, compareció la víctima de la violación. La niña tenía cuerpo de mujer, se desenvolvía como una mujer. Su cara estaba hecha de tal modo que parecía una ilusión de cara, como entrevista en neblinas, apenas esbozada. Era una presencia inquietante que parecía urgir dar un paso atrás, como el profano ante el lienzo, conturbado tras verificar que cierta exquisitez resulta del efecto de un manchón de color pincelado al desgaire.

Ignoraba yo si esa declarante decía toda la verdad, pero a la vista del Código Penal español, ya en su redacción antañona, tenía claro que, a partir del momento en que una mujer decía NO, empezaba la ofensa sexual criminalmente punible, y allá el varón implicado si podía explicarse, máxime si se trataba de una menor.

Tras más de una hora de reconocimiento físico y psicológico, Valiaris, la médico-forense, entró en el despacho, se sentó, cruzó piernas y manos sobre la rodilla superior, me miró fijamente a los ojos y exclamó: *¡Cuidado!* El himen estaba roto, pero no había rastro de resistencia, ni heridas de defensa, ni mostraba síntomas del trauma asociado a una agresión sexual. La niña era una muchacha que aparentaba ser una mujer que sabía coquetear y, según Valiaris, tenía una personalidad fantasiosa que cuadraba en ese raro grupúsculo de mujeres que, tras mantener relaciones consentidas, denuncian falsamente un delito sexual, por capricho o por despecho o, en clanes o etnias de códigos cerrados, por miedo a cierto deshonor.

Flanqueado por dos agentes armados, esposado, un muchacho de labios temblorosos y mirada empavorecida llegó ante mí. Su terror era de tal intensidad que pude ver, a través de su desabotonada camisa, las violentas percusiones del corazón contra el tórax.

5

El Juzgado es la caja de resonancia del Juez. Inexorablemente, el Juez avienta su personalidad en el modo en que el Juzgado aplica la Ley. Ello no es algo de por sí nocivo. Hay culturas en que la grandeza de un juez no depende del poder de su investidura o el alcance de sus decisiones; el Juez queda cumplido por la emanación permanente de una cualidad individual, sea su certera intuición del remedio ideal, sea la magnificencia de sus argumentos.

El juez Scapha destacaba por su alta figura atlética y su temperamento sanguíneo. El cabello lacio con raya al medio, las gafitas redondas, los dientes de ardilla le daban aire de sabihondo. En la charla alternaba cierta impostura pedantesca y un humor franco e inteligente, sin doblez. En su Juzgado se imponía con desenfadado despotismo. No era un apasionado de *Justicia*, que impartía sin emoción. Tampoco su espíritu vibraba con el hallazgo de la Verdad, cuya metafísica desdeñaba. En cambio, era un exaltado de la investigación, que imaginaba abigarrada de episodios. Un juez ufano de ser juez, con el orgullo alegre del joven general que silba una gallarda mientras se calza las botas el alba de la batalla.

En el juez Ponto, antes de apreciar las irónicas inflexiones de su vozarrón, que irradiaba afabilidad, o la importancia de la nariz en su rostro de hechuras antiguas, llamaba la atención una aborrascada cabellera negra que ya comenzaba a encanecer. Cada caso escondía una vía óptima de ser abordado; y mientras no se le esclarecía, lo rumiaba. Conocía como pocos la trastienda del pleito, notablemente en asuntos mercantiles; y ese conocimiento caracterizaba el estilo de sus sentencias. No divagaba; aplicaba la ley en sus términos, pero de tal modo que sus motivaciones poseían una cualidad hospitalaria.

Ambos habían llegado a sus destinos en la misma fecha, hacía apenas seis meses, veinteañeros brillantes procedentes del *Centro de Estudios Judiciales*, tras aprobar las oposiciones a la Judicatura y cumplir el ciclo de formación selectiva. Entre ellos raro era que comentasen un caso, salvo que urgiera unificar criterios. En los veinte minutos de asueto que cada mañana dispensaban en una cafetería cercana, los asuntos que se ventilaban eran bagatelas: las siestas del taxista, la corbata floreada de un perito, el peluquín mal apañado de un viejo letrado linajudo, los andares de una señora estupenda, la desvergüenza del dueño del edificio, que persistía en no reformar las instalaciones.

Yo apenas interfería, escuchaba atentamente; sólo de vez en cuando efectuaba alguna consideración inusual sobre Ciencia o Humanidades, que ellos acogían azorados y quizás un tanto apenados de que ese agradable temporero supiera tanto de tantas cosas inútiles para dirigir un Juzgado.

Señoría, hora de firmar. La oficial Astrifer permanecía de pie, el bolígrafo hundido en el moño, acogiendo un montón de gavillas y cuartillas en el regazo de sus brazos mórbidos. Yo torcía la cabeza y lanzaba un hondo suspiro de resignación. *Firmar* significaba autorizar los movimientos de tesorería del Juzgado, plasmados en órdenes de transferencia, recibos de depósitos y consignaciones, así como otros documentos financieros que llegaban por duplicado, por triplicado, por cuadriplicado, en papel autocopiativo o no.

Durante mi primera firma, a la defensiva, rogué que me trajeran todos los expedientes relativos a esos movimientos; al menos, justificación suficiente de las órdenes de transferencia, para examinar su regularidad—no lo volvería a ordenar más. Tardé tres horas en comprobar que todo estaba correcto. *Cómo diablos se las arregla un juez*, me preguntaba atónito. Está claro que, si se sigue el pleito, desde su inicio y en todas sus fases, a uno le suena la musiquilla que desprende, acaba reteniendo detalles triviales, como la calle donde reside el demandante, la fecha de los hechos, el segundo apellido de un testigo, pero me parecía excesivo que uno acabase reteniendo las cifras.

Decidí, por ello, imponer algún tipo de control. El muestreo me pareció idea estupenda hasta el instante en que, como solía sucederme, me pregunté por la regla a seguir. *Ah, el criterio. ¿Transferencias de más de diez mil pesetas? ¿Autos donde han participado profesionales dudosos?* Quizás el criterio fuera muestrear los asuntos tramitados por *funcionarios simpáticos* pues, según el juez Linter, un *funcionario simpático* era un semillero de peligros.

Uno tras otro, iba firmando los papeles con mi rúbrica de bizarra garambaina. De tanto en tanto, me paraba para averiguar a qué asunto correspondía, o comprobar el beneficiario, o la decisión ejecutiva que servía de base para autorizar un abono. En la mayoría de los casos, no obstante, sobre todo si apremiaba la realización de otras tareas, no sabía lo que estaba firmando y me entregaba, con melancólico abandono de *pierrot*, a una sensación de inevitabilidad fatalista.

La firma identifica a su poseedor y, según la Ley, es expresión de consentimiento. Me complacía observar la firma de justiciables y profesionales; y solía obligar, en voz baja y perentoria, a que firmasen ante mi inmediata presencia. Imaginaba, analizando las manos de cada cual, qué parca dominaba la hebra de su destino.

Observaba la firma ya acabada, pero también la farándula de su caligrafía: la manera de coger el bolígrafo, la postura del cuerpo y el semblante del rostro, las inercias y requiebros, los niveles de discontinuidad o presión, la velocidad imprimida a la traza de escritura—firmas de filigrana de espadachín; firmas sulfúreas de lenguas colubríferas y especiadas quemazones; firmas que traían la añoranza del silencio en que dos imanes se presienten; firmas que avanzaban como en lento bogar por un canal de fanales oscilantes y escarchas pútridas; firmas que dejaban una esfumada evanescencia en lo vacuo de un orbe de oquedades.

Faltaba la firma de la demandada para cerrar el acta en un litigio sobre incumplimiento de cláusula de exclusividad en un contrato de suministro, y la extremidad que finalmente tomó el bolígrafo era una mano chata de dedos cortos, cuajada de sortijas, que exhibía roña en unas uñas pintadas con grumos de esmalte.

Realizó un garabato con engreído desaliño. El asunto ya había sido declarado *visto para sentencia*, pero ella seguía abundando, dando explicaciones que nadie había solicitado, corrigiendo palabras dichas por la contraparte.

Se trataba de una pelirroja pecosa, de complexión fondona y expresión artera, que tenía ese tipo de rostro irregular que hace buen efecto entre las falsificaciones de una luminosidad de bombillas, pues son rostros que, hasta en el tono del recuerdo, trepidan de expectación. Cuando le reprendí, reprochándole que no saliese en silencio de la Sala, abrió los ojos con sorpresa fingida; y al alzar sus largas pestañas, que se recurvaban hacia atrás como solían las coquetas de antaño, se revelaba en el globo ocular una raicilla venosa que tiraba sus lenguas de azul como una cría de dragón al pie del rojo grana.

En uno de tantos proyectos absurdos de mi adolescencia, tuve ocasión de bosquejar un estudio comparado entre los modos históricos de tomar la pluma escribana y el bisturí. En nuestra época se ha generalizado la manera de la mano en forma de testuz de ave picuda; los tres últimos dedos sirviendo de apoyo en la superficie y la yema del índice actuando en pinza con el pulgar, sobre cuyo borde la pluma o el bisturí debe acaballarse. En otro modo, que parece recoger los usos del carnicero, la fuerza ha de trasmitirse desde el hombro, por el brazo y antebrazo, hasta una mano en forma de punta de lanza, con el útil bajo un índice extendido y preponderante ante el que se han de replegarse los demás, resguardando el útil apuntalado en el centro de la palma de la mano. Una tercera manera, en cambio, hace que la fuerza radique en los tensores, con el útil dispuesto al modo de un carboncillo de traza, el pulgar prensil y opuesto a los otros cuatro en línea.

Caso tras caso, iba absorbiendo el espíritu jurídico de estas comarcas. En el curso cotidiano de las relaciones en comunidad, cada lugar decanta una manera peculiar de sentir la Ley. Los paisanos habitan un espacio hecho de usanzas que hagan viable el fluir de la coexistencia sin poner en entredicho una serie de certezas básicas. Es la memoria común de unas costumbres, unos hábitos peculiares, pero también la verdad de sus imaginaciones de *Justicia*.

El minifundio hacía que las relaciones entre los pedazos de tierra fueran pasmosamente sutiles; la variedad en el derecho real de servidumbre, por ejemplo, resultaba asombrosa. En ocasiones, haciendo caso omiso a imposiciones legales dieciochescas, se buscaban soluciones comunales de raíz germánica. En los mercados locales se mantenía el uso inveterado de cerrar los tratos con un apretón de manos; en ciertas áreas rurales, exigir la puesta por escrito del convenio se consideraba ofensivo. La gente creía en la palabra dada porque sabía que todo instrumento es falseable, y prefería que la responsabilidad recayese directamente en el otro acordante y en los testigos.

Ello afectaba también a ciertos usos forenses. A diferencia de lo que sucedía en otras jurisdicciones, donde se empleaba excepcionalmente, allí se solicitaba el *reconocimiento judicial* en cualquier pleito, con indiferencia de cuantía y materia litigiosa. Resultaba habitual que en el escrito de demanda se rogara que el Juez saliera del Juzgado y viera con sus propios ojos los factores y circunstancias del litigio.

La costumbre nos remite a las raíces, al germen de la Ley. Es ineludible acudir a los tiempos en que los usos comunitarios todavía no estaban codificados en leyes formales. No es tarea fácil. Nuestros códigos posmodernos, que relegan la costumbre como fuente subsidiaria del Ordenamiento Jurídico, *de facto* la han hecho desaparecer.

Pocos serán los jueces en los siglos venideros que estén legitimados para aplicar la *consuetudo* como criterio principal de resolución de conflictos. Escasos son ya los tribunales de costumbre que quedan, y no siempre eluden el baldón de un pintoresquismo que refiere el sentido de culpa que mantiene el bisnieto del colonizador. Es el caso de los tribunales tribales navajos o de Papúa Nueva Guinea, los *makgotla* sudafricanos, algún concilio maorí. Más penetrante se presenta la experiencia del *Healing Circle*, foro de reflexión comunal de los nativos canadienses que fomenta la interrelación entre ofensores y víctimas, restañando heridas.

El acuerdo es el núcleo de todo ordenamiento jurídico basado en la costumbre. En el acuerdo, la legalidad es corregida por el principio de oportunidad. Es comprensible que no sean pocos los juristas que muestren su reticencia a la validación de ciertos acuerdos. Se ve en ello una alternativa de *Justicia* privada, lo que equivale a decir una corriente de subversión o corrosión de los fundamentos del poder político.

En el Japón tradicional, la búsqueda del acuerdo era esencial, pues todo enjuiciamiento público, aunque la pretensión fuera justa y la sentencia se previera favorable, suponía un deshonor para la familia. *Justicia* era siempre local, administrada dentro del clan. Sólo mediante un acto de gracia convenientemente solicitado, se avenían las autoridades a escuchar un caso. Se trataba de una *Justicia* situacional, inspirada por un hábito inmemorial de búsqueda del compromiso, que incluso daimios y sogunes promovían.

El sentido del acuerdo no llegaba urgido por códigos externos; la ley formal e imperativa al modo occidental era vista como una distorsión del pensamiento confuciano. Los litigantes debían abogar por sí mismos; cualquier persona que procurase el interés de otro era repugnada. Posteriormente, en el período Edo, surgió el fenómeno del *Kujiyado*, posadas donde se ventilaban controversias de itinerantes. Sólo a partir de 1870, el Japón admitiría la codificación formal de normas escritas y el surgimiento de un gremio de letrados para el estudio y aplicación de las leyes (*daigen-nin*).

En Betanzos, el artista del acuerdo era el letrado Onager. Nadie como él para convertir un callejón sin salida en un palacete donde escenificar abrazos. De su arte, preciso y complejo como una telaraña, admiraba yo particularmente su dominio del arte del gambito, el sacrificio de piezas para la obtención de una ventaja estratégica.

Para ello comenzaba por la supresión de su propia personalidad. De empaque fornido, con mandíbula cuadrada de mentón partido y curtida tez, aparentemente nada se ocultaba tras sus modales empalagosos: una persona que carecía de opiniones y fiaba todo al dicho del refrán; un individuo caleidoscópico, hecho de fragmentos y negligencias ajenas, insulso e insustancial.

Siempre algo traqueteaba en su cartera. Si se paraba ante alguien, inmediatamente le ponía la mano en el bíceps, o en el cuévano del hombro, y hacía una apología del paraguas de dieciséis varillas, o bromeaba sobre su reloj, de cebolla protuberante y amarillenta caja gastada, que gustaba de ser corregido cada poco.

Sentado a negociar, ostentosamente hacía ademán de arremangarse, aunque los puños abotonados de la camisa no llegaban jamás más allá del reloj. En interminables y pasmados soliloquios, de los que emergía bruscamente, con mala interjección que revelaba coronas molares de oro en la blanca dentadura, su verbosidad exótica de sonoridades cargadas de oropeles, recalcando las sílabas, contrastaba cómicamente con el contenido del discurso: anécdotas de santoral, pronósticos supersticiosos de almanaque, oráculo de borrascas y encalmadas.

Cuando escuchaba, lo hacía con las gafas acaballadas al final de la nariz, con ese semblante de abismada concentración que adopta el bobo orgulloso en su inexorable descenso hacia la necedad. De tanto en tanto, lanzaba una absurda carcajada, impulsando una oleada de arrugas que mansamente desembocaba en la tersura de una papada ya constreñida por los rizos del vello cano que desde el torso asomaba por su cuello.

Raramente tomaba la iniciativa de propuestas concretas, porque en tono jocoserio ya había obtenido la ventaja decisiva previamente en el modo de plantear la negociación. Su éxito radicaba en entregar a la contraparte la satisfacción de creer que dominaba el juego. Sabía que la ilusión más rentable de conceder es la ilusión de haber conseguido el Poder.

Apenas se veían pleitos de gran cuantía económica o que afectasen a potentados o empresas de renombre, que no suelen constituirse y operar en una ciudad secundaria de provincias. En general, yo siempre he tenido buen concepto del empresario: del emprendedor que, con la pasión de un proyecto y gran denuedo, corriendo riesgos, ante una competencia a menudo desleal y un entorno regulatorio hostil, saca adelante su empresa.

Al señor Gingiva, promotor de muchos y variados negocios con cierta fama en círculos regionales, dudaba yo en concederle el beneficio de pertenecer a ese esforzado gremio. Pues, según contaban, se trataba de un figurón que regalaba en la confidencia, no sin remilgos, planes dudosos e ideas fracasadas; un embaucador hábil en la sugestión de ese tipo de estafa que congrega la información privilegiada y el fraude piramidal. Según la auxiliar Scabellum, hasta entonces sólo había sido encausado por asuntos menores, *videlicet* un malentendido con su licencia de armas.

Al Juzgado llegó acicalado, con traje de corte londinense, corbata milanesa y zapatos abotinados en lustre destellante, el brazo por la cintura de una mujer joven de cuerpo airoso. En el despacho entró saludando con descarada petulancia, el mentón desafiante, antecediendo a su letrado, un famoso exfiscal. Olían a mentol y alcanfor.

Por entonces, los políticos, los hombres de negocios, los profesionales acostumbrados a la palestra de los medios de comunicación, actuaban siempre con estos gestos medidos de actor de método; tenían a bien cultivar cierta deontología de la aparición pública. Además, algunos, los más nocivos, tenían un sentido tan fuerte de su originalidad, de su genialidad, de estar predestinados que todos los abusos que perpetrasen debían adquirir para la comunidad un significado de universal benefacción. Un día cualquiera leían en alguna gacetilla que la moral es una estratagema de los débiles, y desde entonces se convencían de que hacer el mal no hacía más que vigorizarles. En su gestualidad se hacían patentes impulsos de la animalidad que en el individuo ordinario han adquirido ya condición de reliquia.

Interrogado por cierta cadena de delitos cometidos con la necesaria colaboración de su grupo de empresas, respondió con un batiburrillo de explicaciones en ridícula discordia con su gesto; explicaciones agobiadas a la vez de banalidades y tecnicismos jurídicos que enmarañaban un gatuperio de sofisticadas escapatorias donde se pretendía que la responsabilidad terminara diluyéndose como el rocío de la mañana. En cualquier caso, si hubiera habido algún responsable, ya había sido despedido. Ni él, señor Gingiva, como Presidente, ni su Consejero Delegado, podían estar al tanto de lo que sucedía diariamente en la empresa, y mucho menos en un caso de cruce de facturas falsas con objeto de inflar el patrimonio de filiales con magro volumen de negocio.

Muchos creen que tras una gran fortuna hay un crimen. No necesariamente la sangrienta vistosidad de un asesinato, pero sí un saqueo patrimonial, una explotación laboral o un engaño masivo a los consumidores. No hace falta llegar a tanto. Hoy basta con defraudar al Estado una porción de los tributos devengados, o la cotización de las horas extraordinarias, para que el turpílucro logre un margen añadido de maniobrabilidad financiera que suele ser decisivo en la lucha contra los competidores que cumplen la Ley.

Un heredero pedía la anulación de la partición de la herencia materna por haber sufrido lesión en su legítima. Un vendaval había destruido una estación gasolinera, y se discutía si la cobertura de la compañía aseguradora alcanzaba los daños catastróficos. Se enjuiciaba la demolición de un muro, y también la inapropiada colocación de tela asfáltica en una techumbre. Se impugnaban los acuerdos adoptados por una junta general de accionistas.

Tras más de cuatro horas de audiencias sin moverme del asiento en el estrado judicial, retorné al despacho con el deseo imperioso de sentir en las sienes, palpitantes por el frenesí de la mente, una dulce brisa marina. Tan entorpecidos tenía los músculos, tan embotado el entendimiento, que preferí permanecer un rato de pie, mirando por la ventana abierta, fumando un cigarrillo. En esa necesidad de ampliar el campo, no era infrecuente que sucedieran cosas significativas, que yo hubiera preferido ignorar: así, un sobre que se guardaba en el bolsillo alguien que no debiera guardarse sobre alguno; o aquella señora que bajó a pie enjuto de un taxi ayudada por un individuo que media hora después afirmaría no conocerla.

Esa mañana nada había relevante. Era el goce simplicísimo de dejar que los sentidos se perdieran por la superficie de la realidad, como si el acto de la percepción fuera una convención de quietud, y no un filo que descompone y amputa, que divide. Se batía un portalón. Rechinaban los frenos de una bicicleta. Una paloma arrullaba, posada entre la suciedad del alféizar. Con la cesta en la cabeza, una verdulera pregonaba manojos de nabizas. De una taberna salía un carpintero con un cuartillo de vino bajo el brazo; un escuálido can olisqueaba su sombra.

La mañana era una calma de miradas sosegadas. Los oros de lo gris traían la normalidad de los dioses tutelares y la promesa de largas franjas de nubes luminosas que habrían de albear marismas y juncales. Rumorosa de aguas y consejas de patricios, y del trasiego de hidalgos y mercaderes cuyo eco seguía reverberando siglos después por callejas y soportales, la ciudad vieja no se inmutaba ante el tañido medieval de las campanas.

6

En las controversias civiles y mercantiles, en el enjuiciamiento penal también, la tensión temperamental resultaba tolerable. Por muy enconadas que se hallasen las posiciones, por muy estropeadas que estuvieran las relaciones entre las partes, los letrados solían poder imponer su profesionalidad, mantener la distancia aplicando su inteligencia emocional. La excepción eran los litigios matrimoniales que llegaban a juicio sin visos de acuerdo—por entonces, no había separación consensual: había que alegar causas.

Desde el primer minuto, se percibía en el ambiente una virulencia que alcanzaba a los propios abogados. Llegaban para la vista de las medidas provisionales, y ya en el pasillo, antes de que fueran voceados los nombres de los cónyuges, comenzaban los escarceos artilleros de una táctica de trincheras que, en muchos casos, si había hijos menores, duraría lustros y derivaría en una enfangada guerra de atrición.

Solían ser audiencias muy concurridas. Además de los familiares, se allegaban curiosos apetentes de relatos escabrosos. Se les podía observar al final de la Sala. Escarbando en busca de las raíces del sufrimiento, curioseaban en los Juzgados. Contaba la auxiliar Scabellum que, no hacía tanto, solía venir una señora cariaguileña en zapatillas, que hacía calceta. Por su parte, mantenía yo bajo vigilancia a dos septuagenarias de las que me había enterado de que, de iglesia en iglesia, iban alzando súplicas a iconos diferentes, dejando monedas de valor desigual en cada hucha para no perderse en el camino de regreso a su impaciencia.

El abogado demandante, estirando los músculos del cuello, con dos dedos se ajustaba la corbata. Puesta su cartera de pie sobre el escritorio, en forma de parapeto, trazaba el retrato grosero de un crápula que había despilfarrado los bienes de la familia. El esposo mentado, cuyas costuras craneales parecían a punto de reventar, demacrado y descompuesto por la cólera, indicaba con la barbilla su desprecio hacia la esposa odiada y su aborrecida parentela, y cuchicheaba al oído de su abogada, que chistaba con presuntuosa displicencia y repasaba los cristales de sus gafas por la manga lustrosa de la toga.

Así se iniciaba una audiencia que duraría más de una hora, sin remontar por un instante el tono bajuno de la chabacanería. Habría un trasiego de reproches que alcanzaban a las familias, a los compañeros de trabajo, a las amistades. Con increíble minuciosidad, se airearían las miserias de la cohabitación, expuestas sin pudor a la censura pública.

Captaba asimismo imágenes de mi burocracia. De la oficial Astrifer focalicé con qué preocupación miraba un *collage* de fotografías familiares que adornaba su almizclado escritorio; del auxiliar Pervicax, su tabernaria locuacidad. Y de la auxiliar Scabellum incorporé, además de los aromas a maquillaje y a pan recién horneado que difundía su despacho, marcando respectivamente el inicio y el fin de su jornada, un sonido característico producido a última hora de los viernes: el ruido de sordos proyectiles de un pulgar vaciando vainas de guisantes.

Mi trato con los funcionarios era fluido y cordial. La excepción era el agente Depudet, a cargo de las notificaciones. Hombre reticente, de frases adversativas, lo que yo notaba en este joven inteligente era la irritación del meticuloso, el individuo puntual que reaccionaba agriamente ante una mínima alteración del reparto de tiempo que había predeterminado para sus tareas, que cumplía con holgura.

Una tarde, buscando un expediente, me detuve, desconcertado, ante el despacho de los agentes. Sin saberse observado en su tarea habitual de sacar multitud de fotocopias, el agente Depudet parecía deleitarse con la curvatura, olor y calidez que desprendían los folios ya impresos tras atravesar los engranajes de la máquina fotocopiadora. Esa misma tarde devaneé un buen rato por las estanterías de un comercio de papelería.

En el curso de la conversación que entablamos varios días después con ocasión de la entrega en mano de una citación, le mostré un rotulador especial, indicando que había algunos expedientes merecedores de ser rotulados con cierta distinción. Inmediatamente, su semblante se alteró y, como en un torrente de agua largo tiempo esclusada, lanzó una proclama sobre Material de Escritorio que, según se mirase, mostraba chispazos de inspiración o los tintes amenazantes de una manía compulsiva.

Hablaba sobre gomas borradoras y clips prendedores, sobre atriles y cartabones y subcarpetas. Hablaba del líquido sacabrillos que empleaba en su reluciente grapadora, artesanalmente elaborada. Hablaba de un estuche forrado, que guardaba bajo llave en el pupitre de su escribanía, con una muestra de su colección de bolígrafos. Hablaba de algo que Friedrich Staedtler hubiera soñado con tener y que el agente Depudet estaba a punto de comprar: un maletín-exhibidor conteniendo más de un centenar de lápices de grasa, grafito y carbón de leña, en once durezas, cinco tonos y siete grados de finura.

Y yo di en pensar que el niño no puede creer más que en el objeto de su deseo. Y que saber el objeto desde su interior es saber su idea y, en último término, conocer a su creador. Para unos son las pirámides; para otros, el rostro dormido del amante. ¿Quién dice que en una grapadora no pueda hallarse la puerta al día de los dioses?

El procurador Lebes era un anciano de ánimo benévolo y marcha fatigada. Antes de que llegara su cuerpo quejoso, te alcanzaba su sonrisa grata y complaciente.

El procurador Lebes entró en Sala como acostumbraba, agachando sumisamente la cabeza. Además de portafolios y paraguas, esa vez traía un paquete lazado en cordel rosa, que parecía contener una bandeja de pasteles. Hasta el momento en que el procurador Lebes accedió a la Sala, esparciendo un delicioso aroma a confitería fina, la Testigo parecía en todo punto ausente. Vestida como un adefesio, maquillada como un clown, enorme en su preñez desmesurada, se despatarraba en el asiento, amodorrada, dando cabezadas con el mentón colgando, reposando los brazos, como los élitros plegados de un insecto, sobre las voluminosas prominencias que formaban vientre y pecho, separadas por una cinta azul cielo.

La Testigo, al llegar el señor procurador, sufrió un leve estremecimiento. A duras penas se enderezó en el asiento y arqueó las pintadas cejas. Tras olfatear el aroma a pastelería fina, un leve culebreo sacudió su espinazo y empezó a ronronear. Al principio era un gemido apenas perceptible, que emitía con los labios apretados, como si estuviera reprimiendo la revelación de un secreto. Cuando prorrumpió en el reino de lo audible, se apreció que no se trataba de un continuo de sonido sino una sucesión de emisiones guturales de alta frecuencia, como la llamada a la caza de ciertos pájaros. La fiscal Dolabra, que estaba desmenuzando aspectos teóricos comunes a la injuria y la calumnia, interrumpió su disertación y, con las mejillas encendidas de rubor, miró boquiabierta hacia la Testigo, parpadeando como si estuviera ante un espejismo.

Le pregunté si le ocurría algo; la Testigo no respondió. Retuvo la respiración, sin capacidad pulmonar para ello. Entonces, se irguió sofocada, agitó los brazos y torció el cuello en busca de aire. Su flojera de piernas provocaba que diera pronunciados caderazos. Tosía, carraspeaba, reanudaba algo que ya no era gemido de mujer sino el castañetear de dientes de una sobrecogedora aparición infernal de ojos vidriosos y dedos crispados. Asustado, llené un vaso de agua y lo pasé al agente Depudet, que raudamente se lo ofreció a la Testigo. De un manotazo voló el vaso para hacerse añicos contra la pared, no sin antes salpicar melena, cara y escote de la arrebolada fiscal Dolabra, que me lanzó una mirada de acusatoria indignación.

La Testigo se tambaleó, retrocedió en un traspié, puso ojos en blanco. Le temblaban las piernas; era un tembleque espasmódico donde acongojaba ver, sobre todo, cómo se movían los frunces bordados de la falda. Con la angustia de esos giros finales en que una peonza cabecea y fracasa, la Testigo se desmayó. Cinco personas evitaron que se desplomase, incluida la denunciante en otro juicio, que a su espalda, al intentar agarrarla por los pechos, enganchó y disgregó por el suelo una pulsera de oro con medallas votivas.

Un joven letrado de largas patillas y negras gafas de pasta, acuclillado, intentó reanimar a la Testigo; la agitó por los hombros, le dio una tanda de cachetes que concluyó en bofetón. Aún con los ojos cerrados, la Testigo murmuró: *Algo de comer, algo de comer*. El procurador Lebes, con sonrisa bondadosa, puso a disposición del Juzgado su bandeja empaquetada. En apenas un minuto, la Testigo devoró todos los pasteles, de tres en tres, a dos carrillos.

En la calle sonaba la silbatada de un afilador. Decreté un receso de quince minutos, y ordené al agente Depudet que trajese servilletas. Por entonces ignoraba yo qué tardaría más en olvidar de esa escena: si su cara churretosa de nata, o el reflejo en los zapatos de charol de sus bragas floreadas en verde chillón.

El obsequio del letrado Colum me provocó cierta desazón. Hasta tal punto, que dudé entre llevarme el *Tratado* a casa o dejarlo en el despacho, y al final opté por una solución sintomática: traje de casa media docena de libros para amparar la duda. Un atlas de Arquitectura, tragedias de Racine, filosofía alemana.

La tradición judeocristiana advertidora contra la corrupción recalca que el Juez no debe aceptar regalo alguno, pues el obsequio ciega a los prudentes y trastoca las palabras de los justos. En cambio, en otras tradiciones no infama, reputado en su condición de tasas o costas. Consideran que el mejor antídoto para evitar la corrupción no es arrojar una sombra de sospecha sobre la imparcialidad, sino prestigiar al juez excelente, al juez que ininterrumpidamente establece decisiones que la comunidad reputa ejemplares, máxime cuando pertenece a una burocracia eficiente.

Era el caso de los mexicas. La horripilante espectacularidad de los sacrificios no desdice su avanzada administración judicial, pues se trataba de esferas de acción diferentes. Sólo en asuntos extraordinarios actuaba el rey en litigios profanos, con su cetro real y el copil, esa corona de oro con plumas de quetzal, asistido por cuatro ancianos consejeros. Fuera de esa jurisdicción de excepción, había una jerarquía de decidores de *Justicia*—Cihuacoatl, Tlacatecatl, Cuahmochtli, Tlailotlac, Teuctli, Centletlapixqui—que incluía jueces especializados en asuntos de mercaderes (Tianguizpantyalaclaque) o de tierras (Capuleque), todos ellos sirvientes con profuso auxilio de archiveros, jeroglificadores, pregoneros y alguaciles.

La ocasión no surgiera (ni surgiría), pero me preocupé en analizar las repercusiones de haber aceptado un obsequio. Era evidente que el deber básico de cumplir y hacer cumplir la Ley, solemnemente juramentado, no se hallaba concernido. Un juez probo jamás distorsionará el sentido de una sentencia por causa de un obsequio, so pena de prevaricar o incurrir en cohecho.

Lo que peligra es algo más sutil, no menos problemático, como son los escrúpulos del Juez en las rutinas cotidianas del trato forense: pasar por alto una impertinencia en estrados, aceptar un cambio de fecha de señalamiento, validar una negligencia procedimental menor. No es un tema de buena educación, sino de saber transformar esa equidad de los pequeños intercambios, que todos aplicamos en un saludo o una sonrisa, en normas de etiqueta forense que ninguna Ley regula. Es una cuestión de estilo; y como siempre sucede con el estilo, lo difícil no es encontrar uno que se adecue a la personalidad, sino mantener su integridad y coherencia.

El fenómeno de la corrupción judicial, sea en Chicago o Shanghái, Varsovia o Addis Abeba, oculta una geometría con más aristas de las que uno se imagina a primera vista.

Ciertamente, hay jueces que se postulan como mercadería en venta, ávidos de que el turno les conceda pleitos o causas para enriquecerse o medrar. Su cifra es despreciable. No merecen mayor atención: aplicación sin indulgencia de las leyes criminales.

Más turbador es el caso de profesionales honestos que, en ocasiones puntuales, se extravían. Sólo un número pequeño lo hace por codicia. Hay jueces que prevarican por despecho, o por soberbia, como demostración de poder: por vanidad. Otros pueden sucumbir bajo la presión de las circunstancias, e incumplen su deber de abstenerse: el juez que contemporiza en los litigios donde se haya implicado el banco con el que ha de renegociar un préstamo personal; el juez que favorece al médico que ha curado la leucemia de su hija; el juez trágicamente encandilado por el embrujo de unos ojazos del color de las despedidas.

Hablar de un juez pétreamente insobornable e incorruptible es hablar de una quimera. Nadie carece de fisuras. El juez imperturbable, el juez modelo de rectitud, puede estar fascinado por el cascabeleo de las cláusulas de sus sentencias, o envararse en la inflexibilidad de un legalismo puritano que ancla fórmulas invariables despreciando toda apertura a nuevas realidades. La pureza es una forma de vanagloria que nos remite a otro ámbito de insinuaciones en los desvíos de la parcialidad.

Todos tenemos un precio, y el precio que se impone el idealista suele ser atroz—*Fiat Iustitia, Pereat Mundus*.

7

El Partido Judicial cubría comarcas tradicionalmente artesanas—tierra de gente inteligente y sensible que, antes de hacer algo, minuciosamente lo imagina.

Había cogido el hábito de ir al Juzgado la mañana de los sábados, e instalarme en la oficina del Registro Civil, un cuartucho ubicado en el extremo opuesto de la vivienda. Ahí, entre libros mohosos y legajos polvorientos, mis nervios se destensaban.

Cada elemento parecía artesanalmente trabajado por los férreos dedos del Tiempo. Podía pasarme horas repasando los lomos, ordenados cronológicamente; hojeando los contritos mamotretos más antiguos, como si los sonidos del papel viejo hiciesen vibrar los acordes más dulces de mi espíritu. Las constancias, las fechas y los nombres, las anotaciones marginales, redactadas de puño y letra durante un siglo por los encargados del Registro, me despertaban ensoñaciones de vidas.

De un modo un tanto inexorable, estudiaba yo los expedientes del Registro Civil. Entre los funcionarios extrañaba sobremanera, por ejemplo, que me hubiera creído en el deber de advertir no sólo de ilegalidades, sino también de meras inconveniencias en los nombres que se pretendían imponer a los recentales. Eran años en que todavía no se había liberalizado el asunto, y no dudé al negar la inscripción de *Johnny* o *Vanessa*.

Todo en este ámbito despertaba en mí emociones genuinas. Llegó una petición de auxilio derivada de un delito de suplantación de la personalidad, que afectaba a un Registro Civil municipal cuyas oficinas habían ardido y debía ser reconstruido. Se pedía una inscripción de nacimiento fuera de plazo; la singularidad del asunto era que el interesado había nacido en 1917. Se tramitaban expedientes matrimoniales que, en algunos casos, concluían en bodas civiles celebradas en el Juzgado, actuando yo como flamante celebrante.

Tuve que resolver también varios incidentes de incapacitación, que viví desde el pudor. Un domingo, ya por la tarde, me llamaron informando de que un borracho andaba molestando a los viandantes por una zona concurrida de bares en una localidad costera. Si era un problema médico, podría acudir voluntariamente a un hospital, o ser conducido por sus familiares. Y si se trataba de una alteración del orden público, o cualquier otra ofensa, debían actuar los agentes de policía. Lo cómodo, sin embargo, era requerir al Juez para que tomase decisiones donde los familiares, el sistema sanitario y las fuerzas de seguridad descargaran su responsabilidad.

Con la llegada del otoño, como un sarpullido que se extendiese sin remedio, proliferaba el suicidio. La usanza era el ahorcamiento en cuadras, galpones o despensas retiradas, al despuntar el alba. Frecuentemente se trataba de varones en la mediana edad; no daban indicios previos, ni dejaban explicación. Las mujeres, si jóvenes, empleaban pastillas o veneno; ya mayores, se arrojaban al ferrocarril.

No es fácil mirar fijamente a un ahorcado. El suicida, como su acto, pertenece a un reino aborrecido: el fracaso del individuo, que puede ser contagioso; la vieja culpabilidad de la sangre, que puede ser hereditaria. Esa mañana, esperando el taxi judicial, reflexionaba yo sobre los suicidas.

Pensaba en mis estudios morfológicos sobre los modelos de catástrofe, donde a veces basta observar el aspecto estriado o laminado de pliegues y frunces de una forma: la catástrofe es previsible y, en algunos casos, evitable. Observar la diferencia entre la catástrofe de burbujas y la filamentosa, o la coagulante de grumos, que se da, por ejemplo, en la condensación en lluvia del vapor de agua; o la laminar, que provoca un estriado en bandas muy plegadas, que pueden hacerse gruesas por apresamiento, como el lecho de un río.

El problema es identificar el detonante de la deformación de la naturaleza hasta entonces relativamente inestable de un individuo. Hay quien escudriña en el pasado para tener algo de qué sorprenderse, y de repente le sale al paso un niño ofreciendo algo turbio entre las manos; a otros les basta con las ironías que el espejo destila, o la certeza de que es difícil vivir con sencillez. Una tarde nos percatamos de que la compasión siempre arrastra una afrenta. Quién sabe qué es realmente lo que nos hace daño de la verdad.

La comitiva judicial se detuvo a las puertas del domicilio. Desde la parcela aledaña, una labriega permanecía de pie, observando, las manos en el mango del azadón depuesto. Se abrió la puerta, y nos recibió una mujer apesadumbrada, que daba explicaciones mientras un can bisoño retozaba entre sus piernas.

Atravesamos la casa. La luz granulosa se posaba sobre un aparador de corteza de cerezo donde las fotografías, los relojes, las cajitas de porcelana parecían haber adquirido una pátina de fulgidez. En la mesa de la cocina, sobre un desgastado mantel de hule a cuadros, ante un plato de cristal con una rebanada de pan con aceite y un pellizco de pimienta, humeaba un tazón de leche.

La puerta trasera daba a una heredad de frutales y viñas. A la derecha se hallaba el pilón del lavadero; a la izquierda, en un rincón donde se disponían sillas de mimbre y otras artesanías de caña trenzada, además de un bebedero de mirlos, un anciano emboinado, sentado en un mojón de piedra, lloraba sin lágrimas. En el suelo reposaba una hermosa manzana caída.

Tras un pasaje oscuro que salvamos a tientas, sin más luz que una linterna que parpadeaba, llegamos al galpón. Era una estancia desabrida donde añejos aperos de labranza y herramientas carpinteras se mixturaban con ruedas de motocicleta, juguetes destartalados y latas de gasolina y aceite. En las paredes de ladrillo, sin recebar, se apreciaban huellas de mosquitos aplastados a zapatazos.

Ante este ahorcado sentí una oleada de horror—y no sabía por qué. Ciertamente, no era horror a la muerte. Tampoco era horror a la chocante alacridad en los ojos de ese cadáver ordinario de un hombre ordinario, ni al aroma aliáceo que parecía impregnar sus prendas. Quizás fuera un instante en que me hallaba bajo el influjo de una espiral de emociones negativas. Quizás el pensamiento de que fuere cual fuere el motivo del suicidio, no hubo en la memoria de ese hombre ni un solo recuerdo que renovara, una vez más, el deseo de desmentir la futilidad de la vida.

La memoria ajusta nuestra trayectoria final. ¿Qué es la memoria sino la propulsión que nos proyecta, más allá de las galaxias conocidas, hacia una muerte desolada? En la llamarada postrera de la agonía estamos aislados en el último estadio de la soledad. Hasta los amantes que eligen juntos morir finalmente se extinguen a eones-luz de distancia, como dos soles que jamás se hubieran siquiera presentido.

Sólo días después, con acrecentado reconcomio, me percaté de que el horror procedía de la manzana. El horror se debía al contraste entre la oscilación del ahorcado, y la hermosa manzana caída—el horror radicaba en la incongruencia de las imágenes a la hora de los frutos maduros.

8

Dos hombres fueran tiroteados en un poblacho del interior. La noticia irrumpió alterando el sosiego de una noche de domingo, perturbando el curso apacible de la cena familiar. Uno había fallecido en el acto; el otro, consciente pero malherido, había sido trasladado a un centro hospitalario de la capital. Alguien les había disparado con una escopeta de perdigones, a corta distancia, desde una arboleda a la vera de la pista forestal, aprovechando que ambos estaban de espaldas, en lo alto, arreglando un tejado.

Ladridos de canes excitados poblaban el aire gélido de la noche. La oscuridad del lugar, ralamente habitado, apenas se veía mitigada por la débil luz vacilante de altos focos de carretera. Caminaba yo flanqueado por dos armados, varios pasos por delante del séquito judicial, en un silencio penetrado por el silbo del viento y la secuencia desacompasada de las pisadas en la gravilla.

Un sargento de la Guardia Civil resumía la información disponible y las líneas de investigación abiertas. Al bordear la fetidez de una fosa séptica, un mastín negro, encadenado, nos ladraba, gruñía, retrocediendo y avanzando, jadeando, con el pecho palpitante y el lomo arqueado, la lengua colgando entre los colmillos.

Medio centenar de personas amparaba en semicírculo la presencia de un cuerpo yacente. Ateridos por el frío, igualados en el semblante por la expresión de una voluntad unánime, ese muro impenetrable de rostros parecía un coro trágico, perplejo en la contemplación de un agonista que por alguna extraña razón no había proseguido el discurso adjudicado por el poeta.

La quietud semejaba entonces perfecta bajo la limpidez del cielo estrellado. Valiaris, la médico-forense, procedió al examen del cadáver. Un aire de ensoñación velaba el azul claro de su mirada. Con un brazo caído en abandono, y el otro en la mejilla, parecía reposar dulcemente.

La expresión legal *levantamiento del cadáver* adquirió esta vez sentido literal.

Hizo falta el esfuerzo de cuatro personas corpulentas para alzar el cuerpo. El lodo, los perdigones y la helada habían agravado el peso yerto, que parecía atraído por una formidable fuerza de atracción mineral, más próxima ya a los procesos geológicos.

El alba despuntó con un firmamento encapotado de borrasca. Un frío aristado lastimaba la voluntad. En el interior de un humilde edificio de planta baja cuya blancura contrastaba con la piedra vieja y renegrida de nichos y tumbas circundantes, dos facultativos evolucionaban con gestos precisos entre luces fluorescentes y azulejos claros. En un ambiente saturado de olores contradictorios, ejecutaban la necropsia tomando y dejando el instrumental dispuesto con orden estricto en carros auxiliares.

Reflexionaba yo sobre la apariencia delictiva. Dos asesinatos: consumado el primero; el segundo, eso se esperaba, en grado de tentativa. Aunque no cabía descartar que sólo se quisiera matar a uno, y no a los dos; quizás matar al que fuera herido, y no al otro. O matar, o herir a otros que no eran esos dos; hasta podía suceder que no se hubiera querido matar a nadie, y todo fuera obra de una negligencia en el disparo, o un susto o una chanza malograda. El Hecho admitía a esas horas varias suposiciones.

En principio, uno debe mantenerse abierto a cualquier hipótesis, pues la lógica criminal sorprende siempre en la precisión de su horror. Ahí suele aparecer el delito como respuesta última a la desesperación—a algún tipo de desesperación. Cuando el deseo despoja de sus inercias a la voluntad, quedan tan sólo sus relámpagos.

El cuerpo reposaba sobre una mesa metálica ligeramente inclinada. En la pierna dislocada, en el cabello apelmazado por la sangre seca, en la incidencia de la blanca claridad sobre la pelusilla en la depresión sublabial del semblante risueño, se apreciaba el error de considerar que todo lo que brilla es fuente de luz. Los facultativos hendían cuchillos y bisturíes en la carne, aserraban y martillaban en los huesos, introducían las manos en la caja torácica y sacudían. Decenas de perdigones rodaron por el declive de la mesa hasta percutir con un sonido de raucos cascabeles. Las entrañas fueron depositadas en contenedores, que luego se arrojarían contra un rincón escombrado de vísceras.

En la calle, un gentío bullía con animación inusitada; lo veía desde la ventana de mi despacho no sabiendo qué pensar. Tras dos días de pesquisas, la Guardia Civil arrestara a un individuo como presunto autor del crimen. La prensa regional, que daba detalles precisos y barajaba hipótesis en un reportaje a doble página, aseveraba que esa mañana sería puesto a disposición judicial. Se trataba de un lugareño de personalidad huraña, enemistado con la mayoría de los vecinos y no sólo por asuntos de tierras. En el registro de su vivienda, que al parecer no había objetado, se le había requisado una escopeta—en bagaje precintado de urgencia viajaba ya hacia Madrid para el análisis de balística.

Los chicos de la prensa—no muchos, a decir verdad, pero engallados por la atención que les dedicaban tres docenas de curiosos—se apostaron con sus útiles a las puertas del Juzgado. Mientras aguardaban la llegada del furgón policial, los camarógrafos charlaban entre ellos; las reporteras, en cambio, se ignoraban: una fumaba de pie, los brazos cruzados, con aire indolente de profesional mundana; otra permanecía acuclillada en el bordillo de la acera, repasando unas cuartillas; la más joven se restregaba las manos, daba saltitos para desentumecer los pies.

El abogado de oficio, un hombre escuálido de frente estrecha y ojos de ardilla, visiblemente fastidiado por tener que realizar ese servicio, tamborileaba en mi mesa las yemas de sus dedos amarilleados por el tabaco. Trajinando de un lado para otro, la auxiliar Scabellum preparaba el expediente, servía el despacho con bolígrafos a estrenar, acarreaba su máquina de escribir. Por su parte, yo me debatía en el dilema de cómo conciliar el deber de obtener la mayor información posible del crimen mediante tácticas inquisitivas y el deber de dar tutela efectiva a la salvaguarda de los derechos del imputado, entre los que se halla el derecho a guardar silencio.

Socarronamente, para destensarme, pensé en la antigua China, patria de la tortura creativa, que no sólo sufría el presunto culpable sino también, a menudo, los testigos. Pocas veces se menciona que ello era consecuencia necesaria de la regla de que nadie podía ser condenado sin antes haber confesado, principio fundamental de un legalismo riguroso que veía en la naturaleza humana una expresión del Mal, y que sólo posteriormente se atemperó por la infiltración de la moral de Confucio.

Lento el paso, cargado de hombros, perdida la mirada, hizo su entrada el presunto asesino. Era un hombre de complexión maciza, con manos encallecidas y blancuzcas de marmolista, que respiraba un aliento moroso, pesado como un leño.

En los preliminares, en la charla intrascendente que precedía a la declaración propiamente dicha, intenté que aflojara la tensión de su muro de defensa, además de focalizar detalles extraídos de su gestualidad y su charla, a fin de delinear un marco general de validación de las respuestas importantes.

Decía, con voz queda, palabras ajustadas—con la timidez arisca de quien ha esperado durante largo tiempo la llegada de algo que finalmente no llega. Un rictus de repugnancia asomaba en la comisura de unos labios morados que resaltaban de entre su tez grisácea. Parpadeaba premiosamente en una cadencia donde la llama de sus ojos, de azules centelleos, tendían sus lenguas en un espacio de madriguera. Los pensamientos modifican nuestra expresión, y a largo plazo alteran las facciones del rostro. Lo mismo puede ser dicho del deseo cuando se convierte en una persistencia duradera de la voluntad.

Con un chasquido lingual, el imputado interrumpió su relato (estaba dando cuenta de sus hábitos culinarios con las piezas obtenidas en las jornadas de caza) y miró perplejo hacia la auxiliar Scabellum. Giré la cabeza, y comprobé que la eficaz funcionaria, enrojecida de ira, se hallaba forcejeando con su herramienta de trabajo pues la máquina de escribir ya no escribía.

Suspendí la declaración, por razones técnicas, durante diez minutos; esperando no sólo que se trajera otra máquina, sino también para dar ocasión a que el letrado diese alguna instrucción a su defendido, o al menos dialogara con él, cosa que no había hecho, y no habría de hacer, pues ya se había levantado; encendió un cigarrillo y se puso a pasear cachazudamente por el pasillo.

Las técnicas de interrogatorio se asemejan a la diagnosis diferencial, cuyo objetivo es precisar las patologías a descartar: valen para saber las muchas cosas que no son, o que aparentan ser, o que han dejado de ser. En todo caso, planteadas como un juego lógico, pueden rendir buenos frutos.

El imputado respondió sin titubeo las preguntas fundamentales. Negó cualquier participación en los hechos; negó asimismo estar enemistado con los vecinos, si bien algunos había que siempre le habían malquerido. El acto no daba para más hablar. Con recamada cortesía, le agradecí la atención prestada y la predisposición a colaborar que mostrara durante el interrogatorio. No obstante, le hice saber que, teniendo en cuenta los datos que hasta la fecha me constaban, había tomado la decisión de enviarle a prisión, comunicada y sin fianza, como autor responsable del doble asesinato. Preguntado si quería añadir algo antes de partir hacia el centro penitenciario, el imputado, con afilada frialdad, sin perder la compostura, contestó que era inocente y lucharía por demostrarlo.

Lo cierto es que ingresaba en prisión sin prueba concluyente alguna. El informe de balística (que resultaría decisivo para afirmar su culpabilidad) tardaría más de un mes en llegar, y lo que constaba hasta la fecha eran meros indicios circunstanciales. Lo decidí por obra de la Ley, pero no de conformidad con las técnicas o procedimientos de los profesionales de la verdad factual, que resultaban provisionalmente impracticables, sino por convicción personal. Mi única duda era la procedencia de la imaginación de estos asesinatos.

No todo lienzo del crimen proviene del mismo salón de pinturas. El crimen suele originarse en la proyección de los destellos del deseo sobre la narrativa del individuo. Cuanto más minucioso es el plan, más frágil resulta, con mayor facilidad se resquebraja, pues en el fondo se apela al ansia primitiva de materializar la idea por medios mágicos. Hay un crimen, empero, menos frecuente, que procede del arma. Es el instrumento lo que impulsa y rige la ideación; es su textura, su resorte lo que excita la voluntad del agente, que apenas si incorpora el discernimiento de la ocasión. Los individuos sujetos a esta imaginación, que suele ser infalible, jamás sienten en su nuca el aliento del Infierno.

9

El Juzgado es un teatro.

Usualmente es un teatrillo de teatralidades de baja estofa teatrera, pero a veces se convierte en un magno coliseo circense, o en un atrio en el que inscribir sobre el mármol epigramas de lacónico clasicismo. El área de visión es reducida. En la perspectiva del Juez, la imagen se contrae a cómo los individuos entran y salen, qué dicen, con qué muecas y en qué posturas permanecen sentados o de pie. No es fácil discernir en cada cuál si le disgusta el sonido del viento o es una criatura inalcanzable para el amor.

Llegaba de puntillas, suspirando, una muchacha de ojos tristes; la piel tersa de su cara, como el azogue de un espejo nublado, traía melancolías de parque con banco de pata baja y estatua al fondo, remembranzas de los idilios de antaño, cuando una señorita tocaba el piano y su enamorado le volvía las hojas musicadas. Llegaba renqueando un perito calígrafo, apabullado por una tos convulsiva. Un esbirro fidelísimo llegaba resollando, floja la corbata, y mal anudada, y por fuera de la gabardina asimétricamente abotonada, con lamparones de lluvia; era recibido de brazos cruzados por su jefe letrado, envarado en un saludo de ímpetu castrense.

La índole curiosa de un acusado le aguijoneaba para mirar por encima del hombro y comprobar qué público se había allegado a ver su enjuiciamiento. Más inquieto, otro se revolvía en su asiento, manoseaba un lápiz que terminaba por caer al suelo. Ese permanecía acogotado, aguzando su mirada miope con una cómica expresión de incredulidad en el semblante. De aquel se intuía que raramente viajaba; que se desplazaba hermético, como una tortuga en su caparazón, buscando corroboraciones.

Respecto al Testigo, pude verificar que suele traer mentiras y sugestiones de certeza. Las mentiras siempre se aireaban por cuenta del letrado proponente, se alineaban de manera más o menos zafia a su estrategia procesal. No hacía falta dominar los arcanos de la psicología para advertir en la postura, en las inflexiones de la voz y la mirada, hacia donde se dirigía el sesgo de la tergiversación. Más inquietantes resultaban los testigos que de buena fe introducían alteraciones, a veces de relevancia capital, en la adecuada apreciación de los hechos.

En ocasiones, ello poco importaba. Una señora magníficamente vestida entró a declarar, y alteró el entorno de la Sala como un cambio de estación altera el paisaje. El toque azul en el fleco de la pañoleta hacía eco al color único de sus ojos, que se enlentecían en la sonrisa. Hace falta conocerse muy bien, haberse sacrificado mejor, para lograr que el precio de las luchas interiores se decante en el esplendor de esa fluencia. Nada hay como una vieja dama elegante; su mero estar nos otorga algo raro y precioso.

Una pandilla de muchachos fuera denunciada por causar destrozos en varias lanchas de pedales con ocasión de una juerga nocturna en la playa.

Accedieron a Sala todos los citados, en bullicioso jolgorio, pero también sus abogados, sus amigos, sus novias, sus hermanas, sus madres y un grupo variopinto del que descollaban una gruesa moza mecánica en traje grasiento de faena y dos niñas gemelas de ensortijados bucles rubios que lengüeteaban sendas piruletas de gominolas de regaliz negro. En un parpadeo, la Sala se hallaba abarrotada. El tumulto era importante. Carraspeé con intención admonitoria.

La matriarca del clan era una señora de rostro caballuno—cara de yegua trotadora, sensibles los ollares, tranquila y melodiosa en sus relinchos. Al traspasar el umbral de la Sala, se santiguó. Recargada de joyas, pasó con su chaquetón de marta cibelina, y se acomodó próxima al banco de los letrados defensores. Ya sentada, besó un crucifijo de oro y lo devolvió al canalillo del escote; con un gesto fugaz de los pulgares en gancho se recolocó el portasenos.

Enfrente se hallaba la denunciante, propietaria de las lanchas, señora de almendrados ojos castaños, emperifollada y altanera, con una larga y espesa cabellera trigueña, que se desenvolvía con el desparpajo de una convención de gobernantas; a su lado, el abogado Fiscella podía pasar por un obeso pisaverde de mirada bovina y labios belfos, por un pulido petimetre de la progenie de tarados arzobispos, si no fuera un profesional temido por su falta de escrúpulos y su osadía.

Declaré abierto el juicio de faltas, y ordené a la auxiliar Scabellum que leyese la denuncia y el atestado que constaba en el expediente. A medida que el relato se desarrollaba, aparecieron risitas desde el público arracimado al fondo de la Sala. Rogué silencio. Cuando llegó el pasaje relativo a los excrementos hallados en el asiento de una lancha, de tal modo ordenados que parecían un monigote riente, surgieron salvajes carcajadas. Hice sonar la campanilla, y con gesto ceñudo reiteré el ruego de que se guardara silencio en la Sala.

La fiscal Dolabra anunció que se reservaba la calificación de los hechos a la espera de lo que resultase de las pruebas. Sus labios carnosos, generosos de carmín *rouge*, no lograban dulcificar su ojo severo. Dolabra era mujer de movimiento penetrante, que iba abriendo espacios allí por donde pasaba. Con su cuerpo, con su mirada, con su discurso. Cuando actuaba en estrados, hablaba a raudales, como si estuviera regurgitando un tema de oposición, de manera brillante y desconsiderada.

Concedida la palabra, el abogado Fiscella desplegó en su discurso modales untuosos y referencias personales oprobiosas que provocaron murmullos de censura. Se refirió a los muchachos como una colegiata de niñatos malcriados, pendencieros e insolentes. La matriarca chasqueó la lengua, surgieron abucheos. Tras un nuevo campanillazo, ordené a Fiscella que moderase su léxico y advertí en general de que no permitiría más palabra o gesto de desaprobación. En vez de silencio, lo que obtuve fue el ruido de una aparatosa ventosidad, como de artefacto de crujiente maderamen, que fue secundada por una sucesión de ventosidades de timbre menos grave y mayor malicia en la efusión, procedentes de diversos puntos de la Sala.

Ordené el desalojo, no sin antes proceder a la identificación de cada uno de los presentes, y la continuación de la audiencia a puerta cerrada. Mientras le arreciaban los insultos desde la barahúnda, el letrado Fiscella, soñoliento, replegó sobre el brazo el vuelo de la toga con ademán ampuloso de tribuno romano.

Aquella detenida llegó arrastrando un gran bolso de piel granate, a topetazos con las sillas. Era una ladrona drogadicta, una más. Hurtaba, se prostituía para inyectarse heroína. No empleaba violencia contra las personas; su talento era el descuido, y destripar candados. El arresto no fuera consentido. Presentaba una cicatriz fea en el caballete de la nariz, moratones y erosiones por todo el cuerpo. Sangraba por la venda renegrida que cubría pulgar y muñeca de su mano izquierda.

Una vez sentada, resultaba ser mucho más joven, estar mucho más avejentada en su deterioro. Olía a ceniza húmeda. Su cara era un óvalo perfecto donde se congregaban los estigmas de la depravación. Llevaba puesta una cazadora de cuero tachonado, camisola de seda roja rota a desgarrones, minifalda y botas de rajadas punteras—ropas de buen corte y calidad que ya no eran más que harapos.

Estaba bajo los efectos de los estupefacientes y apenas escuchaba lo que se le decía, que yo pacientemente repetía. Su habla, pastosa e inconexa, encadenaba una sucesión de elipsis y fugas que revelaban procesos mentales fragmentarios. Por momentos, se precipitaba en la mudez; quedaba pasmada, mordisqueando los labios en una lascivia sin fuego, bizqueando ante la perrera de cabello que le pendía.

Si se hubieran podido retirar las costras, la mugre, la parda bilis viscosa que alguien parecía haber esputado sobre su mata de pelo, como una basura se vuelca en un vertedero repleto de abominaciones, quizás se vería que se trataba de alguien a quien se regresa una y otra vez como a una patria. Tal como estaba, acurrucada en la inmundicia, daba la impresión de ser un muñón que por curiosidad todos manoseaban.

Decir que mentía es decir poco, y decirlo mal. Su relato era un delirio de bacines cascajosos. Pero era una fantasía que dolía; su presencia era una sinopsis de pérdidas que hubieran podido ser nuestras.

Un imputado declaraba por haber girado varios cheques sin fondos. Entró con las manos en los bolsillos, encorvado, la cabeza gacha y ladeada, mirando de soslayo.

Examiné el expediente e hice preguntas tentativas de indagación, que fueron respondidas con muecas de afligida anuencia. No era más que un desgraciado que se había dado a la bebida; se había equivocado y estaba dispuesto a rectificar. Bajo las cejas hirsutas, resaltaban los enturbios de poza de unos ojos gris humo veteados en lo blanco con venillas de porfirio. Su rancio atuendo, la tez cetrina salpicada de manchas violáceas, le daban un aire mortecino. Tenía yo la certeza de que en este declarante todo era falsa pose, deslucida como una copia de papel carbón.

Personajes ladinos que viven en la hipertrofia del Yo, no reconocen más que la autopropiedad, y en ese sentido se reputan dueños absolutos de su cuerpo y alma. Aborrecen toda legislación moral. Rechazan el paternalismo de los poderes públicos y, en particular, cualquier política redistributiva. Para ellos, el impuesto al trabajo equivale a las prestaciones forzadas de un esclavo. Su carrera delictiva como libertarios suele empezar con omisiones en las declaraciones tributarias y otros engaños al Estado. Luego se deslizan por los delitos societarios, las falsificaciones y las estafas. Con el paso de los años, no es insólito que su egolatría dé paso a una espiral de resentida misantropía donde se termina justificando el latrocinio.

Leí en voz alta la transcripción de la declaración, y se la tendí. Una mano lampiña de falanges huesudas fijó el folio, mientras la otra trazaba una firma morosa de apellidos espaciados.

El parte ambulatorio refería cortes en ambas muñecas, con importante hemorragia, y un grave trastorno afectivo. En una reacción que al instante me reproché, levanté los ojos del expediente y le dirigí una ojeada de estupor, que la mujer no captó pues se hallaba retirando, con la punta de un pañuelo, una brizna de maquillaje en su lacrimal derecho.

La mujer era una alta muchacha de esplendente lozanía; una maniquí con un cutis impecable de albura marfileña que, en espera de su oportunidad en la televisión o en las pasarelas de moda, trabajaba como azafata de congresos. Una ciudadana que emitía un susurro fatalista mientras desgranaba los episodios de un amor trágico; de sus labios trémulos salía un hilo de voz entrecortada.

Era la historia de una mujer alzada sobre los codos en la mesa de un restaurante, la cabeza erguida en busca de alguien que no vendría. Una mujer dejando mensajes cada vez más humillados, atrapada en la aprensión de supersticiones cada vez más enervantes, remplazando al Otro por fetiches, por amuletos. Una mujer podrida de amor, cautiva de un deseo desgarrador. Una mujer enloquecida con un dolor que le lancinaba las entrañas mientras el Otro se olvidaba, se preparaba para el encuentro de nuevas amantes. Una mujer destruida, aniquilada bajo el eco de palabras que hendían tejidos cada vez más profundos hasta grabarse en el hueso, como rasgadas a punzón: *Será mejor que lo dejemos*.

No era la primera vez, ni sería la última, que en mi vida profesional escuchase relatos similares. Mujeres para quienes amar es depositar en un solo receptáculo todo lo que intuyen que les resultará insoportable. Enervadas, sin poder siquiera gesticular una mueca, ves cómo se abandonan en su caída. Se olvidan de que tienen un Yo, andan por la vida como un accidente permanente, anunciando desastres. Vuelven una y otra vez a su tormento; no pueden descansar, empujan una puerta circular cuyo quicio está sustraído al Tiempo.

Me incorporé hacia adelante y silenciosamente le cogí las manos. Una sonrisa, que irrumpía desde la lejanía esmeralda de sus ojos rasgados, iluminó la belleza animal de esa criatura rota.

10

El día amaneció brumoso. La comitiva judicial se configuró a regañadientes; nadie comprendía por qué el Juez Sustituto, a punto de cesar en sus funciones ante la llegada del nuevo Juez Titular, había decidido realizar una excursión hasta las fronteras del Partido Judicial, a un lugar aislado en medio del monte, para examinar a una mujer nonagenaria en un expediente de incapacitación.

El trayecto resultaría largo y tedioso. A la incomodidad del taxi judicial, donde íbamos apretujadas cinco personas, se añadió la brusca conducción del taxista, un trazado de curvas propicio para la jaqueca y una elección de atajos de dudosa pertinencia. Puesto pie a tierra, el fastidio no menguó. En el prolongado trecho de sendero que todavía había que recorrer caminando, las espinas de tojo se prendían en la ropa y cada pisada se convertía en un aplomado chapoteo sobre terrenos fangosos.

La construcción era una cobertura irregular de adobe, paja y piedra, enclavada entre matorrales y arbustos. Como puerta servía un tablero desportillado de madera. Un hedor intenso batió nuestros sentidos. El suelo mostraba las prominencias irregulares del terreno montuoso. Un travesaño dividía la estancia en dos zonas. De un lado, yacía en reposo una vaca, que giró la cabeza hacia mí y siguió sesteando con mugir desdeñoso; del otro, sentada en una banqueta, una mujer enjuta, consumida, se arropaba con una pieza de basto paño negro, medias de lana negras y negra pañoleta. Tras ella, contra un rincón de paredes ahumadas, ocupaba el espacio un amontonamiento de trastos arrumbados donde cada elemento parecía haber perdido su identidad y aún su voluntad de forma.

Valiaris, la médico-forense, procedió a examinar a la anciana, que permanecía inmóvil en un estado nebuloso de semiinconsciencia. Según pudimos extraer de su débil balbuceo, la mujer naciera en una choza a media legua de camino hacia el norte, no recordaba cuántos años atrás. Vivía en compañía de su hijo. Comían de lo que crecía alrededor de la casa, y de lo obtenido por alguna faena ocasional. Así transcurrían sus días desde hacía años. No se movía de la banqueta. Cuando el sueño o el sopor la abrazaba, se dejaba vencer sobre su costado, contra el montón, y dormía.

Un bramido hostil nos puso en alerta. Era el hijo, que amenazaba con matar al Juez, a la médico-forense, y a todo el que osara importunar a su madre. Se trataba de un hombre septuagenario, de mirada pasmada y boca babeante; calzaba zuecos de madera al modo antiguo del país, y vestía camisa y pantalones terrosos, atados con una cuerda. Intenté convencerle; no me prestaba atención. Nadie iba a llevarse a su madre, repetía blandiendo el sacho; nadie saldría vivo de allí si pretendíamos llevárnosla.

Entonces se abrió el tablero desportillado. La anciana, apoyada en un bastón, recobrado el sentido y un tono vital hasta cierto punto saludable, apaciguó al hijo, dio la bienvenida a los extraños y, con una finura desusada, refirió lo que en parte ya sabíamos. No eran más que una madre y su hijo, que allí convivían, humildemente, pero sin hacer daño a nadie.

Al volver a casa, di en pensar que una persona puede imaginar proposiciones tan ricas y complejas como las obras de generaciones de hombres; puede trazar cauces de acción más sinuosos que la serpiente del Edén; puede crear y destruir cada una de las formas que pueblan el más liberal de los universos posibles, en millones de actos sucesivos o en un acto de total iluminación comprehensiva; y puede realizar todo ello con voluntad de fulminar sobre la realidad, traspasándola, o simplemente una fracción, exigua y remota, con una mera incipiencia de voluntad, y no haber comunicado su destino, y ser una vida lograda y con sentido.

Durante años pensé en ello, preguntándome qué imágenes de *Justicia* podría compartir cualquier magistrado con esa anciana que por unos instantes había abandonado su agonía a fin de resolver un conflicto.

LADY JUSTICE—IRA, LOCURA, RENCOR

1

El acervo de imágenes que, en uno u otro momento de la Historia, han servido como referente para los diversos pensamientos de *Justicia* es enorme.

Hallamos la protección del escudo y la robustez del roble. Hallamos medusas de enrevesadas sierpes cohabitando con *wigs* y *perruques* y pelucones. Hallamos útiles como los grilletes, el ferrojo cabecero, la soga de esparto. Hallamos el bandolerismo valentón y el *brigantaggio* conjeturado por Lombroso a la vista de un cráneo. Hallamos a Obatalá, el Orisha de la Blanca Vestidura en el lucumi cubano y en el candomble brasileño y en el Shago Baptist de la isla de Trinidad.

Hallamos el sambenito y el cirio penitencial. Hallamos las prácticas jurisprudenciales de Hermópolis, las piezas procesales de la Estela Jurídica de Karnak, el Decreto de Horembeb, el Proceso de Mes. Hallamos el brazo lapidante, el brazo triturador y dislocante contra la rueda, el brazo que inyecta la jeringa en otro brazo. Hallamos la sensación de desorientación en un dédalo kafkiano de tétricas burocracias.

Hallamos sentencias memorables en casos como *Marbury vs. Madison*, o *Fosfatales en Nauru*, o *Cassis de Dijon,* o *Kremzov*. Hallamos a Vlad el Empalador, y la demagogia de Lynch. Hallamos la *Einserne Jungfrau*. Hallamos la pluma de oca, el *atramentarium* y el pergamino. Hallamos el *seppuku* eviscerador del *bushido*. Hallamos expresiones como *In Dubio pro Reo* o *Con la Venia de Su Señoría*.

Hallamos la Roca Tarpeia, y la pata aplastadora del paquidermo tamil, y el peso que quebrantó a la Perla de York. Hallamos cestas con emulsión de caucho y faltriqueras con diamantes en bruto. Hallamos el sílex acuchillado para el despelleje, y los cinco agujeros de la artesa. Hallamos el óbolo para Caronte, y el peso de plata que un cacique lega para que se lo repartan las plañideras y las putas. Hallamos la existencia patibularia de un verdugo engendrado y parido entre el andamiaje del cadalso.

Hallamos la poesía de Schiller, la poesía de Hugo, la poesía de Whitman. Hallamos el Cuerno de la Abundancia. Hallamos la gama extensa de la pestilencia atiborrando una sala de audiencias. Hallamos un redoble de tambores de cajas destempladas. Hallamos últimos deseos y palabras últimas. Hallamos la orina del ejecutado y la orina de un componente del pelotón de fusilamiento.

Hallamos los borradores de una Constitución. Hallamos las babuchas de un visir. Hallamos ordalías de agua candente, como el *kutagachi*. Hallamos personificaciones en reyes y emperadores, y sus coronas y águilas. Hallamos a Dios, sus olvidos y sarcasmos. Hallamos la prosa adusta de nuestras leyes civiles decimonónicas. Hallamos un esclavo castrado, marcado a fuego. Hallamos la satisfacción pueril de no haber errado el cálculo aritmético de una indemnización.

Hallamos el sentido de lo justo en Alexander Hamilton y en *Billy the Kid*. Hallamos la voz de las minorías, el murmullo de los excluidos, la mueca enmudecida de quienes portan estigmas. Hallamos un estercolero arrumbado con latas de *Zyklon B*. Hallamos el batir de un batintín de palacio. Hallamos un tigre a los pies de un caballo piafante en un biombo donde se trasviste la Duse. Hallamos la toga de un jurista romano del siglo II con quien podríamos hablar, sin pérdidas apreciables, sobre usufructos y enfiteusis. Hallamos la rosa: la rosa perecedera y la inmortal también.

Hallamos el flagelo, y la fusta ecuestre, y el *cat o'nine tails,* y el zurriago, y el *sjambok*, y la tralla, y la verga, y la caña de bambú, y la férula docente, y el látigo arriador, y el rebenque, y el *martinet pour fesseer*. Hallamos las arrebatadas diatribas del hijo feísimo del cantero Sofronisco. Hallamos la composición química de las pasiones, y la finita variabilidad de posiciones y gestos del cuerpo humano.

Hallamos la fuerza de un león, y la paciencia del avestruz, y la sabiduría del elefante, y la energía y claridad del sol a través del gallo. Hallamos una mujer despreciada, humillada. Hallamos, sobre la superficie de calderos, piezas de bronce o tiras de bambú, la compilación del rey Wu (Kang Gao), el gran código Tang y el *Hsing Shu* del Estado de Cheng. Hallamos la enunciación de un criterio de *Justicia* en un petroglifo olmeca. Hallamos el rollo columnario y la picota genuflexa, y el pistoletazo occipital.

Hallamos el hachazo que se abate sobre el cuello de Charles I de Inglaterra y los despojos de Oliver Cromwell colgando de cadenas en Tyburn. Hallamos un facsímil mancillado del códice de las *Siete Partidas*. Hallamos las ridículas normas rituarias de un planeta imaginario. Hallamos *Das Kapital*. Hallamos un sosias de Stalin sometido a presidio en una cárcel de Stalin. Hallamos la inusitada carcajada del anacoreta. Hallamos el anhelo inmarcesible de *Justicia* que postula una chiquilla imbécil.

Hallamos el billete de banco, y el cheque, y la letra de cambio, y otros medios de pago como un espaldarazo o el silencio. Hallamos la gloria póstuma. Hallamos la Toma de la Bastilla Saint-Antoine y la ausencia de un preso llamado Donatien de Sade. Hallamos las minas que nunca excavaría el trunco ingeniero Friedrich von Hardenberg, llamado *Novalis*. Hallamos a un hombre acuchillado en la espalda por buscar empleo en un barrio hostil de Dhaka, y hallamos la mirada horrorizada del niño—Amartya Kumar Sen—que ha dejado de jugar y le ayuda.

Hallamos un pañuelo empapado con la sangre de los mártires. Hallamos los reflejos azulinos de las túnicas sagradas. Hallamos la Magna Carta de Runnymede. Hallamos la blancura de cuellos delicados, cuellos traidores, que la cimitarra siega y el garrote estrangula. Hallamos la hoguera y el caldero de la hervencia. Hallamos innovaciones tecnológicas inspiradas por la misericordia, como el puñal de puntilla, la guillotina o el escotillón. Hallamos la bíblica Deborah, el heterodoxo Ooka Tadasuke, el insospechado Earl Warren, el borracho Azdak de Bertolt Brecht: jueces.

Hallamos el Código de Urukagina de Lagash, y el Código de Assura, y el Código de Ur-Nammu, y las Leyes de Eshnunna, y el Código de Lipit-Ishtar, y el Código de Hammurabi, y el Código del Nesilim, y las leyes de Hattusa, y las Tablas de Moisés, y la Constitución de Draco, y el Código de Gortyn, y la hebraica Halakha. Hallamos el vaivén de los verdugos en la demediación china por aserramiento, y las mil cuchilladas en la morosísima *lingchí*.

Hallamos imágenes banales y hallamos objetos curiosos como la hoja de palmera, o la *Main de Justice*. Hallamos la encantadora, elusiva belleza de Urvashí. Hallamos edificios que se instituyen en la escenografía de los sueños de *Justicia*, como la morada irradiante del conciliador Forseti, o el estadounidense Marble Palace. Y hasta hallamos la desintegración de la identidad personal y posterior articulación narrativa como *Justicia* en autores como Charles Dickens o Fiódor

Dostoievski.

Todo ello, y mucho más, hallamos. Empero la tradición occidental ha privilegiado la representación personificada de *Justicia* como una deidad dotada con ciertos atributos: la alegórica *Diosa Justicia* (*Lady Justice*), con su venda y su espada y su balanza, cuya acogida constituye un inopinado logro de instalación simbólica en la Historia. Lo vemos en su generalización como emblema distintivo de profesiones y actividades vinculadas al poder jurisdiccional; lo vemos, sobre todo, en la estandarización hermenéutica del símbolo por parte de la ingente bibliografía que lo ha explotado.

2

E'l giusto peso e la potente espada

En el estilo escultórico de la personificación de una idea, *Lady Justice* trae causa en una mixtificación de iconos helénicos diversos. *Themis* jamás se halla en la órbita semántica de *Justicia*; *themis* significa *ley* en el sentido de la jurisdicción pronunciada por la nobleza señorial más antigua, normatividad imperativa proveniente de Zeus y paulatinamente desvelada por el derecho consuetudinario. Así se muestra en una vasija, sentada en el trípode oracular de Delfos, como consejera y adivinatriz.

La diosa de la *Justicia* humanizada es *Diké*, hija de *Themis*. Resultante del lenguaje procesual—*dar y tomar diké* es entregar y recibir la compensación; *decir diké* es sentenciar—, habría de adquirir un sentido abarcador del fenómeno litigioso y, más tarde, afirmada su expansión en la semántica de la igualdad, significará remedio a la injusticia. En momentos de agitación social una clase desfavorecida puede invocar banderizamente la *diké,* oponiéndose a *themis,* la ley autoritaria plasmada en los edictos reales (*temisteis*).

Este icono constituye la tradición grecorromana principal, que irá integrando desarrollos conceptuales asociados, como el *dikaios,* cualidad personal de santidad, o la *dikaiosyne* platónica, *Justicia* entendida como virtud cardinal que pone en armonía la sabiduría, la fortaleza y la templanza. En un plano inferior, como tradiciones alternativas secundarias, aparecen la hora *Eunomía* y, sobre todo, la hora *Astraea*, que es la tradición que recoge Francisco de Quevedo, entre otros escritores y pintores de los siglos áureos.

Con *Lady Justice* estamos en el ámbito de una narración infrecuente: la figuración alegórica, cauce de expresión a contracorriente en la evolución de la imaginación moderna. ¿Quién lee hoy en día a William Langland? ¿Quién lee a Jean Chopinel de Meung? A pesar de su celebridad ¿cuántas docenas frecuentan la *Consolatio Philosophiae* de Severinus Boethius, el *Paradiso* de Dante Alighieri, las *stanzas* spenserianas que pueblan *Faerie Quenee*, los autos sacramentales de Pedro Calderón de la Barca?

Insignes escritores han dedicado brillantes pasajes de ingenio malicioso despotricando contra el aparatoso sinsentido de este lenguaje velado. Pero basta un mínimo esfuerzo de predisposición para poder sentirse legítimamente cautivado por la riqueza ontológica de las alegorías.

Grosso modo, la alegoría es un método de composición artística que explícitamente exige que la comprensión no se haga en el sentido literal convencional. En sus formas eximias es un ejercicio cuya sensualidad no tiene igual, un proceso de revelación que va abriendo, como el árbol abre sus ramas, la multiplicidad de nuevos ámbitos. El lector está desafiado a un nivel superior de abstracción, y a medida que avanza en su lectura, se ve aventurado a un juego de deslizamientos de sentido, un orbe de perenne apertura en cuyo caudal metafórico y raíces oníricas late una cualidad proteica de *terra ignota*.

Las alegorías desempeñan el papel de los conceptos en épocas donde la racionalidad todavía balbucea. Es un aperitivo de las grandes conquistas del pensamiento racional, pero también una de sus instancias de corrección. Sirve para visualizar realidades complejas; vale también como remedio para solucionar divergencias en textos sagrados, y para la experimentación y hallazgo de nuevas significaciones.

El disgusto de la alegoría procede de la Revolución Industrial, cuyas ideas han de materializarse en el maquinismo. Las naciones ilustradas desdeñan las muletas alegóricas. La Imaginación debe ceder ante las facultades reflexivas de la Razón. Se inquieren hechos, no ficciones. *Para definir Libertad*, se dice, *deme usted los datos de la esclavitud y las cifras de la alienación y el expolio, no una señora exaltada con un pecho de fuera*. Brujas y dragones, hadas y trasgos, deben desaparecer de la creencia popular. Frente a la turbina o el compresor, la fascinada realidad de un reloj de arena se arrincona en la alacena de los instrumentos obsoletos.

La alegoría integra estratos fósiles de la mente, variaciones de la metáfora y vías extinguidas de formación conceptual; además, va marcando la alteración de las mentalidades epocales.

La Muerte de Dios, cambio de paradigma que determina la Modernidad, resulta incomprensible sin el pensamiento alegórico. A principios del siglo XIX, Wilhelm Hegel, al decir que *Dios ha muerto—Gott ist tot—*, nos indica que las formas y sustancias anquilosadas que mediante el terror subyugaron a Anthropos, ahora se reúnen en una especie de panteón que representa *la conciencia desventurada*. Esta de-función provoca la evidencia de una ausencia allí donde antes había obrado en plenitud la Presencia.

De aquí surgirán las dos maneras creativas de nuestra época, según sea la cualidad esencial apreciada en ese espacio desalojado. Una afirmará su ocupabilidad, usualmente mediante la metáfora del Viaje: aventuras en el espacio o en el tiempo; aventuras hacia la exaltación o hacia el hastío, hacia la animalidad, hacia la desintegración panteísta o hacia el infrangible centro del Yo.

La otra manera celebrará los misterios de la vaciedad o vacuidad. En 1864, tras clausurar una fase caracterizada por la primacía del anhelo religioso, marcada en angustiados símbolos de esterilidad e impotencia, Stephane Mallarmé acoge las enseñanzas teóricas de Edgar A. Poe y cambia de técnica. Al poco, se percata de que ha hollado algo diferente. En el famoso *Ses purs ongles,* cuya primera versión portaba el título *Sonnet Allégorique de Lui-Même*, el discurso se abisma en un universo autorreferencial donde los parámetros significativos tradicionales son arrastrados hacia las parálisis conjuradas por la Nada.

Aparentemente nos hallamos contemplando el mobiliario de una habitación burguesa. Mediante una imaginería de luces y espejos, intensificada por la exigencia de una sonoridad carente de objeto (*ptyx*), el acto creativo se absuelve en una escenografía estanca, impermeable a cualquier presencia, donde la mente del lector, en su vertiginosa caída a través de un espacio explícitamente elaborado para negar el asidero referencial, se ve vertiginosamente compelida a aceptar la tragedia nihilista de la nulidad final de significado.

La literatura moderna sigue apelando a maneras alegóricas. Gran parte de esas alegorías permanecen abiertas. En el polo opuesto se registran aquéllas cuya significación parece haber sido incrustada en el inconsciente colectivo, de tal modo que una lectura simbólica institucionalizada se impone acríticamente, perpetuando lo que en muchos casos no son más que erráticas mixtificaciones de manipulaciones y malentendidos. Es el caso de *Lady Justice*.

Su impronta es precisamente la hipnótica irradiación de la simbología que congregan sus añadidos, su viciosa circularidad. Y es debido a la peculiar urdimbre de esta remisión infinitamente retroalimentada, que es obscena, meramente consumible. Obscenidad en el sentido de que, anticipándolas y clausurándolas, realiza una devoradora unificación de expectativas. Obscenidad como autopresentación que agota en sí misma toda posibilidad de lecturas. Obscenidad como foco que excluye aperturas y puntos de fuga. La obscenidad es la escenificación inmóvil de un telón.

3

Es atributo de *Lady Justice* la espada, emblema de la Decisión. Frente a otros objetos traídos a *Justicia*, como el cayado ganadero que los egipcios sofistican en cetro, o utensilios del comercio como el bastón de cuentas o la vara medidora, la espada es un útil bélico que presupone la epocalización de una situación de conflicto violento.

Con la espada el pensamiento alegórico opta por un cauce típico de reducción. La personificación armada de la instancia remuneradora es una fuerza que, ignorando galardones y recompensas, se vuelca sobre el *jus puniendi*. Un ámbito ilustre pero apocopado y ubicado en la periferia del reino temáticamente proteico de las justicias. La espada es símbolo de Poder Ejecutivo, en cuanto le sirve para aplicar el castigo penal, la retribución frente a la conculcación de preceptos que tutelan la integridad de ciertos bienes jurídicos reputados fundamentales. Esta restricción no es privativa de *Lady Justice*. Muchas analogías actuales de *Justicia* simbolizan la jurisdicción criminal. *The gavel of Justice Johnson* es el estilo sentenciador de tal juez penal norteamericano. *Les objets placés sous main de justice* significa piezas de convicción judicial penal, lo acumulado durante la investigación e instrucción, que sirve para fijar el sentido del fallo o veredicto.

En el *Codex Sangallensis* (731), ilustrando los preceptos de los pactos de los alamanes, un dibujo nos muestra al *dux* Lantfrid en larga vestidura ceremonial, enmarcado por un arco de herradura ricamente labrado en su clave, dovelas basales y pilares, llevando larga espada, que apunta a tierra, y el *Libro de la Ley* con diez incisos. La espada ilustra un poder férreamente vinculado a las investiduras jurídico-políticas. Y así el arma se acoge sin fisuras tanto por quienes argumentan desde el Poder—*Los convenios, cuando no hay temor a la espada, son sólo palabras que no tienen fuerza suficiente para dar al hombre la menor seguridad* (Hobbes)—como por quienes lo hacen desde el Derecho—*El Derecho no es una idea lógica sino una idea de fuerza; he ahí por qué la Justicia, que sostiene en una mano la balanza donde pesa el Derecho, sostiene en la otra la espada que sirve para hacerle efectivo. La espada, sin la balanza, es la fuerza bruta, y la balanza sin la espada, es el Derecho en su impotencia; se completan recíprocamente; y el Derecho no reina verdaderamente, más que en el caso en que la fuerza desplegada por la Justicia para sostener la espada iguale a la habilidad que emplea en manejar la balanza* (Ihering)—.

La cualidad propia a la espada es su capacidad divisiva. La historia de este arma nos entera de que su idiosincrasia se halla en el filo, no en lo puntiagudo de su extremo inasible, que fue redondeado, incluso romo. Actuando sobre el objeto, la espada no busca la penetración en la materia, sino dividirla en dos. Hacer *Justicia* a espada es establecer una separación, es zanjar—*Le cas a été tranché.* Y lo hace de un modo característico. No separa al modo en que una mandarina se desgaja, un libro se hojea, o se reparte una baraja. Zanja, violentamente, de un golpe.

La espada de *Lady Justice* procede de la caballería medieval cristiana: la larga espada pesada, de hoja plana, doble filo y punta, y desamparada empuñadura de cruceta. No es un capricho de la fantasía. Es el arma de los Cruzados, que *toman la Cruz* de camino a los Sagrados Lugares, atravesando toda la tierra conocida con la certeza de un cielo ganado por la emulación del martirio sufrido en el Calvario.

Es la arquitectura de las iglesias y la señal de la bendición, una idea que ahora se esgrime.

Frente a las más cortas y anchas blandidas por egipcios, celtíberos, griegos, romanos y vikingos, o la curva cimitarra árabe, se trata de una espada cercenadora cuya forja evolucionará en función de la reacción tecnológica urgida por las novísimas lorigas, yelmos y broqueles, y otros atavíos y pertrechos de salvaguardia. No hay otro modo de yugular a un enemigo acorazado que mediante un drástico mandoble de fuerza bruta ejercido expertamente con tal espadón.

Esta espada es pieza señera en las luchas de poder en el Medievo. El epíteto que invariablemente se adjudica al Cid Campeador es: *el que en buen ora çinxo espada*; Hagen de Tronje, el antagonista de Sigfrid, como tantos otros héroes de la épica europea, es *el de fuerte espada*. Un caballero privado de su espada, además de indefenso, está menguo y empobrido. Ni siquiera en el goce del banquete o del concubio se desentiende de su espada. Tan preciosas son, tal importancia cobran en la superstición de sus destinos, que se individualizan con nombres propios, no en vano hacen heridas anchas por las que se va la vida a salpicazos y a borbotones.

En el recitado de los cantares de gesta su aparición siempre deslumbra. Vívidamente el gentío se figura el brío del paladín que la sostiene y la blande, afilada en lo brillante y bien templada, y la juega en molinetes inflamando el aire en derredor, cuando el metal chispea en una refriega de huestes bruñidas, o tintinea al roce de espuelas, regresando por las veredas de una cabalgada en triunfo. Espada desnuda, espada luenga y tajante, espada fúlmina, sañuda y sangrante.

Podría pensarse que, mientras riela servicial en los campos de batalla, esta espada no debe acceder a los bastidores pictóricos de *Justicia*. En el *Giudizio* (1300), de Francesco Decani, la balanza acapara el espacio sin dejar lugar para la espada. La impresionante *Iusticia* de Giotto di Bondone, cuya recia majestad parece destinada a frenar por los siglos de los siglos los avances del Amor cantarín y danzante expresado por Guido Cavalcanti en su *Donna mi priegha*, carece de armas.

Un cuarto de siglo después aparece armada por Andrea Pisano, que ha laborado tanto en el Campanile como en el broncíneo portalón sureño del

Baptisterio florentino. En Siena, con Ambrogio Lorenzetti, en uno de los frescos que se conservan del arte profano como vehículo de propaganda política, una década después se desvela una elaboradísima escritura conceptual. Al inicio, distanciada y autónoma del grupo del Buen Gobierno, hallamos una *Justicia* con balanza grande, guiada por *Sapientia* y próxima a una *Paz* ideada en muelle postura reclinada; en el extremo opuesto, empero, dentro de los Efectos del Buen Gobierno, expresamente rotulada *Iustitia,* aparece no sólo una figura femenina con espada sino también con cabeza degollada en el regazo. Este desdoblamiento conceptual, entre una *Justicia* divina caracterizada por la final ponderación y una *Justicia* terrenal ejecutiva, va a resultar decisivo.

La ciudad güelfa y la ciudad gibelina, que ya habían esgrimido la espada—aún sigue vivo el recuerdo de las batallas de Monteperti y Monteriggioni—, convienen en atribuir una espada a *Lady Justice.* ¿Es una simple añadidura colateral causada por las imágenes reales, intensamente vividas, de las guerras de ese tiempo? Quizás baste con señalar que ha ocurrido entremedias.

En ese lapso temporal en que despliegan también su esplendor Duccio di Buoninsegna y Simone Martini, sucede que la Repubblica Senese de los *Nove Podestá* se desenvuelve en una calma relativa, profusa de iniciativa legisferante, donde se consolida la actividad comercial y bancaria (a pesar de quiebras sonadas; vgr. la *Gran Tavola*), y que será brutalmente interrumpida por la diezmadora peste de 1348—que no alcanza a una niña llamada Catalina y terminará por hacer caer el Gobierno, abocando posteriormente a Siena a la unión con el Gran Ducado de Toscana.

Mientras, en Florencia (Governo delle Arti, Secondo popolo) sucede la consolidación de los *Arti Minori*—la *insegne* de los *Corazzai e Spadai* es una bandera con *espada roja* y coraza azul en campo blanco—; hecho que se produce mediante las *Ordinamenti di Giustizia* (1293) y luego, cuando son revocadas, en 1295, al caer en desgracia su autor, Giano dela Bella, mediante la instauración del precepto de que el acceso al Gobierno sólo es permitido al matriculado en uno de los oficios. Suceden, bajo el manto escenográfico del papado extendido desde Avignon (en 1312 suprime la Orden de los Templarios), las disputas entre güelfos *bianci* y güelfos *neri*, con final hegemonía de los primeros, la gran burguesía financiera.

Suceden las intromisiones de Arrigo VII de Luxemburgo, que en 1311 asiste a la muerte de su esposa, Margarita de Brabante, a quien estará dedicada la *Giustizia* de Giovanni Pisano. Sucede que la nueva iglesia de la Santa Croce es abierta al público. Sucede que el Arte rinde episodios y anécdotas cotidianas sobre las que no se ironiza o discute tan sólo en los obradores. Sucede que se inserta en el sistema electoral de los oficios la *tratta*—modo de sorteo por extracción. Sucede un generalizado malestar y una crisis de confianza en la ciudadanía que se traduce en vaivenes y agitaciones, a veces tumultuosas, y que conduciría, en 1342, con la llamada de Gualtieri di Brienne, al retorno al Gobierno de los *Arti Maggiore*.

Y sucede, sobre todo, que progresivamente ausente de todos estos acontecimientos, tras haber escuchado desde la distancia del exilio condenas capitales en contumacia contra él dirigidas, percibiendo ya las cosas de la república como un murmullo a punto de deshacerse entre las volutas del tiempo, Dante Alighieri, ese desterrado que ha dedicado diecisiete años de su vida entre poner el primer y el último pie en una prodigiosa escala de tercetos, una noche de septiembre de 1321 muere—*Ahi giustizia di Dio ! tanti chi stipa / nove travagle e pene, quantt'io viddi ?* (*Commedia*). Lo que sucede es que la Imaginación ha dado un salto cualitativo por obra y gracia de ese esfuerzo especializado de sublimación de la voluntad que llamamos Poesía.

No toda espada vale lo mismo en *Lady Justice*. Una espada alzada significa imparcialidad, repugnancia del partidismo, resistencia a las insinuaciones de la amistad, y es la equivalencia más antigua e ilustre de la venda prostibularia. La espada puede apuntar, o permanecer depuesta. En trance de ser desenvainada, o amenazando tal, suele servir a *Justicia* para prevalecer sobre *Fuerza*, representada por un león sumiso, o situado en plano secundario. No falta tampoco la imagen de la espada a punto de ser descargada, como en el *Triunfo de la Justicia sobre la Rebelión*, de Giambattista Ponchino.

La espada suele ser manejada por una muchacha virginal. En un dibujo de Albrecht Dürer sorprende el tono costumbrista donde, sentada en un banco, una joven de rizado pelo corto, en las ambigüedades del paje, sostiene balanza y espada. Giuseppe Maria Crespi la imagina como una tabernera fondona que alegremente va sirviendo *Justicia* como si fueran jarras de cerveza entre las bancadas de un mesón. A veces se convierte en una señora; a veces, en una señorona. En la *Allegoria della Giuztiza, dela Veritá e dei Vizi* (1543), *invenzione* de Giorgio Vasari, *Justicia* es una mujer de pelo recogido bajo casco empenachado, con largo vestido que no recata los senos y a su cadera sujeta con cadenas de oro los siete vicios. En ciertas representaciones de *Iustitia Rigorosa* de esa mujer ya sólo queda un mondo esqueleto horrendo.

Rarísimo es el caso de que se pinten varones, pues quedan reservados para representar al Juez. Usualmente se trata de un hombre viejo, sedente, en rancio o solemne atavío, que porta vara con sierpe enroscada, y muestra algún libro legal abierto, con reloj y monedas adventicias, y en todo caso intentando en su expresión facial plasmar la fórmula selectiva de la mente renacentista: perito, circunspecto, íntegro y vigilante. Más atractiva es la estampa de Pierre Narcisse Guérin, que parece hurtada de un cartapacio de modista, ilustrando la imagen de un joven juez del Tribunal Criminal (1798), empurpurado en tranquila pose neoclásica.

El siglo XVI testimoniará la fruición ensangrentada de las *Zweihänder* de los bigardos lansquenetes de Maximilian I, que rompen a diestro y siniestro los baluartes de piqueros, aunque su manejo quizás vincule mejor estas largiruchas bifiliadas con armas de asta como el espontón, la alabarda o el bardiche. El fresco *La Giustizia* (1515), de Andrea del Sarto, incluye una espada estilizada de largura vertiginosa que destaca por la agudeza de su punta; se ve que el arquetipo ha de abrirse a menesteres novísimos de la Imaginación. Letal como es, las crónicas bélicas refieren su inutilidad ante ciertas maniobras, y pintan con tintes melancólicos batallas donde decenas de caballeros yacen flechados o asaeteados, alguno sin haber tenido ocasión siquiera de desnudar la espada.

Herrumbradas las fastuosas armaduras, las espadas se aligeran. Por razón de comodidad en el manejo, la empuñadura en cruz da paso a los ajustados gavilanes; aparece el concepto de guardia defensiva, y se abre la brecha entre las livianas espadas de batalla y las espadas cortesanas, ornadas de pedrería y colgajos. Luego, cuando la esgrima evolucione alrededor de maestros que adiestran en pasos laterales y distancias y guardias y paradas, teorizando el paso de punta para el ataque o el súbito a la frente para cegar al oponente con la sanguinolencia suya, nuestra espada dormirá arrumbada en los arcones de los pabellones de caza de los castillos. La invención del florete—arma fina insertable por entre mallas y corazas—y la aparición del sable de hoja plana y empuñadura de cazoleta, harán que un remedo menguado de aquella espada, a mediados del siglo XVIII, sea ya mera pieza ornamental del vestuario de paseo del tahúr.

Lady Justice jamás realizó un *touché* de parada, flexión y a fondo con técnica de espadachín floretista. El arma que porta es pesado espadón que se tiende a fin de penetrar sajando, cuando no decapitando.

4

¿Cuál es la intención de la espada de *Lady Justice*? Pues no tiene la polivalencia de una navaja suiza. Y Minerva, la diosa de la guerra, no porta espada, sino lanza. En la guerra de Minerva la espada desempeña un rol subsidiario. Se trata de un heroico combate individual, o una masiva confrontación estática a fecha fija, donde la noción de ataque como incursión no existe. Héctor, el caudillo defensor de Troya, yerra en su lanza arrojada contra Aquiles; entonces toma espada y como un águila se abalanza sobre el pélida, para morir ensartado por una pica de punta broncínea y asta de fresno.

La recepción de una espada por *Lady Justice* se hará mediante la helénica Némesis—vocablo que significa *justa distribución* y más tarde deriva en *resentimiento,* reveladora precipitación etimológica de la frustración de un anhelo. Némesis, que lleva un flagelo para su carro de grifones y riendas adamantinas con las que restringe la frívola insolencia de los mortales, es la deidad que retribuye implacablemente, inexorablemente, sin piedad ni remordimiento, la arrogancia de aquellos que sufren *hybris*, la desmesura.

El sustrato moral común del que surge ese discurso de prevención y resolución de conflictos que es el Derecho, tal como se nos muestra por doquier en las culturas antiguas, es el Principio de Reciprocidad. Esencial en el tejido del intercambio social, parte fundamental de la teoría de la decisión racional, este principio ha sido un factor decisivo en la psicología evolutiva. En Occidente ello cristaliza en la máxima áurea: *trata a los demás como querrías que lo demás te trataran.* O en su versión censora: *no trates a los demás como no te gustaría ser tratado.*

La cuestión es quién y cómo puede hacer valer esa máxima. La respuesta puede hallarse en la aquiescencia de voluntades, sea referida a una autoridad, a una legitimidad o a una pericia, o bien la imposición por la dominación a través de la amenaza y la violencia. Estamos ante las dos grandes vías de fundamentación del Poder: el consenso y la fuerza.

La Ley del Talión importa por razones muchas. A primera vista, parece el reverso lúgubre de la máxima áurea, y en ese sentido ha sido profusamente utilizado como argumento en postulados retributivos de la Teoría de Pena, a pesar de haber constituido un avance decisivo en la racionalidad de la punición. Al establecer, mediante el principio de equivalencia, una extensión máxima del castigo, el Talión, durante tanto tiempo percibido como enunciación jurídica y moral de la bárbara represalia, surge precisamente para superarla, como limitación civilizada de la venganza.

El Derecho Romano jamás produce un principio general de Talión, sino una casuística marginal que los legisladores decenvirales conservan como contraste en las XII Tablas. A fin de destacar un remedio útil pero obsoleto y extinguendo, se elabora una cómoda abstracción desde entonces conocida por *Lex Talionis*, entretejida en el *pactum*—la sustitución de la venganza por el pago de una composición pecuniaria: *si membrum rupsit, ni cum eo pactis, talio esto.* Para las fracturas no hay represalia de fracturas sino abono de trescientos ases; y tampoco para las lesiones leves, veinticinco ases, lo que da pie a la anécdota del ciudadano que, aprovechando el devalúo de la moneda, va repartiendo bofetadas acompañado por su esclavo, que tiende *ipso facto* la tarifada reparación.

Esa trenza de talión y compensación que en Roma poco dura, será recuperada por el Islam, un milenio después, para su derecho punitivo, todavía en vigor. Pues la Sharia tipifica tres castigos: Hudud, Ta'zir y Qisas. El Hudud prevalece como la imperatividad de Allah Subhanahu Wata'ala. En cuanto el tribunal discierne la luz del asunto, es Allah quien condesciende a inculcar la sentencia, y nadie puede inmiscuirse para alterar el castigo rígidamente predeterminado, sea flagelación, mutilación o muerte. Robo, falsa acusación de promiscuidad sin prueba valedera, consumo de estupefacientes, apostasía: son descarríos punibles por Hudud.

En el Ta'zir, en cambio, la jurisdicción se flexibiliza; resulta un vernáculo cajón de sastre jamás codificado, todavía hoy mucho varía según el país concernido y a menudo es comparado por los anglosajones al ámbito de la *minor felony* y la *misdemeanor* (delitos menos graves, faltas). No sólo acoge una holgada variedad de sanciones—amonestación, multa, vigilancia familiar, requisa, arresto domiciliario, azotes—sino la preexistencia de la infracción, que depende de la personalidad (arbitraria o ecuánime) del juez. Objeto de Ta'zir son, por ejemplo, el cohecho, el comercio de mercaderías defectuosas o la difusión de pornografía.

Pero también, a diferencia del resto de sistemas jurídicos modernos, la ley islámica conserva un caso de Talión, el Qisas. La *aleya* que lo formula, revelada para abolir las usanzas extremadas de la Época de la Ignorancia (*Yahiliiah*), indica que en caso de muerte alevosa con vertido injusto de sangre, o similares, el Tutor de la Víctima ostenta como alternativa bien el Qisas (literalmente: *seguir la traza*)—derecho a matar al asesino tal cual este mató: facultad que ningún tribunal o autoridad puede conmutar—, bien condonar—perdón sin más, o perdón con petición de precio de sangre (*diyat*), solución muñida por el mismísimo Muhammad, vástago de la nobleza tribal del Quraish y, por ende, conocedor de la acritud de las confrontaciones entre los clanes nómadas.

Al estudiar atentamente los códigos primitivos—nuestras primeras colecciones de casos, pues la noción de *código* como ordenación conjuntiva, estructurada y sistemática todavía no existe—, comprobamos que la punición retaliatoria se contrae a casos reflexivamente discernidos. En esas normas, la muerte no se retribuye con muerte más que en caso de homicidio doloso y asesinato, o en el curso de lesiones o injurias irrogadas a los progenitores, o con motivo de un secuestro. Además, constan ejecuciones capitales no compensatorias (zoofilia, hechicería, idolatría). Más que Talión, lo que se evidencia, como regla general, es el principio de no lesión: *qui suo iure utitur neminem laedit*.

El Talión es un caso específico, y ello alcanza a su primera formulación bíblica: *Si en riña de hombres golpeare uno a una mujer encinta haciéndola parir y el niño naciere sin más daño, será multado en la cantidad que el marido de la mujer pida y decidan los jueces; pero si resultare algún daño entonces dará vida por vida, ojo por ojo, diente por diente, mano por mano, pie por pie, quemadura por quemadura, herida por herida, cardenal por cardenal* (Éxodo).

A pesar de las elucubraciones que hacer se quieran—se asevera que primero se muestra el ejemplo y luego se enuncia la formulación general—, se trata de un caso más: el daño violento irrogado al *nasciturus* por un tercero con dolo eventual, en una época de penuria demográfica y, por supuesto, de atesorado aprecio y amparo de la mujer prolífica. Y eso sin aducir las precisiones talmúdicas que se hacen a favor de considerar la cláusula talionar como mera formulación retórica de un principio general—la ley de la equivalencia—, es decir: el Talión como solución inaplicable en la que siempre obra tácitamente la composición pecuniaria.

O las reticencias de los rabinos acerca de la esencial desigualdad que deriva de su aplicación, pues no hay dos cuerpos parejos, y eso vale para cada uno de sus miembros, empezando por los ojos. Así no sólo se frustra la *ratio* del Talión sino también la superior exigencia de una única regla de *Justicia*, sin contar con las consecuencias colaterales generadas por la irrogación del castigo: "Cuando un ojo, o cualquier otro órgano se extrae de un cuerpo vivo, ello causa graves daños incidentales, con frecuencia poniendo en riesgo la vida del individuo, y la Torah dice *ojo por ojo*, no *ojo y alma por ojo*" (Encyclopedia Judaica).

Como anota la exégesis de la Torah, el estilo casuístico dimana del repertorio de veredictos ejemplares (*misûpaut*), convertidos en precedente de autoridad y luego infiltrados en el derecho consuetudinario. No surgen al azar; vienen influidos por el ambiente del clan (*Sitz im leben*), fuertemente determinado por las instrucciones morales de naturaleza patriarcal (*Sippenethos*).

Al seguir la errónea sinécdoque de explicar el todo (repertorio de casos) por lo que es una de sus partes (Talión), hay la tendencia de considerar la introducción del Talión como ley disuasoria que pretende evitar rafias y saqueos y desbandadas, y así asentar una paz político-social.

Si nos ponemos en la piel del jurista antiguo que, al contemplar la estela de piedra donde se ha cincelado la Ley, reflexiona sobre qué trae de nuevo el Talión, lo que apreciamos es otra cosa. Mediante el Talión, el Rey va a garantizar que el castigo no exceda al crimen, procurando la equivalencia. Ello trae ciertas consecuencias distributivas. Como muestran las intrincadas negociaciones para tasar las composiciones pecuniarias, los clanes y familias más pudientes, por mor de estrategias de corrupción, o de la áurea invocación del abolengo y la progenie, indemnizan mezquinamente por las perpetraciones y descuidos de los suyos, pero se las apañan para acaparar mucho, ciertamente demasiado, cuando acuden como víctimas de otros.

Y el Rey va a garantizar, fundamentalmente, el principio de individualidad o personalidad de la pena. A partir de ahora ya no va a ser tolerada ninguna expansión de culpabilidad hacia un grupo por causa de un acto criminal: el individuo que ha cometido el crimen, ese bulto específico con su cabeza y sus manos y sus pies, ese hombre y no otro, ése es el que va a ser castigado. Y para expresar con total inmediatez la conexión entre la infracción y la sanción, un escriba sagaz ha inscrito *Ojo por Ojo*.

Porque ese jurista acadio, o sumerio, o babilonio, por vez primera en la Historia, de un vistazo, puede hacerse presente los dos términos implicados, salvando por la pura magia de las palabras, por su taumaturgia, aquello que, como todos los juristas que vendrán, sabe que es algo extraordinariamente frágil: la relación entre el crimen y el castigo.

Toda retribución penal moderna está anclada en el Talión como primer logro en la individualización de la pena y su aplicación de conformidad con el principio de proporcionalidad. El error surge cuando se induce de ello la justificación de la obediencia de los mandatos jurídicos. Porque la justificación del poder coactivo, para los antiguos, no se halla en una cristalización debida la generalización de un caso, sino en el fenómeno de la escritura de las leyes.

Para comprender esto hay que examinar el estilo legal de aquellas primeras compilaciones de casos. Esas leyes, nuestras primeras leyes escritas, constan de un Prefacio, el Cuerpo de casos y un Epílogo. El Prefacio legitima al autor de la escritura. El Rey se identifica, argumenta la proveniencia divina de sus poderes, detalla las virtudes que como mortal le caracterizan. El cuerpo articulado se organiza casuísticamente y puede contener la fórmula *si..., entonces...* (prótasis y apódosis), en una regulación racionalizada de los conflictos de convivencia. El Prefacio y el Cuerpo guardan un tono similar. Es en el Epílogo donde, indefectiblemente en cada recopilación, la expresión se intensifica. ¿Por qué?

Porque es en el Epílogo donde se confieren bendiciones para el que respete la escritura y se lanzan maldiciones contra quien rompa o destruya la estela de piedra, borre sus preceptos o sobrescriba otro nombre encima del nombre de su autor. Basta ver la estela de diorita negra que plasma una de las copias del Código de Hammurabi, para hacerse una idea de lo allí implicado—y nada más lejos de la idea de proporción y equivalencia contenida en el Talión.

Alterar, borrar, suprimir, tachar, quebrar, robar la escritura: si haces esto, morirás. *Morirás si atentas contra mi escritura.* El Rey busca que la Ley cobre su fuerza primordial por la amenaza dirigida hacia una hipótesis de violencia que constituye un caso subrayadamente aislado del resto de casos, incluido los casos de Talión. La Ley vale porque, una vez cincelada en la estela, y alzada, y a la vista de todos, esa Ley es aceptada. Pero, en una manipulación orientada a la perpetuación del poder político, lo formulado es que el crimen supremo será destruir la piedra de la Escritura, o borrar la Escritura o tachar el nombre de ese Yo privilegiado que es el autor de la Escritura. Porque si llega otro individuo y rompe la Escritura, o borra la Escritura, o tacha el nombre del autor de la Escritura, y los demás lo aceptan, lo que ha acontecido es, ni más ni menos, que una transferencia en la titularidad del poder coactivo.

Por divina que fuera la atribución para impartir *Justicia*, por muchos adjetivos que los escribas adhieran a su nombre, el Rey sabe que la legitimidad y el poder coactivo de una ley procede de su general aceptación. Y sabe también que el único cauce para sustraerse al consenso es abandonarse a la amenaza y la violencia. Las palabras de la Escritura son defendidas como no son defendidos ni siquiera los hijos; a diferencia de la sangre, que puede debilitarse o incluso extinguirse, las palabras parecen poder perpetuar su repercusión por los siglos de los siglos.

Aquella aceptación de la Ley, que parte de la objetualización de la escritura en la estela de piedra, tomará un nuevo impulso cuando se imponga la exigencia de que sus preceptos sean públicamente leídos. Ya no basta con la petrificación de una voluntad en la Escritura, que puede ser alterada o destruida. La Ley entonces ha de someterse, aún de modo ritual, a la aquiescencia de un auditorio, fenómeno explícitamente recogido, en la época de Esdrás, con la compilación de todos los códigos en el marco del Pentateuco.

La codificación del Sinaí vendrá estructurada al estilo de las compilaciones antañonas. La disposición en Prefacio, Cuerpo de artículos y Epílogo implícitamente se mantiene. Frente a la petrificación de la Ley en la estela de la Escritura, no obstante, aquí la escritura se convierte en una escenificación del proceso del escrituramiento y su aceptación. Con ello la Ley adquiere una energía vigorizante que implica a las leyes, pero también a las palabras y conducta de los partícipes, a cada detalle y al conjunto de lo narrado.

En el Prólogo (*Aparición de Dios al pueblo en el Sinaí*) toda pretensión de legitimidad queda ya focalizada cuando Yahvé comparece y habla en primera persona. En vez de autorretratos laudatorios, basta con que Yahvé condescienda a otorgar la Escritura. Ello permite que el Prefacio se tienda a la comprensión de las leyes, estableciendo el Decálogo: un preámbulo programático, un contexto de acción del que extraer criterios ante la duda o el hiato cuando no haya precedentes de especificación.

En cuanto al Epílogo (*Alianza entre Dios e Israel*), frente aquellas maldiciones de sumerios y babilonios contra quien osase atentar contra el cuerpo de la Escritura, aquí se constituye la Alianza, el contrato sellado con la sangre sacrificial: *Tomado después el libro de la alianza, se lo leyó al pueblo, que respondió: todo cuanto dice Yahvé lo cumpliremos y obedeceremos. Tomó él la sangre y aspergió al pueblo, diciendo: Esta es la sangre de la alianza que hace con vosotros Yahvé sobre estos preceptos.*

No se trata ya de una escritura privada que deviene ley por la erección monumental de la estela de piedra. Lo que surge es una elaboración de la ley que concluye con su promulgación por el hecho ritual de asentir y sellar el pacto. Y el poder coactivo de esa Alianza no tendría que proceder del temor ni estar simbolizado en la espada; vendría de la aceptación comunitaria de la misma expresada en la repetición de la promesa de cumplimiento y obediencia.

No obstante, en el libro bíblico siguiente, diciéndose lo mismo, con el talento de un estilo literario diferente, en una vía que ocluye el proceso comunitario del Sinaí, se rescribirá el final del Código, volviendo a las antiguas costumbres del Epílogo al fundamentar el poder coactivo en la hipótesis de una amenaza de violencia contra el autor de la Escritura.

Moisés representa la figura primordial. Con este legislador, al pacto y la fuerza se añade como fuente de legitimación del poder coactivo, la fascinación que proporciona la doble excepción del individuo carismático vinculado a un dios único y personal.

Moisés, ese tartamudo, es el elocuente clarílocuo de Yahvéh. Moisés, el descreído de magias, es quien porta la vara que plaga la tierra de agua ensangrentada, de ranas, mosquitos y tábanos, de peste y llagas y granizo y langostas y tinieblas, de muerte—la muerte más cruel, pues destruye a los primogénitos. Moisés, el príncipe incluido en las leyes, es el apestado cuyo nombre el faraón decreta que sea borrado de las leyes. Moisés, el líder en cuya imagen sumergen todos sus ensueños de esperanza, es el hombre cuyo rostro hay que velar, para que no nos destruya la centelleante irradiación que procede de Yahvéh.

Un hombre que ha sufrido desde su nacimiento, con tanto dramatismo, los vaivenes de la fortuna; un hombre con una identidad a la deriva, como su canasto por el Nilo; un hombre tantas veces desarraigado, siempre extraño en tierra extraña, proclamado en su predestinación, profetizado como libertador, que se mide a Ramsés y se mide a Aarón; un hombre de vastas experiencias, incluso la experiencia de la perplejidad: Moisés es un hombre que ha de sentir la tentación de hallar la razón del obrar en el discernimiento de su propia historia vital y no en instancias ajenas.

Moisés, un judío errante, al abrir un camino en el mar, inventa el Futuro. Al trazar un rumbo, implica también el resto de rumbos en la rosa de los vientos. Marcando una partida y un destino, la Historia queda instituida como cauce de acción de la voluntad individual.

Todos los occidentales de cierta edad hemos escuchado el relato. Moisés asciende a la montaña para recibir las Tablas de la Ley. En el campamento entretanto, impacientados por su tardanza, deciden fabricar otra deidad que venerar, el becerro de oro. Yahvéh contempla tamaña ingratitud y decide exterminarlos. Moisés logra aplacar su enojo. Luego desciende y, ciego de ira, rompe las Tablas y destruye el becerro.

Las Tablas son dos losas, grabadas por el anverso y el reverso, que incluyen los Diez Mandamientos. No hay discusión entre los creyentes sobre el hecho de que las originales son inscritas inmediatamente por el Dedo de Yahvéh (llamado también Paráclito, o Espíritu Santo). En cambio, sí hay divergencia respecto a las segundas. En la tradición cristiana, Moisés, en la Tienda del Encuentro, realiza el acto materialmente trabajoso de esculpir en la piedra, como escritura, las palabras escuchadas y atribuidas a Dios, que *se parecen mucho* a las primeras.

En este punto la *peshat* de piezas como *Itro* o *Mishpatim,* en el judío *Shemot*, se bifurca de lo relatado en *Éxodo*: en la tradición judía, la escritura es realizada privadamente por el propio Elohim ante la única presencia de un Moisés testimonial, contemplante (de cómo vuelan las letras desde la inimaginable dicción de Elohim, por ejemplo) o que efectúa ayuno cuarenta días y cuarenta noches, murmurando acerca de los *Aseret HaDibrot*, y de la *Torah*, y de la *Mishnah*, y de la *Gemará*, en un estado próximo al paroxismo.

Lo que llama la atención es que las Tablas no sean las primeras leyes otorgadas, ni las últimas. Anteriores son las leyes de la personalidad de Moisés, las instrucciones de su misión y las Leyes Pascuales, que conmemoran la Noche del Gran Alarido, noche espantosa entre las noches en que los judíos, de generación en generación, deben permanecer en silencio velando la vida de sus primogénitos, marcado su hogar con la sangre del cordero sacrificado. Anteriores son asimismo las que regulan la institución de los Jueces, que establecen no sólo la organización burocrática de la función judicial, sino también bosquejan cómo debe comportarse un juez.

Respecto a las Tablas originales, Moisés obtiene, cuando menos, una triple legitimidad: la interlocución presencial con una instancia sobrehumana, y aún la habilidad de influir en sus decisiones; el privilegio de quebrar la Palabra Absoluta y salir indemne del sacrilegio, lo que legitima desligarse de cualquier pacto por el uso de la fuerza; y la instalación de un terror formidable aunque paradójicamente benevolente, pues la matanza de los tres mil resonará durante centurias como el eco mitigado del exterminio exhaustivo que hubiera infligido Yahvéh.

Con las Tablas segundonas, además de la profundidad de alcance adquirida con la secuencia de excepciones implicada en las primeras, incluido el instante en que Yahvéh se hace Historia Secular, se añadirá el complejo de repercusiones que proporciona la autoría física directa de Moisés en el cincelado de la Escritura, pues su condición de primer amanuense resuelve instantáneamente la autoridad de interpretación del texto. Todo ello coopera para infundir el carácter mesiánico de las Tablas, el legado singular de un hombre extraordinario.

Lo que habrá de perdurar de Moisés, en cambio, con carácter general, es algo que está más allá de su intención: la institución de una jurisdicción excepcional, una casta cuya única misión es defender el Epílogo de la Escritura a golpe de tajos de espada, sin importar ya los lazos de parentesco y a menudo sustraída al cumplimiento de las leyes ordinarias.

Los levitas no serán incluidos en el censo de las tribus por orden expresa de Yahvéh. El motivo es evidente. Ellos serán los guardianes del Arca del Testimonio, el artilugio-maravilla reservado por la divinidad para emitir instrucciones suplementarias sobre lo ya revelado, el cauce perenne de comunicación superhumana, la fuente inextinguible de todas las legitimidades. Lo que podría haber supuesto la celebración del proceso comunitario de escribir y aceptar la ley, se transforma en una imaginería soldadesca hincada en el nepotismo funcionarial custodio del arca.

Todo nuevo proceso comunitario (toda nueva fuente de legitimidad) debe ser cegado y, en consecuencia, aparece, entonces sí, la radicalización del Talión como ley disuasoria, como fábrica de miedo; surge en una inesperada comparecencia procesal en medio del juicio al blasfemo, que será lapidado fuera del campamento: *Al que maltrata a su prójimo se le hará como él ha hecho: fractura por fractura, ojo por ojo, diente por diente; se le hará la misma herida que él haya hecho a su prójimo.*

Este es el minuto exacto en que queda instituido el fundamento levítico del poder coactivo del Estado. Y el discurso amplificado en derredor integrará la imprecación del terror; una reelaboración intimidatoria, una autoafirmación visceral se resuelve en expendiciones promisorias hacia los creyentes y en ese apóstrofe rabioso contra el infiel que escupe la maldición visionaria de la ruina, la pestilencia, el pánico, la desolación y el hambre.

La espada que porta *Lady Justice* no es la espada retributiva del Talión sino la espada que se abate sobre aquél que sacrílegamente atenta contra la Escritura. Es algo más turbio e imprevisible en su barbarie. Es la espada vengadora.

En la venganza, al daño objetivo se añade un plus de sufrimiento calculado desde una identidad hipertrofiada que es incapaz de descontar la sabiduría que, como víctima, ha adquirido de la experiencia del perjuicio. La exacerbación airada de la *vindicatio,* que se excede irracionalmente en la lesión, no es cristiana. Jesús de Nazareth desdeña el impulso vengativo; a lo sumo, quien llega precisamente para abrogar no sólo la ley del *Ojo por Ojo*, sino cualquier retribución no mediada por la fe, gasta su expresión retaliatoria en: *Quien toma espada, a espada morirá.*

Ello repercute en la reputación que le adjudica el judaísmo. El judío ortodoxo no acepta a Yeshúa de Natzeret, pues no cumplió la expectación mesiánica del ungido de Yahvéh de instituir el reino de paz y prosperidad profetizado. La tradición rabínica del Mesías lo figura como un jinete con espada vengadora, lo cual no se condigna al Calvario—lo que daría lugar, en un intento superador, a la doctrina de los dos mesías: uno sufriente, Mashíaj ben Yosef; otro redentor, Mashíaj ben David.

En Moisés están predispuestos los cauces primordiales de justificación del Poder (el pacto y la fuerza); y será Moisés, iniciando larga procesión de caudillos carismáticos, quien rechace la lógica excluyente de la bifurcación, efectuando una confusión de imágenes, de símbolos, de proyecciones. A partir de entonces, los intereses de la casta sacerdotal serán insensiblemente hipostasiados en cada sarpullido comunitario de legitimación de la ley: *Esgrimiré contra vosotros la espada, vengadora de mi alianza.* A la vista de esto, autores posteriores no podrán sino convenir: *Yahvéh es un dios celoso y vengador, es vengador Yahvéh y pronto a la ira.*

El origen intencional de la espada de *Lady Justice* es levítico. Es la ideación pergeñada por un clan orgulloso pero acorralado, que desprecia cualquier cesura racional de la represalia. Es la proyección de una impulsión vesánica, la antinomia de la trilogía virtuosa de prudencia, templanza y rectitud asociada milenariamente al hombre justo. Es la imagen del contraataque fulmíneo que se carga de voluntad aniquilante—*el relámpago de la espada vengadora* (Clausewitz). Algo que se embriaga en las derramas de la sangre, y en el hedor de la sangre, y en el dulzor de la sangre, hasta saciarse: saciarse no de sangre, sino de ira.

5

En la investidura de la facultad de aplicar *Justicia*, la espada es lo frecuente y preponderante, pero no es insólita la representación de *Justicia* sin espada. Algunas imágenes no ocultan la intención damnífera, como la llama de fuego, vinculada a la divinidad; o el fasces, haz de lictores con la segur liada, que simboliza el *imperium* de los magistrados romanos, su fuerza y legitimidad. No obstante, no faltan alternativas a esa violencia.

Una larga tradición asocia *Paz* y *Justicia*. Se basa en un versículo de los *Salmos* donde ambas personificaciones se abrazan; se refiere a esa *Justicia* que antecede la presencia de Yahvéh, abriéndole el camino y repartiendo dones por el Mundo, y cuyos pasos son la medida que orienta el sentido de las justicias humanas. No es una imagen unívoca. Dentro de una misma veta artística, el rango de sus modulaciones puede ser amplio.

El ítalo *Abbraccio di Giustizia e Pace* se resuelve con Rosalba Carriera en un abrazo íntimo de amigas, que Artemisia Gentileschi carnaliza hasta la concupiscencia. Corrado Giaquinto pinta una exuberancia de deidades rococó rodeadas de símbolos esparcidos como tras una merienda campestre. Pompeo Batoni, en una escena de estancia interior, incluye el fasces y, aún en el abrazo, *Justicia*, que es preeminente, no deja de ponderar en balanza. Bartolomeo Cesi lo ve como un encuentro teatral de amigas que llevan largo tiempo sin verse, quizás por causa de un desacuerdo: una reconciliación melodramática. En cambio,

Marcantonio Franceschini lo imagina como la anécdota clasicista de dos hermanas que pasean por la campaña, mientras un querubín a sus pies pone en los platillos de la balanza una rama de olivo y una espada.

Justicia puede también proclamar su designio de paz sin tener que recurrir al citado abrazo. Para ello, le basta exhibir el cetro, símbolo de autoridad y sabiduría. Hay cetros y cetros hay. Un cetro particularmente precioso en el acervo justiciador es la *Main de Justice*. Frente a la petrificación del significado que procuran los sistemas de comunicación permanente, las imágenes hechizadas por la instantaneidad—una cabeza tendida hacia el siseo, la acción de un trompetazo, la desolada expresión de unos ojos—introducen un factor no cosificado que excluye la circularidad viciosa. La *Main de Justice* obliga al espectador a afrontar una apertura de significaciones (una singladura de hipótesis, al menos) e introduce un gesto humano que ostenta además el prestigio y profundidad de lo numérico. Lo que observamos es una mano que sostiene una mano que constituye un enigma.

La francesa *Main de Justice*, que el rey debe mantener a zurdas, posee tres dedos abiertos. Es un objeto más en el cofre nutrido de regalías de la monarquía de los galos. Uno de los *honneurs* de Charles I (Charlemagne) que Napoleón Bonaparte, en su coronación, asumirá para simbolizar su vinculación al antiguo régimen.

Se trata de un asta o bastón que puede enriquecerse de ornatos o grabados, y viene rematada con mano de marfil de tres dedos bendecidores. Frecuentemente es larga, aunque en Doménikos Theotokópulos se acorta y afina hasta parecer una batuta. En la capa de armas una *Main de Justice* de oro puede cruzar *en satoir* el cetro flordelisado. Según la época, los tres dedos podrán simbolizar mano que golpea, acaricia y bendice, o bien: el pulgar es Dios; el índice, Razón; y el dedo corazón, Caridad, mientras que anular y meñique, replegados, significan Fe y Penitencia.

Como bastón de mando procede del cayado de los clanes prehistóricos, que derivará en cetro imperial, báculo obispal, bastón de mariscal o mazo rectoral. Un objeto ciertamente humano aunque, llegado el momento, podrá ser algo que ya estaba escrito en las estrellas.

Augustin Royer, navegante y arquitecto que sabe en qué consiste la reverencia cortesana, hace como que ha descubierto una *Main de Justice* en la bóveda celeste;

objeto providencial que al paso del meridiano ve precisamente en el cenit de París como para marcar la perduración del bienestar general en tanto dure la monarquía. Johann Ellert Bode no se avendrá y, sin más, la llamará *Gloria Frederika*, en honor al rey prusiano. Y Johannes Hewel, que vive en Gdansk, replicará que lo que allí hay es un lagarto: *Lacerta*—francés *lézard*, cuyo significado figurado es *perezoso*—. Delicias de las metamorfosis estelares.

Michel de L'Hospital, canciller de Francia, en los Estados Generales de 1560 en Orleáns, dirá que los reyes han sido elegidos primordialmente para hacer *Justicia*, y por ello así consta en el sello de Francia, donde el rey no aparece armado o a caballo, estando sedente en su trono y haciendo *Justicia*.

Todo parte de la coronación de Charlemagne en la basílica romana, en la Natividad del año 800. Es un elemento contenido en la unción real de los monarcas franceses, en su día considerada octavo sacramento, y que suponía que el rey se constituye en mediador entre Dios y los hombres, adquiriendo una sacralidad próxima al sacerdocio. Se dice que tras la ceremonia quedan transfigurados, lo que da lugar a la doctrina de los dos cuerpos del rey, a la atribución de propiedades curativas—*Le Roi te touche, Dieu te guérit*.

El antecesor de Charlemagne, Pèpin *le Bref*, coronado en Soissons y luego, dos años después, por el papa Etienne II en Saint-Denis, es quien introduce la unción sagrada. Supone una ruptura. Carente de la legitimidad merovingia, los clérigos de su entorno, con el arzobispo de Mayence a la cabeza, buscan fundamentos por analogía en los reyes bíblicos que se hacían entroncar con Judá. Es discutible si ahí quedó instalada en Francia la *Main de Justice*, o si ello sucede posteriormente con el advenimiento de los capetos, o con Luis IX, el gran rey de *Justicia*, al rememorar momentos de su niñez, cuando curioseaba entre el cofre de hispanas pertenencias de su madre Blanca de Castilla. Pero ¿por qué la mano bendecidora?

La escueta doctrina oficial de la Iglesia Católica asevera que la bendición con la señal de la cruz es un uso sin referencias en los textos sagrados, ni legislado canónicamente, y que se efectúa con la mano derecha.

La bendición es signo de alabanza a Dios, prez gestual para obtener sus dones.

Para un cristiano, invocar a Jesús y hacer la señal de la cruz es autoafirmarse en la creencia, es convocar la historia del Cristo y sus significados. Puede ser un arma, así en caso de exorcismo. No todo acto de bendición deja a algo o alguien bendito. Hay la bendición intrínseca en los sacramentos, y hay las *sacramentales*, que reciben su eficacia de los méritos de la persona rezante y la Iglesia como Cuerpo Místico de Cristo. Cualquiera puede bendecir y ser bendito: es lo que se denomina *sacerdocio bautismal,* pues todo bautizado está llamado a ser una bendición.

Hay varios modos en la bendición, no sólo la señal de la cruz con los tres dedos bendecidores. La oscilación del incensario es modo antiquísimo. Con la expresión *Jesús*, al menos en España, los alimentos son bendecidos por el padre o madre de familia, o la persona de más edad, ante los comensales; también es el saludo dado ante un estornudo ajeno. La lluvia puede ser bendecidora, como reminiscencia de la aspersión bautismal, que es la bendición decisiva; libra de las impurezas del pecado original o, en su caso, supone un cambio de rumbo vital, en la tradición de Juan el Bautista.

En algunas celebraciones la talla de María de Nazareth gira sobre sí misma en señal de bendición. Poner manos sobre cabeza, como contacto directo que es, resulta excepcional; su expendición sin tasa es privilegio del Papa. Otra de las formas es el santiguamiento. Cuando un cristiano se santigua con el pulgar, se bendice a sí mismo, haciendo suyas las heridas del Calvario mediante las tres cruces—la primera, el Padre, por las heridas en la cabeza; la segunda, el Hijo, por las heridas en los pies; y la tercera, el Espíritu Santo, por las heridas en las manos.

Resulta improbable que Charlemagne, el franco cazador, omitiera dejar trazas en ese discurso conceptual que integra *la sacre*, de un bendecirse a sí mismo santiguándose con las tres cruces o, volviendo al caso, haya asumido los tres dedos de la *Main de Justice* y no la mano entera bendecidora, y aún las dos manos enteras como corresponde a la bendición papal. Hay que acudir a la liturgia del Ordo, y examinar con lupa las escasas y borrosas estampas de que se dispone sobre el asunto, como el *Couronnement de Charles le Bien-Aimé*, ilustrada en pergamino por Jean Fouquet: el momento más emocionante es precisamente cuando el rey jura respetar y hacer respetar *Justicia*.

La mano bendecidora, como gesto de Jesús de Nazareth, puede aparecer en la Última Cena (Jaume Huguet); en la Madonna, desde Cimabue a Leonardo da Vinci, pasando por Giotto di Bondone, Antonello da Messina y Piero della Francesca (no en Fouquet ni en Lochner), y en las representaciones entronizadas de los altares, así el pantócrator en su mandorla mística, o el altar Ghent de Jan van Eyck. Aparece también, como en el maestro bohemio de la iglesia de san Egidio en Praga, o en Hans Mutscher, asociado a imágenes de la resurrección, ámbito donde debe hallarse la explicación de este extraño signo.

Porque, en los primeros meses, lo atractivo para los cristícolas no es la rebeldía del personaje ni su crucifixión, ni sus peripecias y curaciones, ni aquel lenguaje de tan bizarra hermosura. La imagen que imanta las conciencias y enfervoriza los corazones es la resurrección, el triunfo fisiológico de este judío sobre la muerte—una creencia asentada entre los fariseos, cuya ideología, comparada con la sadúcea, podría estimarse incluso liberal y participativa, llegando a postular la emergencia de lo sacro fuera del Templo. Es la resurrección lo que los nazarenos proclaman como prodigio emblemático en el mensaje mesiánico que vocean por las sinagogas. Y será la resurrección el *leitmotiv* que inspire las epístolas de Pablo de Tarso y la afinación comunal del ramillete de relatos que se fijará, medio siglo después, en los Evangelios.

Cuando el Jesucristo hace su segunda aparición, se interponen dos elementos narrativos para suscitar la duda ante el fenómeno increíble de la resurrección. El primero, ciertamente genial, es que Jesús de Nazareth, ya resucitado, llega con apetito; está vivamente hambriento, urge algo de yantar (pescado asado y miel). El segundo, para los tardos u obtusos, es la incredulidad de un familiar suyo, el apóstol Judas Tomás, que pretende negar la evidencia. Entonces Jesús de Nazareth le anima a que tienda la mano y la deslice en su costado. Se entiende que por la hendidura de la herida causada por cierta lanza arrojada cuando agonizaba en la cruz de maderos. Una lanza cuya punta es de un ancho inferior a tres dedos y superior a un dedo: es el ancho regular de los dedos índice y corazón, frente al pulgar oponible. Son los dos dedos penetrando en la llaga del profeta resucitado que podemos observar en *Incredulidad de Santo Tomás,* de Guerrit van Honthorst. En el gesto de esos dedos, y no otros, aquella estricta visualización de la suprema maravilla por los cristianos prístinos, sea como contraseña de reconocimiento, sea como símbolo de distinción, se hace signo: el que murió ha resucitado.

Gesto penetrante que no busca explorar ni fecundar sino verificar, nace pues con una pretensión de validez epistémica que podrán invocar tanto las genealogías de legitimidad del Poder como las autoridades de la Verdad. Y al sustituir la desgarradora violencia del hierro hostil por la balsámica asunción de la inmortalidad, resultará una imagen felizmente propicia para toda *Justicia* que ansíe proyectarse en la perpetuación de la paz. Signo del que podrán dimanar sin fatiga cien escuelas de teología y dos milenios de Historia.

Asunto diferente, cómo accede a la panoplia del Poder. La razón hay que requerirla en territorios hispanos, en la conversión de Recaredo al catolicismo el año 589. Frente a sus vecinos bizantinos, suevos y francos católicos, y la mayoría de hispanos católicos de origen romano, la religión nacional de los visigodos es el arrianismo. La ha traído Ulfilas, traductor de la Biblia, educado en la fe cristiana, cautivos que fueran sus abuelos en una batalla en Capadocia. Los visigodos peninsulares son herejes arrianos, es decir: antitrinitarios. Para Arrio, el Hijo y el Espíritu Santo son inferiores, subsidiarios al Dios Padre. A los dos dedos de la incredulidad de Judas Tomás se añade el pulgar abierto entre las filas de los trinitarios, que verán triunfar sus tesis en el primer Concilio de Constantinopla, en la primavera del año 381.

La conversión de Recaredo, que abjura del arrianismo, se enmarca en un proceso político de reconciliación no exento de avatares de sangre. Leovigildo, que se mantiene en la herejía, tras recuperar Córdoba a los bizantinos el año 572, y ya en plenitud de su popularidad, osa tomar por vez primera los símbolos de la realeza: cetro, corona y manto, y además acuña moneda. Pero en Sevilla, su hijo mayor, Hermenegildo, ansioso de independizarse con un poder no subsidiario del paterno, ya en 581 aparece acuñando monedas en nombre propio que implican el catolicismo, no como sincera conversión (nadie se cree esa conversión; no se la cree, desde luego, Isidoro de Sevilla), sino como instrumento político. Habrá guerra, y con ayuda de los francos Leovigildo derrotará a Hermenegildo. Pero el amparo católico al menos de una de las facciones del poder ha quedado establecido, como está arraigado el catolicismo entre el pueblo.

Y llega, por motivos políticos de reconciliación y anhelo de paz, la conversión, que es incondicional; el catolicismo no se apea de ninguno de sus dogmas, no hace concesiones. Y en todos los tiempos que serán y han sido, no hay símbolo más vigoroso que el símbolo del converso, deseoso de afirmarse en su conversión. El número del día, el número de la época, para el visigodo converso, ha de ser el III. La popular contraseña católica, tornada señal de bendición, pasará así tranquilamente a la armería simbológica de una realeza que no desea focalizar la fuerza de su poder, y menos su habilidad de discernir y aplicar *Justicia*, en la imagen violenta de una espada.

Nada cuesta imaginar algún artífice visigodo, pongamos que residente en Toledo, tallando una mano trinitaria, y que Wamba se la apropie para su consagración real (672). Y una vez convertido en amuleto que pende de un collar, o como prendedor de ropa, o como juguete doméstico que manejan los niños de la nobleza, el objeto, tras hacer parada y fonda en el Reino de Navarra, traspase los Pirineos, o directamente Charlemagne se lo apropie en Roncesvalles (778) y le añada una vara, como hará con la Flor de Lis, la Santa Cruz o el Orbe Imperial.

La *Main* hubiera podido convertirse en objeto impermeable a la simbología de *Lady Justice* y, quién sabe si, de paso, fundamentar en ese trío digital el principio de separación de poderes, igualmente con Montesquieu, pero evitando el hacha o *la machine à trancher les têtes*, que son el epítome de la idea que el rancio Yahvéh de los levitas debe tener sobre la función matemática de dividir por dos. *Lady Justice*, empero, es poderosa y Francia, que sabe bien desenvolverse en el *vis-a-vis* siempre que no tenga que decidir, previamente y con presteza, si flecos o pompones en las calzas de dormir, sucumbirá a su circularidad.

En 1701 Hyacinthe Rigaud ejecuta el célebre *Louis XIV en Costume de Sacre,* cuyo original se exhibe en el Louvre. De su taller salen copias, así como lienzos similares, como *Louis XIV Roi de France* (*Retrato de Luis XIV con coraza*), que adquiere el marqués de Cerralbo y conserva el Prado, donde salvo ajustes menores en la acción de ambas manos, y retoques indiscernibles en el semblante del rostro, se pinta el mismo retrato con diferente ropaje y escenografía diferente. Nada extraño si consideramos que fue sólo tras los buenos oficios de La Maintenon, ante la insistencia del nieto comanditario del retratado (Felipe V de España), cuando se permitió al pintor trabajar contra el natural, y sobre esta única pose, y ello las jornadas escasas en que el rey hubo de fastidiarse doliente en palacio, aquejado de gota.

Este *retrato de Estado*, que ocupa en el salón del trono el lugar del Rey Sol cuando se halla ausente, está considerado la efigie rotunda de la omnipotencia del monarca. El personaje, aún hierático y envejecido, figura campante con su bastón de mando. El atavío suntuoso, magnificado por el teatral enmarque del decorado palaciego, como impone *la grande manière*, logra su preciso contrapunto en la coquetería de piernas que adopta el rey con un juvenil paso de danza, naturalmente reafirmado con el arqueo atrevido del brazo izquierdo, enjarrado contra el talle. Es una imagen deslumbrante que derrocha en su propaganda, más que anhelos de poder o soberana dignidad, la voluntad de la gloria. A su lado, sobre una almohadillada banqueta alhajada de flordelís, reposa una porción de las regalías. Ahí está la *Main de Justice*. Pero en una redundancia que ignoramos si es irónica, o de amplificación y acopio, o si se trata de una deferencia obsequiosa a las miradas extranjeras que deban enfrentarse al cuadro, Louis-Dieudonné, *le miraculé*, tiene tras de sí un bajorrelieve donde se observa a *Lady Justice*.

6

La inclusión de la venda en la simbología de *Lady Justice* es la historia de una improvisación jocunda, la tergiversación transgresiva de un retruécano. No hay venda en las diosas egipcias. No hay venda en *Themis* ni en *Diké*. El busto de *Iustitia* en una moneda romana del año 23 D.C. no lleva venda.

El espinazo de la filosofía, la voluntad de saber, se asienta sobre la noción de desvelar o revelar lo que está oculto. La luz es esencial en la cavilación platónica de la Caverna, y en las aproximaciones a Dios de Aurelius Agustinus. La luz cintila en los rincones hechizados de Alfarabí, de Ibn Sina, de Ibn Rusd, de Ibn Gabirol, de Moshé Ben Maimón. La luz inunda las estancias y recorridos de Robert Grosseteste, de Roger Bacon, de Giovanni Fidanza, de John Duns Scotus, de

Eckhart von Hochheim (y de Johannes Tauler, y de Heinrich Seuse); de Tomasso d'Aquino: el gozne escolástico y místico del siglo XIII. El Islam adora la luz como atributo de Alláh. La luz es gloria para el cristiano: *Porque todo el que obra mal, aborrece la luz y no viene a la luz.* El judío honra a su dios con el encendido de velas del Shabat, la Lámpara Eterna y la Menorá. No hay venda en *Justicia* de Pollaiolo, ni en Lucas Cranach el Viejo, ni en *Her Laatste Oordeel*, de Van de Weyden.

Cuando *Lady Justice* se arroga una venda por vez primera, lo que se ciñe es un harapo ya roído por la usura de los siglos. Es la venda de la romana *Fortuna*, diosa de la suerte, los caprichos del azar y el destino atroz; un icono proteiforme, pues pretende tutelar una gama extensa de aspectos: *Fortuna Publica* y *Fortuna Privata*, *Fortuna Virilis* y *Fortuna Muliebris*; *Fortuna Primigenia*, referida al primer vástago; *Fortuna Annonaria*, sobre las cosechas; *Fortuna Rescipiens*, proveedora; *Fortuna Obsequens*, para la indulgencia; *Fortuna Victrix*, que debe traer la victoria en el combate; *Fortuna Redux*, la seguridad en el hogar; *Fortuna Huiusque*, la fortuna del del hoy: ahora. En todos y cada uno de esos aspectos, *Fortuna* es distintivamente ciega para *Justicia*.

Adunar azar y *Justicia* nada tiene de azaroso. La historia del Derecho Probatorio es el relato de una frustración. Frente a una noción de la Verdad sacralizada tanto en su origen providencial como en el aspecto metafísico de *adequatio*, de perfecta correspondencia, lo que se vive durante siglos es la angustiosa impotencia de la penuria de medios e instrumentos. Ante ello, campa la superstición y la ordalía. Se busca el discernimiento en la bola oracular, en el timón de la nao, en las cuatro estaciones de la Rueda de la Fortuna (*regno, regnavi, sum sine regno, regnabo*).

En la Sotah, el marido que pretende probar el adulterio de su esposa preñada, le hace beber una poción abortiva de agua mezclada con polvo necromántico. El *Panis Conjuratus*, reminiscente de la ostia sacramental, consiste en tragar un mendrugo consagrado con queso de oveja; si se atraviesa en la garganta, o si el probando vomita, regurgita o si meramente tose, es declarado culpable. En su versión africana, la ordalía se cumple con la ingesta del haba venenosa de Calabar.

La prueba de fuego, que ya aparece en la *Antígona* sofóclea, reviste muchas formas: la ceñidura de un guantelete ardiente; la recogida de un anillo bendecido del fondo de un caldero de agua hirviente (prueba caldaria); los nueve pasos asiendo la barra de *ferrum candens*, o cruzando brasas al rojo vivo. El veredicto de inocencia no llega, como usualmente se piensa, por la inexistencia de marcas en manos o pies, sino por la apreciación estética de una hermosa cicatrización de la herida.

Los babilonios sumergen a los hechiceros en agua helada, solución también invocada por el *Visnu Smrti*. En Egipto el recental de paternidad ignorada se deposita en un cesto en el Nilo para discernir su nobleza. Su versión plebeya consiste en arrojar a una corriente, o a una gran cuba de agua, al individuo puesto en entredicho, con una rueda de molino al cuello. Si se ahoga, es culpable. Más tarde, la carga probatoria se invierte, y la culpabilidad deriva de la flotación, pues las brujas suelen ser livianas mujeres consumidas que casi nunca se hunden.

La ordalía puede asimismo ser bilateral. Se trata de pruebas de resistencia, como la ordalía de los brazos en cruz, o la de las candelas; o de pruebas de habilidad, como en las lizas de los campeones o los duelos a muerte, a proposición de un tercero, o por directo desafío.

La locura de *Justicia* ciega, la demencia de *Justicia* cegada o enceguecida, se evidencia en un grabado en madera atribuido al joven Dürer, contenido en el archifamoso poema satírico de Sebastian Brandt, profesor alsaciano de Derecho y Poesía, aparecido en 1494, en Basel, *Das Narrenschiff—Stultifera Navis*, *La Nao de los Locos*. No ha sido menor la influencia de ese libro (Bosch, Brueghel). Los grabados—hoy reutilizados para naipes de truco o tarot—encuadran algún personaje demencial tocado con bufonesco capirote de sonajas, comprometido en una actividad moralmente ridícula.

En la estampa adlátere a los treinta y cuatro versos pareados del capítulo *Disputar y Acudir al Juzgado* (*Zancke vnd zu geritch go*), uno de esos locos, como en el acto de una camarera asistir a su señora en el vestidor, venda los ojos de *Lady Justice* sedente y coronada, dueña de una larga cabellera dispersa en tirabuzones, que porta sus atributos de gran balanza y espada alzada. En un sentido, se trata de una advertencia contra la burocracia de leguleyos: sólo un chiflado duerme ganoso de litigar. Un segundo sentido, no obstante, se desprende irresistiblemente del grabado de Dürer, artista caracterizado por la genialidad de su mirada. La diosa no aparece ya vendada, sino el acto de serle ajustada la venda. Sólo un loco puede albergar la intención irrisoria de cometer una infracción y luego pretender que *Lady Justice* permanezca ciega. En el núcleo del humanismo centroeuropeo cegar *Justicia* es considerado un acto vicioso y sin sentido, más allá de toda virtud y Razón.

Este carácter excepcional va a ser corroborado por la iconografía subsiguiente. No hay venda en *Prudencia y Justicia* de Pietro Perugino, ni en las respectivas *Justitia* de Rafael Sanzio, Giusseppe Salviati, Domenico Beccafumi, Jacob Matham y Hendrik Golzius, ni en la de Lucas Cranach el Viejo ni en el dibujo de Georg Pencz sobre *Alegoría de la Justicia,* perfil de rolliza mujer desnuda. Ni tampoco en las obras de Maarten de Voss, que representa *Justicia* como la fuerza guiadora del carruaje del Estado, o como inspiración que ilumina a los prohombres brabantinos, flanqueada por Moisés y Justiniano, legisladores prototípicos.

Será el siglo XVI quien asuma la sátira seriamente y reintroduzca la venda en su significación de impasibilidad emocional e imparcialidad de juicio, como símbolo de modernidad. Frente a una *Justicia* popular de índole represaliante y otra *Justicia* político-religiosa gustosa de abrir causas generales de inquisición fundadas en el prejuicio, llega una *Justicia* penal instruida por peritos en Derecho, secularizando el *justus*. Símbolo a todas luces necesario como hito del cambio jurídico-político. Pero ello no altera la agudeza de la sátira, el gracejo de lo implicado. Desde la perspectiva de la Razón, vendar los ojos de *Lady Justice* será siempre un chiste.

La venda, sin embargo, se perpetuará en el imaginario popular, como natural proyección ante la percepción factual de una corrupta administración de justicias. Pocas son las representaciones de cierto valor artístico que incluyan la venda. Acaso la más completa sea *Zinnebeeld der Gerechtigheid* (1653), de Gabriel Metsu, donde una dama protectora de viudas y huérfanos, en elegante ropaje de blanco satén, blande espada contra el pecho de Guile.

La mayoría de artistas rechazan la venda; con infalible intuición, no se avienen a aquellos mandatos externos que tratan de imponer constricciones a su *métier*. El artista, cualquiera que sea su época, ha adoptado estrategias de evasión ante aquellas representaciones que percibe contrarias a su Arte; así, la ceguera. *Lady Justice* podrá comparecer desde entonces sin venda, y la razón de ello—explica el pintor, al descubrir el lienzo, a su benefactor perplejo—radica en que esta deidad, además de la ponderación, puede desempeñar actividades otras. Como vigilar intimidatoriamente a la naturalidad viciada en la proverbial querella entre el Bien y el Mal, en cuyo caso se escamotea la balanza, pues los brazos han de estar libres para la ejecución—Pierre-Paul Prud'hon, *La Justice et la Vengeance Divine porsuivant le Crime.* O departir con sus pares virtuosas, como en *Fede e Giustizia,* de Carlo Maratti.

La venda alegórica puede ser remplazada por la espada alzada, o mediante el resalte de la pureza virginal de la muchacha que personifica *Justicia*. Fuera del universo de la alegoría, la parcialidad se concretiza en imágenes despiadadas que sirvan como ejemplo moral. *Les Juges aux mains coupées* (1604), de Cesare Giglio, muestra seis jueces barbados con sus manos amputadas, y otro más que sólo conserva la mano que sostiene el cetro de *Justicia*. No menos bárbaro es el arresto y despelleje del prevaricador Sisammes en los paneles *Her Oordeel van Cambysses* (1498), de Gerard David, imagen que se consolida medio siglo después en un pequeño vitral obra de Dirk Vellert.

La tradición principal representa a *Lady Justicie* sin venda. Usualmente está atenta, bien despierta, pero no siempre. La *Justicia* de Gian Lorenzo Bernini en la tumba de Urbano VIII, aun con la espada alzada, se caracteriza por la languidez de su mirada ensoñadora. Y hasta hallamos representaciones del icono profundamente dormido, como en un dibujo de *Justicia Durmiente* (1563) atribuido a Joris Hoefnagel, aunque más que dormida esa *Justicia* parece haberse desvanecido, o haber sido hipnotizada hacia un sueño dirigido.

Hay una tradición de *Justicia*, que ya recogen los intérpretes de *Diké*, cuyo atributo característico es la posesión de una vista agudísima; sus facultades sólo flaquean cuando los ojos se velan, arrasados de lágrimas por el dolor de la injusticia. Como un ojo especial, penetrante y perspicaz, lo recoge Cesare Ripa en su *Iconología*, refiriéndose a Aulio Gellio: *Justicia* es una hermosa virgen coronada y vestida en oro de cuyo cuello pende un collar con el ojo labrado. Entre los antiguos sacerdotes era reputada como la deidad visionaria. Apuleio jura por el *Ojo del Sol y de la Justicia*. Lo radiante se integra en la mirada alucinada de *Justicia* sentada a lomos de un león en otro grabado de Albrecht Dürer. Por lo demás, la representación alegórica del Juez suele incluir la presencia de un águila, ave de vista prodigiosa. Y la alegoría del Juicio (entendido como facultar de discernir) es representada por un hombre desnudo, de proporciones hercúleas, sentado contra el arco-iris, sosteniendo en una mano escuadra y regla, y en la otra compás y arquipéndulo.

El ojo radiante de *Justicia* es central en *Iustitia Majestata* (1762), de Mathias Blumenthal. Bajo Nimbus, el triangulo equilátero de Dios, en un trono de nubes una ninfa tocada con la corona de la monarquía danesa reinante, vestida de realeza en manto real, porta cetro y balanza, dejando la espada en manos de un ángel que reúne útiles de castigo. Su *Ojo de Justicia*, que se halla en el centro del pecho, como un broche, percibe por sí mismo lo recto y lo torto, pues este ojo tiene la omnipotencia de la Mirada Verdadera.

La prevalencia de la mirada no rige en todos los rumbos de la Historia; no en el Islam, por ejemplo. El *Qur'an* (Recitado) es la procesión de vocablos que Alláh fue inculcando en la mente de Muhammad, a quien se reputa *hatamu-n-nabiyyin*—el sello, el lacre, el precinto de los profetas. Consta de 6236 *ayat*, repartidos en 114 *Surah*.

Se estima que hoy en día hay tres millones de *hafiz* (Guarda), fieles que han memorizado el *Qur'an* y saben seguir las prescripciones de ritmo y vocalización de la *tajweed*. La tradición recoge una decena de cánones de recitación, a veces difiriendo en la *tashkil* de unos pocos vocablos. Por *tradición* en el Islam se significa *mutawatir*, el consenso sobre algo trasmitido por una ininterrumpida cadena de *isnads*, narraciones que se remontan a testigos que oyeron a Muhammad pronunciar tal verso de aquel modo o de estotro.

Cualquier lectura del *Qur'an* es un sucedáneo del recitado original que, de hecho, formalmente, desde una perspectiva religiosa, no existe como texto: existe en el instante de ser (nuevamente: de nuevo originalmente) recitado. Toda traducción tiene la deplorable consideración de glosa interpretativa, solamente valedera en caso de que las tribulaciones apremien.

Es la esencia eufónica de esa poesía lo que fascina a más de mil seiscientos millones de fieles. La creencia islámica es inconcebible sin impregnarse de la melodiosa prosodia del *Qur'an*—de ahí, la posición desairada de los sordos: su exclusión del mando religioso, el sintomático número de apostasías y el consternado patetismo de la decisión, por lo demás repleta de cívica equidad, de adscribir a ciertas mezquitas intérpretes del lenguaje de signos.

Obstruida la mirada, adquieren relieve los sonidos de *Justicia*. Algunos se hallan dentro de la semántica de la espada, como el sonido del mazo.

Escuchamos la percusión del mazo petado, el pequeño mazo de madera. El *maillet* del juez penal francés aparece, como palabra, en 1606. Es el diminutivo de *mail*, arma de guerrero pedestre del siglo XIII con cilindro de plomo por cabeza. Va a ser utilizado en sustitución del martillo en oficios donde peligre la integridad del material ante un fuerte *coup de marteau*. Como instrumento forense, vagamente se alega la influencia de la francmasonería dieciochesca. Los masones, como acostumbran en sus justificaciones de autoridad, despliegan un revoltijo de pertrechos similares arrinconados tanto por los pigmeos como por los patriarcas de la Iglesia Ortodoxa. Por aducirse, hasta se aboga por una pieza de piedra en forma de Tau en Skara Brae, asentamiento neolítico en las Orkneys escocesas. Lo cierto es que se trata de un objeto afortunado, no en vano es también la herramienta de las subastas.

En EEUU *the gavel of the judge* tiene singular fuerza sugestiva, en parte explicable por la expansión en los poderes de interpretación constitucional que se arroga SCOTUS en lo que es conocido (y agriamente controvertido) como *the judicial usurpation of the democratic rules*. A este mazo los empresarios despectivamente le apodan *the hammer*, exacerbando una violencia que para el foráneo se patentiza en la predisposición del idioma inglés para la brutalidad en los verbos que suelen afiliársele—*smash, bang, pound, strike*. La acción previa de sostener el mazo—*to wield*—es, a la vez, manejar un instrumento y blandir un arma y, figuradamente, ejercitar un poder.

En la Inglaterra medieval, *gavel* era la renta escotada por el locatario, o acaso un tributo. Provendría del antiguo inglés *gafol* y aún del germano *gabulam* (deuda saldada), y aún de la raíz *ghabh* o *ghebh* (dar, recibir). Hay mazos de maderas humildes, y *gavels from mighty woods*, y mazos hermanados en la madera con oboes y flautas, y hasta imperiales estuches de mazos confeccionados con madera empleada en los astilleros de yates de jactancia. El sentido de *gavel* como ejecutividad coercitiva de naturaleza dictatorial se explicita en alguna de las vías de reforma del sistema judicial norteamericano, cuando se habla de *gavel-less judges*, o donde el mazo quedaría, recuperando un improbable sentido perdido, para golpear alineadamente la bola de cróquet durante una apacible tarde otoñal.

La semántica de la espada, no obstante, ha tenido alternativas objetuales plenamente desarrolladas. Frente al mazo, la campanilla ha rendido análogos servicios forenses—señalar el comienzo o conclusión de la audiencia, llamada a mantener el orden. Un vocablo de doble uso en materia de *Justicia*, al menos en el ámbito hispánico; un *campanilla*, en jerga de ladrones y carteristas, es el compinche alerta que avisa de incidencias al sumido en la faena.

La campanilla no se golpea: se agita, se hace sonar. No busca destruir. Toma un sentido de dirigir la atención, de alterar la experiencia, que llega para sustituir una voz, no la Voz. Marca un cambio de sentido en el flujo del tiempo, y lo hace sin voluntad agresiva. No es un campanazo, ni un cascabeleo. Suena la campanilla: tensad los sentidos.

Significativamente, la campanilla trae en el *Libro de los Libros* la misma procedencia que la espada, ese inventario de armas e indumentos de la casta elegida donde se detallan las vestiduras sacerdotales; entre ellas, el pectoral para impartir *Justicia*, una sobretúnica de enteriza de jacinto, lleva en la cenefa prendidas campanillas: *Aarón se revestirá de ella para su ministerio, para que se haga oír el sonido de las campanillas cuando entre y salga del santuario de Yahvéh y no muera*. La campanilla indica la aparición de una presencia en ámbitos donde resulta inútil la mirada, como en el Templo, reino de indiscernibles u oscuras realidades. Es el escudo sonoro contra la insondable voluntad de una divinidad inicuamente ciega.

La peculiaridad de la sencilla tintinábula de *Justicia* es que, a diferencia de la espada y sus desarrollos topológicos, ha desenvuelto sus funciones sin disociarse, sin distanciarse de su servicialidad civil. Tal cual ha estado en la puerta de entrada a los hogares, y en las habitaciones, para llamar a niños y sirvientes; y en las fondas, como aviso de llegada de carruajes; y en los oficios sacramentales y en las procesiones; y en el teatro, con el toque del apuntador antes de alzarse el paño.

Con la venda surcamos, en los lindes de Razón y locura, aguas pantanosas circundadas por inexplorados terrenos anegadizos. La venda favorece los sueños y la Imaginación, y puede representar una sublimación de la aventura del saber. Frente a la dictadura del Hecho, sirve para trascender, para transgredir los límites, y así se asocia a los tejidos que operan magias para el viaje, como la alfombra de Sindibad, o para el conocimiento, como el manto de Fausto.

No es tópico ajeno a la praxis filosófica. Una variación conceptual de la venda es *el velo de ignorancia,* hipótesis postulada por los autores de la *doctrina del contrato social*, que predica situarse experimentalmente en cierta posición original, perfectamente imparcial y anterior a todos los prejuicios que tergiversan la apreciación adecuada de lo justo. Más importante, si cabe, es otra veladura que ha calado en ciertas áreas particularmente influyentes del pensamiento contemporáneo. En contra del representacionismo epistémico (en contra de la Filosofía del Espejo), el neopragmatismo de la contingencia propone una hermenéutica de la ironía (un conocimiento no representativo) donde en vez de semillas fundacionales hay una deriva histórica plasmada en la sucesión de paradigmas.

De la venda se registran múltiples usos, además del sanitario como apósito profiláctico. Hay quien la emplea para dormir mejor. En artes marciales, en las vías de meditación, en los juegos sirve para focalizar la conciencia, templar la voluntad, aguzar los sentidos otros. En las rutinas diarias la empleamos profusamente como operarios del capitalismo, que curiosamente jamás la ha reclamado como símbolo. *Creditus* significa tener confianza; significa ponerse una venda y creer ciegamente, por ejemplo, que un título de papel puede comprar un monte o el esfuerzo del trabajo.

Como instrumento para la acción, en todo caso y circunstancia es un símbolo obsceno, retrógrado, impeditivo, que significa lo que aparenta significar: ceguera.

7

La equidad: ¿es exigencia absoluta en la realización de *Justicia*? Para la mentalidad antigua resulta inconcebible *Justicia* sin la búsqueda, el mantenimiento o la recuperación de un equilibrio. Por ello, en sus representaciones el atributo característico es la balanza, una de las maneras en que se objetualiza el pensamiento de la simetría. De conformidad con la balanza, el individuo justo, el individuo que actúa con *Justicia*, es un ponderador.

Nuestra mente está constituida de tal modo que se siente cautivada por la simetría, aunque sea un embeleco. Datos hay que corroboran que el tratamiento equitativo está enraizado en los *a-priori* de nuestra constitución antropológica. Una y otra vez reaccionamos con aversión a situaciones desequilibradas, mientras que la percepción antinómica concierne precisamente las mismas regiones cerebrales activadas en la satisfacción del apetito, la contemplación de un objeto atrayente o la obtención de dinero. Mediante el circuito de recompensa, al intensificarse la sensación de placer, se provoca un refuerzo de la conducta adaptativa. Cuando los platillos de la balanza, tras las oscilaciones, alcanzan la quietud final de la nivelación coecuada, es un instante placentero de satisfacción física, y esta realidad perdurará mientras el perfil constitutivo de Anthropos permanezca inalterado. Otra cosa es si ello tiene (o debe tener) alguna relación con *Justicia*.

Al pretender fijar un instante ideal de equilibrio, la balanza gloria la inmovilidad cuando sabemos que se actúa sobre realidades mudables y evasivas. Raramente un remedio equitativo de *Justicia* hace desaparecer una situación conflictiva: lo que hace es imponer una corrección a la narración del conflicto. Incluso hay conflictos, cada vez más frecuentes, donde operan agentes antagónicos, cuyas voluntades mutuamente excluyentes exigen no la idealidad de un equilibrio de balanza sino la imaginación creativa de contextos viables de coexistencia.

La balanza obliga a confeccionar una escala de pesos y contrapesos que, para soslayar la simpleza de lo burdo, requiere una habilidad de discernimiento más allá de la órbita del Ordenamiento Jurídico y sus burocracias. Esa indeterminabilidad práctica de lograr el preciso *aequipondium* en cada caso, obliga a contextualizar, a eliminar factores de ponderación. Quedan excluidas las emociones, y en muchos casos también las intenciones, pero también las categorías históricas y la crítica de la cultura.

Pensemos en el *pensum* histórico de la profecía, el apólogo visionario, el vaticinio; o, por qué no, en las promesas electorales de un partido político. Hoy el fin del mundo es un dato de la Historia Natural; la esperanza de una intervención suprahumana se centra básicamente en la reversión de la entropía. Sin embargo, vaticinios y profecías penetran en el mundo de los hechos, acelerando, desestabilizando, ocluyendo procesos en marcha. ¿Con qué balanza, contra qué contrapeso se pueden ponderar esos elementos?

La Historia no es el reino de la salvación, sino el ámbito de la posibilidad aplicada a la acción humana. Y es un hecho que, entre los numerosos instrumentos de acción y reacción, se hallan también disponibles las proposiciones de futuro.

La invención de la balanza no puede haber tenido un origen comercial o monetario; hubiera sido una pirueta tecnológica inconcebible. Entre el trueque objetual en bruto, la conciencia de no conmutatividad de los bienes y la final proyección en una modernidad mensuradora desdoblada en los fenómenos de la numeración y el pesaje, debe haber mediado un proceso no exclusivamente implicado por la afinación de una idea, sino interferido por las exigencias de resolver artesanalmente desafíos existenciales específicos en el ámbito rutinario de las faenas. Una ilustración: para elevar agua con menor esfuerzo, los antiguos egipcios utilizan el *shaduf*—artilugio que porta un recipiente para agua y en el otro extremo se ejerce, a fuerza de brazos, el contrapeso. Una sofisticación de la idea de palanca que todavía no prefigura el juego de poleas.

La transformación cualitativa de la balanza se da en el marco de la intensificación de la extracción metalúrgica que precede al surgimiento de la moneda; hecho a su vez ligado a la irrupción de la escritura y a la entronización del oro, que añade a sus cualidades psicológicamente atractivas el hecho de ser un metal blando y además resistente a la corrosión y a la herrumbre. En las tablas del primer zodiaco completo, el mesopotámico *Mul-Apin* aparece ya lo que conocemos como la constelación Libra. Y es la expresión acadia *mul Zi-ba-ni-tu*, cuya divinidad asociada, Shamash / Utu, en un cilindro-sello sumerio aparece esgrimiendo un cuchillo.

Con Nabucodonosor, cuando se mensualice la categorización de las constelaciones, el *Zibanitum* corresponderá al mes *Tashritu* sumerio y al acadio *Du-Ku*, proyectando progresivamente sobre las cosmogonías el sentido de juicio final derivado de la ponderación del fruto de las cosechas. Y en la recepción árabe del *Almagesto* de Ptolomeo, Libra será también balanza (*al-mizan*). No en todas las culturas se discierne en esa región estelar una balanza. La *nakshatra* hindú correspondiente, *Visakha,* se percibe como rueda de alfarero, individuo de casta inferior; la mansión (*xiu*) en el Cuadrante Este del Dragón Verde, concierne a *Di*—base, raíz— y a *Fang*—habitación, casa—; y hasta la referida recepción árabe de Almagesto, en la división de las antiguas veintiocho *Casas de la Luna* (*Manazil-Al-Qamar*) se verán unas pinzas o tenazas (*Al Zubana*) que, como tal, reciben los helenos (*Xelai*).

Hablamos de la balanza de brazos (*bilanx*), por supuesto; no de la llamada *balanza romana* (*statera*), ni de las modernas microbalanzas basadas en el electromagnetismo o en las cualidades de torsión de la fibra de cuarzo.

Como imagen representada, la balanza aparece ya entre los hititas. En el antiguo Egipto varias diosas representan *Justicia*. La balanza adquiere sus mayores semejanzas iconográficas en las imágenes personificadas de los pilares del cielo, o en deidades que extienden sus brazos para trasegar el Sol, elemento central. Meskhenet, la diosa de la Cuna, gobierna el nacimiento pero también juzga a los muertos; su etimología abarca coincidencia, suceso y augurio; es la diosa del *fatum*, y puede aparecer como una balanza personificada, los brazos lateralmente extendidos sosteniendo los pesos.

No obstante, es Ma'at la fluencia que debe insinuarse por el universo entero, constituyéndose en el telón de fondo para la resolución casuística de los conflictos; auténtico principio general de la juridificación que unifica las ideas de Verdad, Equilibrio, Orden, Ley, Moralidad y *Justicia*. El visir responsable de la aplicación judicial será apodado Sacerdote de Ma'at. A veces sostiene la balanza, o ella misma forma el eje de balanza. Representada sedente o erguida, la joven diosa porta el cayado egipcio de dominio, el cetro Was, con su testa de animal fabuloso y su pie ahorquillado; en la otra mano lleva la cruz ansada (el Ankh, la llave de la Vida). Además, va tocada con la pluma de avestruz en su cabellera, Shut, la verdad: una verdad etérea, la verdad del Dios del Aire. El jeroglífico asignado a Ma'at es una silueta trapezoidal que recuerda a la rampa por la que se ascendía para hacer sacrificios ante la capilla sepulcral del Período de las Pirámides, y es la reminiscencia del túmulo primigenio sobre el cual el Creador permaneció antes del principio de los tiempos, el pedestal del eliminador del caos, y que va a determinar, a través de Ma'at, la legitimidad de los faraones para reinar.

La balanza, como objeto sin personificar, se encuentra en representaciones totalizadoras de la peripecia de los muertos, cuando deban rendir cuentas ante Osiris junto a Shut, el monstruoso Devorador y el Lago de Fuego. También encontramos a Isis, la esposa de Osiris. Isis simboliza las Necrópolis al Oeste, y aparece como una figura femenina sin cabeza, o con Shut sustitutoria. Ya en la Barca del Sol, ya en el trono celestial, ostenta la doble función de presentar, de introducir los muertos ante Osiris, además de significar que el juicio otorgado por éste se hace con *Justicia*. Ahí, con frecuencia, Osiris, el gran dios regente de la región de los difuntos, se muestra al final de las escaleras. La balanza no es su atributo, siempre está frente a él. Hallamos también una curiosa representación gemelar, compuesta de Isis y su hermana Néftis; esto daría lugar a la *Doble Justicia*—dos figuras (o una figura desdoblada) tocadas con pluma de avestruz, portan en la mano nudos simbólicos y en la otra, sendos áspides solares mirantes en direcciones contrarias.

La mentalidad occidental moderna otorga en la ponderación un valor positivo al hecho de que los objetos pesen, tiendan a caer por efecto de la fuerza de la gravedad: *Pesado has sido en balanza, y fuiste hallado falto*. Ello no puede extrapolarse sin riesgo a otras culturas.

En el antiguo Egipto lo óptimo es la ligereza. Cuando se pone la víscera corazón en un platillo y la pluma de Ma'at en el otro, lo esperable y deseable es que el platillo vencido sea el de la pluma, pues lo allí comparado es la levedad del amor prodigado en vida, que ha de elevarse etéreamente en sus reencuentros. En ese pesaje las almas egoístas se desploman como pedruscos. Lo mismo podría ser afirmado de la antigüedad helénica. En el asedio de Troya, para concluir la irresoluta persecución a la carrera de Héctor por Aquiles, Zeus pondera en la balanza de oro la suerte de ambos, y es el héroe defensor quien obtiene la suerte nefasta *pues tuvo más peso el día fatal de Héctor, que descendió hasta el Hades*. Y en algunos horóscopos Libra lleva asociados voladores ligerísimos, como la mariposa y el colibrí.

La razón de esta alteración revolucionaria de la apreciación del peso se debe a otro cambio de paradigma no menos espectacular que *La Muerte de Dios*: el Nacimiento del Único.

Desde la noche oscura del terror animal, tanteando una naturaleza hostil con habilidades rudimentarias, el ascenso de Anthropos hacia la espiritualización se da en una coyuntura de diversidad tribal y creciente intercambio de pericias. El anhelo religioso congrega una pluralidad de deidades que reflejan experiencias y expectativas de la comunidad, su *statu quo* en relación con las tribus vecinas, sus esfuerzos tecnológicos o guerreros, su percepción de la propia posición en el todavía indescifrable curso de las cosas.

Quien sepa dominar las relaciones de ese panteón dispone del arma más penetrante y duradera, pues son tiempos en que cualquier cambio en la imaginería de la esperanza y del miedo opera vívidamente en el reino de la Realidad. La decantación, en principio, tiene aliento comunitario. Su narrativa jamás obedece a impulsos caprichosos, salvo cuando los iconos carecen ya de carga sacra; entonces un artista sí puede imponer su imaginación personal, como triunfa una moda de ajorcas.

La crisis del politeísmo no se debe a un debilitamiento de las imágenes. Son las camarillas sacerdotales, que operan como burocracias normalizadoras de la Imaginación, quienes determinan la preponderancia de una deidad en función de las necesidades del clan o, con harta frecuencia, según los conflictos de poder en que se hallan implicadas.

En el siglo XIV a.c., Ikhnaton promueve la adoración exclusiva a Aton, para limitar la influencia del Sumo Sacerdote y cercenar las ambiciones del clero de

Amón. Ikhnaton deberá convertirse en el delegado exclusivo del poder solar en la tierra: el faraón será el único profeta del único dios. Designio político revolucionario que nunca llegará a convencer a los súbditos, en cuyos hogares se mantendrán deidades tutelares específicas.

Siete siglos después, Josiah, rey de Judá, se dedicará a combatir las idolatrías a falsos dioses y, sobre todo, a erradicar la presencia de Asherah/Astarot/Ishtar, la diosa de la fertilidad y de la sexualidad, hasta entonces acompañante necesaria de Il (El/Eloah/Elah), su dios predilecto, representado por un toro.

Einziger, ewiger, allgegenwärtiger, / unsichtbarer und unvorsterllbarer!, así se abre *La Vocación de Moisés* en el oratorio *Moses und Aron*, de Arnold Schoenberg. Para que alguien pueda invocar la revelación de esa entidad sobrecogedora, se necesita el genio de varias generaciones de poetas que hayan ido elaborando, como Mallarmé la estancia burguesa del soneto autoalegórico, la escenografía que permita al Único desahogarse.

La evolución hasta esa extrema reducción de las instancias sobrehumanas se antoja difícil. Desde el punto de vista espiritual, depositar el anhelo religioso en uno y no en muchos, resulta una manifestación de religiosidad sólo al alcance de un estado radical de la mente. Por no ir más lejos, el Catolicismo, a pesar de su propalada raigambre monoteísta, *de facto*, en la práctica de los cultos, no lo tolera. El Único es el dios de los teólogos, no el de esa comunidad de fieles que es la Iglesia, que no sólo necesita el dogma de la Trinidad para aliviar el insoportable expansionismo del Único, sino que se desperdiga por la diversidad de adoraciones que recibe Jesús de Nazareth, así como su madre María, los apóstoles, los mártires y un elenco de personajes reputados por la santimonia.

Este esfuerzo de intensificación abstracta sólo puede darse en el curso de una historia excepcional. El Único supone el último recurso de un pueblo oprimido frente a una hostilidad de dioses adversos que se ha hecho patente durante siglos. A partir de este momento en que la voluntad se nutre con los últimos arañazos de la desesperación, durante centurias varias generaciones de soñadores, en el curso de su fatigado laboreo, y luego al calor de las hogueras, en diálogo con su comunidad, van afinando la imagen, rumiando las cualidades de esa entidad eterna, omnipresente pero invisible, acopiando y precisando el acervo escenográfico de voces y zarzas y truenos; en el caso de la cultura hebrea, poetas cuyo rastro se ha perdido pero pueden ser figurados simbólicamente en las etapas de la vida de Abraham.

Luego, cuando las comunidades verifiquen los formidables adelantos que se obtienen del uso intensivo de la racionalidad lógica, la presuposición ontológica ha de recaer en la existencia de una sola entidad suprahumana de carácter originario y ordenador. Es el dios que el eleata Jenófanes opone contra los dioses de Homero y Hesíodo. Es el dios de Parménides, uno, completo, omnipresente, inalterable, imperecedero, ingénito, inmóvil, intemporal, continuo. Es el demiurgo teleológico de Platón. Es el dios ensimismado de Aristóteles, que se integra en el uno luminosamente irradiante de Plotino, abriendo ya las puertas de la patrística y la escolástica, cuyo dios se ajusta al rigor racionalista de la filosofía occidental.

Yahu/Jehovah/Yahvéh, el Único judío, es una deidad evolutiva. El dios escenificado de Moisés, que se embosca en nube espesa y se hace notar retumbando entre humos, tronadas y centellas, no es el dios pactista del viejo Abraham, ni mucho menos el dios fervoroso de Abram.

La deidad de Abram es una apasionada criatura virginal, tosca en sus farfullas, ruda como una bestia y como una bestia elemental en su fuerza pavorosa, surgida de la más lancinada desesperación. En el éxtasis del dolor, en la condensación del anhelo estremecido por este muchacho paciente de hambre y desolación, que sueña con pastorear lejos de las ruinas caldeas de Ur, la fluencia del Poder Puro fulge un instante en forma de una imagen que el terror sublima, irradiando un esplendor de tan intolerable intensidad que no puede perdurar. Esta es la presencia genuina que los poetas han intuido siempre en el núcleo insondable del poema.

En la madurez de Abraham ese dios adquiere ya rasgos humanoides y rudimentos escénicos, no en vano Ur, el escenario de la memoria, ha sido lugar de magos y astrólogos. Y a medida que el individuo acopia un acervo de experiencias en su trashumancia, irá surgiendo también el anhelo de la radicación, el asentamiento. El acuerdo con Yahvéh en Haran se confirma luego bajo el árbol de Moreh, en el encinar de Siquem/Shekem, refugio de homicidas: Yahvéh concede a Abraham y su descendencia la tierra de Canáan, a cambio de que se le venere como deidad exclusiva. Se trata ya de un dios que sabe echar cuentas. Sabe, sobre todo, que el dios que mejor trate a sus veneradores será el dios que sobreviva. Este acuerdo negociado, marcado para siempre con la carne del prepucio de cada varón circunciso, y confirmado luego con Isaac y Jacob, al establecer el precontrato de la Alianza, reinterpreta de paso a favor del Único episodios legendarios, como la hazaña de Noé y la caída de Babel, donde se destilan soluciones diversas al horror que causa la pluralidad.

El dios de Moisés prosigue esa tradición negociadora; las vicisitudes del personaje, sin embargo, lo transforman en algo distinto. Frente a los dioses de la comunidad, frente a los dioses de las capillas clericales, con Moisés surge el Dios del Individuo. La alianza de Yahvéh se da con el pueblo elegido, pero en primer lugar es una alianza forjada mediante lazos personales indisolubles con el individuo excepcional. El Único, que había incorporado la idiosincrasia de un pueblo al margen de la Historia, al reflejar los logros de abstracción en el curso de un destino singular, devuelve un reflejo más atractivo y se convierte en el Dios del Yo.

El lógico final consecuente a esa codicia en la imaginación del Único será su humanización histórica, el instante en que la idea, emergiendo desde el reino de la Imaginación, se realice.

Al contraer la experiencia espiritual en un áleph, la asunción del Único altera de manera insólita la angustia de la existencia. El sentimiento de futilidad causado por la dispersión del panteón politeísta es remplazado por un solo torbellino cuya absorción de materia incorpórea es tan vasta, tan intensa, que su realidad no podrá ser percibida sino desde la opresión, aunque sea una gozosa opresión.

Las religiones abrahámicas privilegiarán la fuerza de la gravedad: *La momentánea y ligera tribulación nos prepara para un peso eterno de gloria incalculable*. E incluso, en el Islam, que sea un peso acusado. No basta con que se decante hacia el platillo de los méritos; peso y contrapeso no pueden ser ligeros. A Alláh le desagradan los tibios.

Ello se liga a la realidad práctica de las transacciones comerciales y a los apuntes de contabilidad, donde una suma de créditos se opone a una suma de deudas—el balance: *Bilanx* (*bis-lanx*), los dos platillos. La moralidad deducida va a desplegarse como fundamento y justificación del derecho civil ínsito al Antiguo Testamento. *La balanza falsa es abominable a Dios, mas la pesa cabal le agrada. Peso falso y medida falsa son abominables a Yahvéh.*

Ser justo significa entonces ser equitativo, actuar conforme a las normas reguladoras de los intercambios básicos en comunidad. No es justo quebrantar un acuerdo, ni omitir una ayuda solidaria, ni prestar atenciones desiguales para con las esposas, ni testimoniar inicuamente. *No es justo juzgar sin Justicia.* Y aquella infracción de las normas que trae, por oposición, proveniencia de injusto, se revierte como exención o atenuante. Maldecir en voz alta, de por sí algo sancionable, se tolera cuando implica una reacción a la injusticia.

Una vez devuelta al ámbito de la cotidianeidad, la balanza no tardará en convertirse en metáfora manipulable en la lucha por el poder político. Es entonces cuando las naciones valen *lo que un polvillo en la balanza.* En el Islam ello se vuelca sobre arengas tendidas hacia la acción: *Oh gentes! Cuidaos de la injusticia, pues la injusticia será oscuridad el Día del Juicio. En el Día del Juicio los derechos serán restituidos a aquellos que fueran desposeídos.*

En el ámbito bíblico resulta significativa la historia de Daniel, que descifró las palabras que una mano humana exenta escribiera en el revoco de la pared del palacio mientras se celebraba una bacanal orgiástica: *mené, mené, tekel, ufarsin. Mené: ha contado Dios tu reino y le ha puesto fin. Tekel: has sido pesado en balanza y fuiste hallado falto. Ufarsin: roto está tu reino. Mené*, *tekel* y *ufarsin* eran útiles grupales fácilmente reconocibles, las piezas corrientes de libra, onza y media libra.

Ello será trastocado radicalmente por Jesús de Nazareth, que aborrece la mercantilización de los valores, la objetualización del individuo. No en vano, su momento estelar de ira y destrucción es la escena en que del Templo expulsa a los mercaderes *volcando las mesas de los cambistas*, cuyo útil principal es la balanza donde aquilatan las piezas sometidas a su evalúo.

Cuestión distinta es la balanza del Juicio Final en las religiones abrahámicas, aunque lo remunerado no parece equivalente. La literatura cristiana enuncia un Infierno minucioso de horrores. Al contrario, las moradas paradisíacas, trancadas a los deleites de la jardinería por ser el Edén precisamente la tramoya de la culpa, sólo por las secuelas vertidas por la arquitectura olímpica, o por una ideación sincrética del seno de Dios, pueden sustraer al creyente de un tedio de calígines donde a menudo se confunde Paraíso y atmósfera, el Cielo y los estratocúmulos del firmamento.

El *Jannah* musulmán, una utopía urbanizada al detalle, es notablemente más vistoso, no sólo por sus mieles y huríes; tanto, que la Gehena (*Jahanam*) parece coexistir por una razón de simetría. El fiel temeroso de Alláh no actúa primordialmente, como sí hace el cristiano temeroso de Dios, por el espanto de ser arrojado a un lugar de fuego, tormento y frutos amargos: actúa por la comezón de ser excluido del *Jannah*. Éste, en su turno en la Silla del Juicio, anhela la participación en Alláh; aquél, en su turno, ambiciona que Dios le declare inidóneo para las calderas.

Esta discordia en las ideologías de la acción no necesariamente implicaría la recíproca inopia entre culturas, si no hubiera razones más profundas. Una de ellas es la idea del Pecado Original, que el Islam ignora. Otra es la divergente experiencia de la mediación ante instancias sobrehumanas. Mientras a Muhammad le es revelada la Verdad por medio de la Palabra (no susurrándosela al oído: apropiándose Alláh enteramente de su voluntad), a Jesús de Nazareth se la otorga en la forma de un destino vital excepcional cuyas trazas de albedrío han de ser intencionalmente reelaboradas por el personaje.

El *Qur'an* es insistente considerando la balanza como símbolo axial. Al desconocer el Pecado Original, se centra en la responsabilidad del individuo: *Nadie cargará con la culpa ajena*. Alláh sostiene la balanza ponderadora, que premia o castiga: *Sed justos, pues Alláh ama a quienes establecen la Justicia*. O: *Los justos estarán en un sitio elevado y luminoso, esto es para quienes son justos con su familia y en todas las obras de su vida*. O: *Para quien no haga Justicia vivirá en la oscuridad y por lo tanto habrá oscuridad en el Día del Juicio Final*.

El juicio divino se compara con una balanza donde las buenas obras deben pesar más que las obras malas, si el individuo desea acceder a la gloria: *Si obedeces a Alláh y a Su apóstol, Él no te negará la recompensa de tus trabajos*. En un punto preciso esa repetición se intensifica. Es la breve *sûra* del terremoto. Pues en ese acontecimiento final de inversión, en ese cataclismo en que se manifiesta lo entrañado—en la tierra, en el hombre—*quien haya hecho el peso de una pizca de bien, lo verá; quien haya hecho el peso de una pizca de mal, lo verá.* Esta creencia compacta el Islam.

No así el judaísmo, salvo por ciertas ramificaciones de los siglos al Cristo consecuentes, a las que se escarnece como conversas. Para el judío la balanza es residual, pues se ignora la gradación de los premios. La salvación del mortal mejor no resulta de sus méritos, sino en la gracia de Elohim, que se obtiene por la humillación, por el arrepentimiento: por el acto de la postración.

Empero, lo que llega hasta la Modernidad es el resentimiento cristiano del judaísmo, personificado en la figura del usurero, que se propaga como fuego sobre yesca. Hay un juego de proyecciones y transferencias que se convierte en un deslizamiento de espejos entre dos religiones, dos culturas. En el Renacimiento la balanza judía es el reflejo aristado de una balanza cristiana específica: la balanza que la Iglesia medieval ha esmaltado con la sangre vengada por la mellada espada de Aarón.

No sólo por su talento dramático puede Charles Macklin en 1741 transformar al Mercader de Venecia—un prestamista antipático—en una presencia ominosa, espeluznante, visceralmente odiada desde que aparece sobre las tablas: con una balanza de usura en una mano y un largo cuchillo carnicero en la otra, que afila contra el proscenio, Shylock reclama tajar en el pecho de Antonio su debida libra de carne.

La soberbia potencia de esta escena visionaria, a menudo distorsionada al ponerse el acento dramático en una tara racial o psicológica, radica en mostrar la índole pavorosa de *Justicia* cuando se premedita entre los lodazales del rencor. La cristalización simbólica, que en la venganza se efectúa en forma de una espada iracunda, aquí se corporeiza en ese utensilio que minuto tras minuto, día tras día, año tras año, permite verificar minuciosamente, obsesivamente, cada fulgor, cada calibre de las pesas que han de contrapesar, conforme a la Ley, todas y cada una de las humillaciones sufridas.

Con una balanza de usura en una mano y un largo cuchillo carnicero en la otra,

¿necesita Shylock una venda para devenir la feroz transfiguración de *Lady Justice*, un simulacro que traspasa el limbo evasivo de las alegorías y se aloja en el repertorio casuístico de la realidad? Como suele suceder con William Shakespeare, basta la elocuencia del personaje: *Hath not a Jew eyes?—¿Es que un judío no tiene ojos?*—se pregunta Shylock en un celebérrimo discurso que en sí mismo es un ejemplo magistral de peso y contrapeso, una reivindicación de la ponderación como figura retórica.

Mención especial merece el Cristianismo, donde se aprecia un cisma entre el sacerdocio absorto en la teología veterotestamentaria y las comunidades que acogen y comentan los Evangelios.

Para los negadores del sentido salvífico de la Cruz, del carácter divino del Hijo y de la condición eterna del Verbo—es decir: los cristianos que asumen a Jesús de Nazareth por el valor de su ejemplo vital—la balanza queda radicalmente excluida. La moral de Jesús de Nazareth detesta la represalia, y aún la retribución; estrafalariamente las transforma en piedad y compasión. Véase el rechazo a la propuesta de los hijos de Zebedeo de que Dios baje fuego del cielo contra los samaritanos; o la expresa exhortación a superar la Ley del Talión, o el insólito imperativo moral que difunde: *Amad a vuestros enemigos, haced bien a los que os aborrecen, bendecid a los que os maldicen y orad por los que calumnian. Al que te hiere en una mejilla, ofrécele la otra; y a quien tome el manto, no le impidas tomar túnica; da a todo el que te pida y no reclames de quien toma lo tuyo*. Jesús de Nazareth, el ajusticiado en la Cruz, el contrapesado en treinta monedas, no llega como un mesías justiciero. No hay balanzas en la *imitatio Christi*; sólo por el dechado de su vida es sostenida la fe.

Tampoco se acepta la balanza en la consideración redentora del Crucificado. *Dios no ha enviado a su Hijo al mundo para que juzgue el mundo, sino para que el mundo sea salvo por El. El que cree en él no es juzgado; el que no cree, ya está juzgado, porque no creyó en el unigénito Hijo de Dios*. Desde la expiación en la Cruz, desde que el Cristo cancelara esa extensión universal de la responsabilidad que es el Pecado Original, el mérito queda excluido y se descarta el peso de las buenas obras en la balanza, que deviene inútil. La significación evangélica, mediada por el kerigma paulino, contradice la balanza. Haga lo que haga el creyente, si tiene fe, el dios cristiano le acogerá en su infinita misericordia; si no tiene fe, ningún mérito en la balanza podrá equilibrar el peso demoledor del Pecado Original (que no ha sido cometido: ha sido contraído con el nacimiento). La idea ya se anticipa en *Habacuc*: la fidelidad a Yahvéh es lo que salva al justo. Hasta tal punto ha rendido sus decantaciones esta idea que la balanza llega a hipostasiarse en la Cruz, de tal modo que la Cruz es percibida como la balanza con que Jesús paga el precio de nuestro rescate.

La balanza es inconcebible en el Hallelu-Yah, la exclamación jubilar de loa al redentor, que puede revestir la aparatosidad de un coro institucional, como en el *Messiah* de Georg Friedrich Händel, pero también el gozo íntimo del canto de un pájaro o el rumor del viento. El cristianismo focalizado en el Cristo no asume como propia la imagen de la balanza, y no es infrecuente que asocie, no menos a la balanza que a la espada, símbolos atenuantes—así esa rodilla desnuda que a veces sorprendemos en *Lady Justice*, significando clemencia, en reminiscencia de la inclusión de María de Nazareth como intercesora de la Humanidad en el Juicio Final.

La balanza se religa a situaciones excepcionales y acciones desmesuradas que extreman la conducta del individuo de recto proceder. Job reta a Yahvéh a que le pondere en la balanza, da un censo de sus benefacciones y termina altaneramente espetando: *¡Ahí va mi firma!* O bajo el signo de la incertidumbre expectante sobre la inminente parusía—la venida resucitadora del Mesías y su reunión con él—, en una coyuntura de cruenta persecución, donde se hacen emocionalmente ineludibles palabras de consuelo retributivo que alivien la tentación de la deserción: *Es justo que Dios devuelva aflicción por aflicción a vuestros opresores.* O en el contexto de ese cataclismo en que *el cielo se deshaga como rollo de pergamino*, narrado por Juan el Apocalíptico, donde al abrir el tercer sello el jinete de negra cabalgadura llega portando una balanza.

Hay que acudir al sectarismo integrista para aquilatar la recepción praeterevangélica de la balanza, allí donde el intrincado dogma de la Trinidad resulta abstruso y, en consecuencia, Jesucristo es menoscabado al rango de coadjutor subalterno en la universal trabazón de Dios; allí donde *peccatum originale* viene a significar que Usted y yo hemos sido vomitados a la vida maculados de ignominia. Es ahí donde la concavidad de los platillos de la balanza se dilata para poder albergar compendios enésimos de pecado; donde las arquitecturas se estremecen entre el firmamento de la Ira y un subsuelo de Horror; donde el arcángel Miguel no es sino el punto de fuga para evadirse de los gestos dislocados de figuras atrapadas en el centro de una imaginería cuyo ostentado poder de intimidación, cuya visionaria precisión fustigada por el resentimiento, no pueden no tener, tal parece, una inspiración divina.

Y no sólo eso. El uso religioso más intenso e intensivo de la balanza se atestigua precisamente en las corpusculares congregaciones demoníacas, que abominan del Cristo. Ahí está el Ojo luciferino vigilando el fluir de cada alma; esperando, aguardando expectante, sin impacientarse, la Caída. Pero este Ojo es una minucia despreciable ante los rendimientos de la balanza, imagen predilecta. Para el ángel soberbio, para el Señor del Mal la balanza es la ansiosa exhibición de su rencor, el vehículo mediante el que reivindica su función cosmogónica. Es una angustiada apelación a que Yahvéh, negando la Cruz, haga memoria, recobre su destino esencial como ponderador. Pues, tras el adviento del Crucificado, sólo por el imparcial pesaje de las acciones humanas en la balanza podría el Anfitrión del Infierno acoger huéspedes.

8

La Espada, la Venda, la Balanza—Durante siglos, estos atributos de *Lady Justice* han sido considerados la alegoría perfecta de las cualidades virtuosas de *Justicia*, pero yo no he logrado ver en ello más que ira vengativa, ciega locura y rencor. Avanzar más por ese trillado sendero se me antoja inviable. Esto no significa que hayamos sido eximidos del deber de reformular ideas de *Justicia* que sirvan para el pensamiento y la acción.

La Imaginación es apetencia; es también el afán de ser objeto de apetito. Es un *perpetuum mobile* persiguiendo nuevas elaboraciones. Frecuentemente se parte de elementos conocidos: constituyen variaciones. Una alteración en la imaginería puede surgir por la recuperación de imágenes que se creían perdidas, como sucede en el Renacimiento con los *Hieroglyphica* de Horapolo, que amplía el arsenal de símbolos a disposición de los artistas, además de reforzar su fe en la comunicación simbólica.

Numerosos pintores han pintado imágenes de *Justicia* sin incurrir en su alegoría. Han pintado leyes, han pintado legisladores y juicios de leyenda; han pintado *Iusti Iudices* y jueces inicuos, y las consecuencias de sus decisiones, como el estigma y la infamia, el repudio y el exilio. Han pintado los retratos y las costumbres de lo justo y lo injusto. Los logros importan; no tanto como el hecho de proseguir el camino de elaboración y transformación, siempre en la exaltación de nuevas auroras.

No es insólito que las correcciones críticas procedan de la cultura popular o del folklore tradicional. Algo que en *Lady Justice* me irritaba sobremanera es la desnudez de sus pies. Ese detalle de la fantasía de una quietud de pedestal bastaría para establecer definitivamente la anomalía anacrónica de esta figuración alegórica, que pertenece a otra era. Yo preferiría verla recorrer asfaltos y peñascales, escalar montañas y sumergirse hasta simas abisales, salvar distancias astronómicas, si no con la alfombra mágica de Sulaymán y Baba Yaga, al menos sí con unas gastadas botas de siete leguas.

La imagen legada por Wilhelm Hegel a la tradición filosófica es la de una entidad calzada con *Siebenmeilenstiefel*, ya el *Zeitgeist*, tan retrógrado a veces, y súbitamente cogiendo un impulso extraordinario; ya, asumida la imagen como sinónimo de facultades ilimitadas, el Concepto. El antecedente se halla en los cuentos infantiles, atestados de personajes con facultades sobrehumanas singulares. Hegel pertenece a una generación que gusta de los relatos y cantos populares, y a veces los transforma en algo superior, como los *lieder*. Pero avanzar siete leguas con una sola zancada, esto tradicionalmente podía hacerlo sólo el personaje aterrador del ogro que descuartiza niños y devora.

No obstante, en *Lucinda* (1799) Friedrich Schlegel, inspirado por la romántica esperanza de progreso, ve en el cambio de siglo un alba con *Siebenmeilenstiefel*, donde el firmamento se enciende en una llama inextinguible, haciendo que los pequeños candiles ya no valgan. Esta transformación meliorativa se enraizará en la imaginación teutona. En 1813, Adelbert von Chamisso hace que su personaje

Peter Schlemihls, el hombre sin sombra, tras batallar contra el Demonio, gaste sus últimos dineros en unas *Siebenmeilenstiefel*, convirtiéndose en científico naturalista.

En una carta de Hegel a Friedrich Immanuel Niethammer, datada en Nürnberg el 5 de julio de 1816, se reincide en la imagen de fuerza. Hablando del Espíritu, que está dando órdenes imperativas de avance, Hegel señala que nadie puede detenerlo. Quizás alguien podría alcanzar los cordones de los zapatos del coloso, tal vez mancharse con su cera o sus barros, pero difícilmente podría arrancarle tal calzado de dioses que, conforme a las *Mythologische Briefe* de Johan Heinrich Voss, tienen suelas elásticas o incluso son *Siebenmeilenstiefel*. La imagen vaga felizmente por los cerebros de toda una generación, y será definitivamente fijada por Heinrich Heine en el poemilla *Auf dem Brocken*.

Incluso *Lady Justice* ha contado con correcciones críticas que, si bien no se han instalado en el inconsciente colectivo, muestran el rol del Arte como último bastión ante las hordas del error.

Un ejemplo notable es *Justice*, de Joshua Reynolds. Este óleo sobre lienzo, en el que trabaja durante 1778 para su reproducción en una vidriera oxoniense dentro de un conjunto de *Natividad y Virtudes*, muestra la idea del *Grand Style* que tiene este plácido platónico en una época donde las pinturas alegóricas ya se consideran retrógradas entre la vanguardia intelectual. Su iconografía transgresora no se condice con el resto de figuras.

La espada, más que depuesta, se aquieta en un área indecisa, semejante a la atenta indiferencia que una burguesa dispensa a su bolso de mano. La balanza, que está a la altura del ojo de la mente, no es *bilanx* sino *statera*, lo que agrega sutilidades en la percepción del equilibrio fuera de las rudimentarias ecuaciones de la simetría. La venda se transforma en una sombra que no ciega pero tampoco permite que los ojos sean heridos por la luz, sugiriendo que la precisión se alcanza desde un área de penumbra. Y el propio acto de la ponderación parece más bien la visualización al trasluz de una sustancia de probeta, o un oteo de horizontes en el curso de la navegación, o quizás el cálculo de viento y distancia de una arquera.

HIPÓTESIS DE OTRA LUZ EN ESTE BOSQUE

1

El roble, objeto de culto ya en tiempos lejanos, respira en compañía de abedules, avellanos y castaños, formando una masa vegetal que domina la haya.

En la foresta frondosa, los individuos, de gran talla y porte robusto, con su peculiar corteza cenicienta, se benefician del aire húmedo de borrascas y la niebla orográfica del país. Apenas aparece rastro de labores humanas, excepto un experto aclareo de entresaca en ciertas partes, seleccionando la arboleda más vigorosa.

Esporádicamente puede escucharse una estridencia de escopetas proveniente de los tojares; aparecerán luego restos de parapetos de cazadores furtivos al ojeo. Más allá, los matorrales se muestran como una formación mejor adaptada al fuego, el pastoreo y los cultivos delerictos; es el paso intermedio en una cadena degenerativa que va desde el Bosque hasta la roca desnuda, y advierte de la regresión.

Una luz clara y siempre fresca, incluso en el estío, dota de una gama más intensa al viridis claro de la hoja abundante. En la umbría del limpio sotobosque, apenas brota algún lirio, algún jacinto.

No hay amigo mejor para reflexionar sobre *Justicia* que el Bosque, pero incluso aquí resulta arduo desprenderse de las impresiones depositadas en un reservorio mental amparado por el sedimento indiscernible que procede de los días sin huella ni memoria, consumidos en la intensidad del instante.

Se falsean los sueños; los anhelos se mixtifican. Se replican acríticamente las trampas del Mercado, las fealdades de los ídolos. Se inflan las expectativas, ensanchándose la zanja entre Imaginación y Realidad. Frente a una responsabilidad centrada en la voluntad y el hecho, impera la irresponsabilidad propulsada por esas imposturas. Acongojado por la inseguridad, excitado por la necesidad de nutrir un ego pantagruélico, el ciudadano va solapando sus miedos, sus deseos y esperanzas; los dispone de tal modo que la fuerza torrencial de la corriente no le dañe, en una estructura de imbricación similar a la escama de los peces.

Impera el espíritu maquinista, y en la terapia tranquilizadora que proporcionan las soluciones de la Tecnociencia, llenas de fascinación y extrañeza, lo que está en juego es una inercia de negligencia moral. La tragedia del especialista es que puede refugiarse en los hechos. Las máquinas introducen simplificaciones de los procesos naturales, en un fenómeno que a veces traspasa el sentido de una naturaleza superada, y se sitúa en el ámbito del Destino. Cuando la acción pierde sus amarras en el mundo moral, lo que se desvincula es el dispositivo que sustenta y estabiliza la animalidad humana. La persona es un navío al garete a merced de los elementos.

Cuanto mayor automatismo puebla nuestras jornadas, más mecánica se vuelve la voluntad. Se ve en los movimientos corporales; se pierde elasticidad, la violencia del gesto se hace pasar por pujanza. Lo observamos cada Navidad, cuando nuestros adolescentes abren sus regalos. En momentos decisivos para la elaboración del Yo, cualquiera de ellos está mejor preparado para el escolio tecnológico que para la crítica literaria.

La mayor felicidad para el mayor número de personas—pocas proposiciones habrá tan sugerentes como el principio utilitarista para entrañar una idea de *Justicia*; pocas tan dañadas por las objeciones oponibles, pues se trata de un pensamiento que no sólo hace caso omiso de las preferencias del individuo, sino que urge un único patrón para efectuar el cálculo, igualando bienes y valores en una moldura deformadora que aplana la riqueza de la Realidad.

No sólo afecta a la valoración de los objetos, sino a la propia cosificación de los valores y su jerarquía, que se vuelven también mercancías. ¿Qué valor otorgar a una hazaña y a un crimen? No queda claro que en el cálculo utilitarista debamos atribuir un mayor valor a la hazaña pues, a largo plazo, por el efecto mimético, podría acarrear una expansión irracional de las situaciones de riesgo. Tampoco es evidente que tenga un valor menor el crimen, que tal vez haya cumplido una función de desagüe en un entorno insoportable, o a largo plazo puede quedar en el acervo de la comunidad como la representación diamantina de la negatividad pura, sobrepujando en eficacia a las normas que han tipificado el hecho punible.

Libertad, Igualdad—Hay nociones que marcan la sucesión de los siglos con la regularidad cíclica de una posición orbital. Como si fuera una pareja de espejos dobles danzando, se desplazan, generación tras generación, de tal modo que en cada punto lo que observamos es la misma nulidad del espacio interior y la cambiante escenografía del salón de baile. En nuestra época, la luz que incide trae una cuestión fatigosa: ¿son justos los mercados?

Sus defensores afirman que el Mercado respeta la libertad individual de preferencia, maximiza el bienestar, promueve conductas virtuosas. Para sus detractores, en la constitución del Mercado y sus reglas siempre hay predeterminación hacia desviaciones y tendencias que, en igualdad de condiciones, van a favorecer a unos en detrimento de otros. La elección casi nunca es libre. Y hay bienes *extracommercium*, que tienen valor pero no tienen precio, o no deberían tenerlo. El cuerpo humano, la dignidad, los compromisos inherentes a la ciudadanía, deberían quedar fuera del Mercado, y no es así.

No creo en la existencia del Mercado como un ente separado de sus miembros y componentes. Tras cada acción mercatoria—incluido el diseño y establecimiento de cualquier sistema de algoritmos—, hay individuos sujetos a responsabilidad, de cuya personal exigencia ética depende la creación y aplicación de estándares regulatorios o deontológicos.

Lo relevante es que, para el indigente marginado en la miseria, la presión del Mercado causa el mismo efecto que la fuerza coercitiva de la Ley. Y esa equivalencia, que muestra que ambos fenómenos fluyen por la misma arteria del Poder, debe ser tenida en cuenta a la hora de definir *Justicia*.

Dicen que el dinero aclara el flujo del pensamiento como sólo puede hacerlo un maestro; dicen que hace que una mente simple formule estrategias complejas: que es un acelerador de ideas.

Lo cierto es que con los grandes números hay un cambio de escala. Los límites de la legalidad se vuelven difusos. Lo vemos en el planeamiento urbanístico, en los balances bancarios, en la financiación de los partidos políticos. Lo vemos en leyes motivadas engañosamente; el afán recaudatorio es un interés tan legítimo como muchos otros, pero se prefiere evitar su coste político solapándolo bajo motivaciones de seguridad jurídica o mayor eficiencia.

Otra cosa es en qué se transforma el capital cuando carece de amparo ético. La naturaleza de este peligro se evidencia al analizar la secuencia lógica de quien ha tenido en su mano un arma y en el corazón un motivo. Acopiar capital, como tener la oportunidad de blandir ese arma, no esclarece la complejidad de la Realidad; meramente, la simplifica.

Si alguna tentación jamás he tenido, esa es la demagogia: *las tierras, para el que las trabaje; las viviendas, para el que las ocupe*. Como jurista, me atengo a la regla de que los contratos deben ser cumplidos: *pacta sunt servanda*. Hacer excepciones a ese principio es socavar la confianza en la regularidad del tráfico jurídico.

Es crear un semillero de injusticias que termina por perjudicar precisamente al más débil, al menesteroso de amparo jurídico—los poderosos jamás han necesitado la Ley. Ello no puede ocultar la necesidad de establecer una política asistencial coherente, asegurar la función social de la propiedad y penalizar, mediante tributos o expropiaciones justipreciadas, el patrimonio infructuoso o letárgico.

Los clásicos lo comprendían mejor. Es cuestión de conservar la medida. El igualitarismo tiene su estepa como el privilegio tenía su náusea.

Para mejorar la Ley, urge optimizar la Democracia. Responsable de esta misión es el *zoon politikón*—no se infiera aquí el señalamiento de aquéllos visibilizados por su quehacer institucional, sino la proclamación de que la Política es un fenómeno en que deben implicarse sustancialmente todos los ciudadanos, lo que exige un proceso permanente de purificación personal. Nada resulta más perentorio en estos días que la transformación radical de nuestra calidad ética e intelectual como partícipes en las decisiones políticas.

No puedo concebir un infierno político más espeluznante que la Democracia cuando ha de ser realizada por miles de millones de necios. Estoy conforme, cómo no voy a estarlo, con que todo ciudadano tenga capacidad inmediata de decisión, siempre que pueda hacerlo sin ser manipulado, y ello pasa por dotarlo con todas las habilidades y competencias para una acción juiciosa.

Hay que analizar profundamente la Democracia electrónica y, por ende, la Democracia directa. Lo bueno de la Democracia representativa es la notoriedad de sus virtudes y sus vicios; de la Democracia electrónica directa me horroriza imaginar una libertad visceral que nivele a todos en el fango de la ignorancia, cuando debería igualarlos en la excelencia.

Democracia instantánea. Porque el instante es el reino de la infancia, el reino del juego, el reino de la trasgresión, y la cuestión crucial para un político profesional del siglo XXI es el envenenamiento del instante; la cuestión política más relevante en una sociedad tecnificada es la inoculación del miedo y la incertidumbre en el instante, la intoxicación mediante el tópico y el prejuicio, el rumor y la media-verdad, y eso pueden causarlo tanto los tiranos oligarcas como los demagogos de asamblea.

A la carencia de los saberes especializados que exige hoy la acción de gobierno, se agregan los efectos de la psicología de las multitudes: en la muchedumbre sufrimos pérdida de raciocinio, desvinculación del sentido de responsabilidad, eclosión de impulsos primitivos. Es la cínica paradoja de que la salud de la Democracia depende de un alto grado de apatía del votante por los asuntos políticos. Antes que ninguna otra cosa, debemos lograr que cada ciudadano vista la túnica que le corresponde, y piense y actúe como un Estadista.

Lo que en el fondo subyace es la irresponsabilidad del ciudadano que ejerce sin mediación su función democrática. Nadie ha dicho que la Libertad fuera un edén: o es una experiencia personal continuamente problemática, o ciertamente no es una Libertad responsable.

La Ley, además de ser aplicada, debe ser explicada. No basta con imponer el recuento de las urnas. La Ley se infiltra por cauces más numerosos que los poros de la piel; y de su aceptación, a verificar día a día, y no sólo en las academias y los palacios jurisdiccionales, depende la paz social y la legitimidad del esquema institucional vigente.

La Ley debe ser continuamente explicada. En un futuro ideal, esta pedagogía quedaría a cargo de todo el cuerpo social, constituido ya en una comunidad plenamente participativa. Hoy en día esa obligación recae, entre otros, en el Juez, que en cada sentencia ha de renovar la explicación de la Ley, procediendo al análisis de la congruencia y persistencia de sus motivos, realizando en su caso las correcciones necesarias. Para ello, debe transformar la jerga jurídica, que en ocasiones parece burda artimaña donde cifrar sabidurías que deben perdurar ocultas, en un discurso con la potencia y precisión de una obra de arte; al menos, debería tender a ello.

Nuestra época no es propicia para el gran estilo, ni siquiera en Literatura. No hay pesadumbre en este pensamiento. Siempre que se ha pretendido imponer por decreto la excelsitud, lo que ha sucedido es una proliferación de la trampa. La maestría es una aventura que cada cual debe afrontar por su cuenta y riesgo.

2

En otoño, cuando el hayedo muda y tiende por el suelo toda su caduca corpulencia salpicada de hayucos angulosos en una cobertura mantillosa de hojarasca, las trazas verticales de los troncos rectos, de larga vida tricentenaria, parecen espíritus acechando entre la niebla.

Es el ámbito de los seres con hábitos crepusculares. Se ha operado un cambio de dieta. Del consumo oportunista de la primavera se ha pasado a la caza selectiva y ardua. Tiempo de almacenamiento de raíces y frutos, caracoles y larvas, cucarachas y escarabajos, para los pequeños roedores, sobre quienes cae la presión trófica de los depredadores. Una gineta, con su pelaje manchado de negro y su cola franjada, intensifica su olfato penetrante. Puede escucharse la acción de uñas largas de un tejón solitario, que ha dejado las galerías y respiraderos de su madriguera. Al caer la noche ya camina en silencio la salamandra rabilarga. Ya aparece el hurón, y la marta, y las pálidas garras del gato montés, atrapando roedores y pájaros, ranas y peces.

Recalan los invernantes para pasar los ásperos meses de la invernada. Llegan grullas vocingleras desde su paraíso escandinavo, sobrevolando a baja altura la topografía del continente; llegan nutridas bandadas nómadas de estorninos, milanos y torcaces. Vuelve el cuco de la fabulación. Con su larga cola enhiesta, sustrae un huevo de la curruca zarcera y aloja en su lugar uno propio, a fin de que lo incuben; el polluelo de cuco, que triplica en volumen a su madre putativa, acapara el alimento e incluso llega a arrojar del nido a sus hermanastros de empolladura.

El otoño es entrega, donación. Henchido, el Bosque desparrama generosamente sus frutos buscando, hacia una continuidad de futuros, el sentido de la permanencia. La bellota se desploma a lo largo de jornadas, de manera insistente. Un pendenciero petirrojo residente, de intenso azafrán, modula el canto para difundir su marca territorial.

Entre otros vegetales vasculares sin consistencia leñosa, reina el helecho. Adaptados al frío más intenso, pueblan la parte baja de los troncos los hongos, y azuladas colonias gelatinosas de gleocapsas tapizan el suelo y las cortezas de los árboles. Restos de esfagnos y otros musgos y líquenes se tienden sobre rocas donde crece el tomillo y la madreselva; por entre sus grietas se escurre una lagartija roquera, escapando de la culebra coronela.

La humedad afecta a la consistencia del suelo, su productividad y capacidad portante. Busca la humedad, bajo las piedras, el escarabajo, la escolopendra. Busca la humedad el ciempiés, con sus antenas y su par de ojos sencillos, arrollándose en espiral a la menor alarma. El caracol busca la humedad; se retrae, obtura la boca de la concha con una membrana blanquecina y se sume, oculto entre las rocas, o enterrado, en un profundo entumecimiento. Busca la humedad la babosa, y la lombriz anillada que odia la luz, nutriéndose de restos putrefactos, que filtra al tragar tierra. Algunos insectos pierden sus alas y adoptan una existencia cavernícola. En el subsuelo bullen, en su fugaz existencia, ácaros, colémbolos y planivermes. Aparece el níscalo anaranjado, y la oronja apetitosa.

Un mundo poblado por especies abundantes, aunque también hay lugar para la rareza, como una pareja de búhos reales, o la bocina marfileña de un narciso silvestre.

Dos vecinas se enzarzaran en una porfía resuelta con zarandeos, arañazos y tirones de pelo. La vista del juicio de faltas durara treinta y cinco minutos. La ofensora, sin muestra de arrepentimiento, desafiando con befa al Juez, con vilipendio, se declaró culpable, aceptando cumplir el castigo legal, y diez como tal más.

Recluido en mi despacho, corroboré que la condena determinada por el Código Penal vigente para el *maltrato sin lesión* era de cinco a quince días de arresto. *Cuántos días de arresto he de imponer*, me pregunté. *¿Trece, diez, siete? ¿Por qué no ocho y medio? ¿Por qué no seis miércoles y nueve domingos? ¿Por qué no sesenta segundos—la dilatación de la memoria del instante del maltrato—durante veinte mil días?* Como una ola ponzoñosa que batiera las raíces de mi alma, percibí la flagrante iniquidad que supondría imponer un día de más o un día de menos.

Esa noche no logré conciliar el sueño, ni la siguiente tampoco. Intentaba convencerme de que un juez profesional con años de experiencia quizás tuviera el tacto maestro de las ponderaciones, pues ya habría tenido tiempo de realizar un análisis más sutil, de considerar minuciosamente cada equilibrio. Pero ¿y si toda su escala estuviera desde el principio inficionada por un prejuicio, por la banalidad, por el descuido, por el error? Revisando los volúmenes del *Libro de Sentencias*, quedé perplejo con la arbitrariedad de las cifras. En casos similares, sólo un centésimo de resoluciones se había impuesto arresto que no fuera de *cinco*, *diez* o *quince* días—la frívola superstición de los números redondos.

Sabido es que *Justicia Retributiva* está desequilibrada, por no decir desquiciada, pues se centra en el castigo y desdeña el galardón. Dicho eso, es una *Justicia* incoherente con el progreso histórico. Vincular un altercado vecinal a unos días de encierro, evidencia un legislador tosco. La neutralización del individuo nocivo, enjaulado como bestia, significaba algo en las sociedades premodernas, pero ¿qué sentido tiene hoy? Si lo que se pretende es irrogar un daño al delincuente, lo coherente sería proceder a su pública denigración, al secuestro de sus bienes, a fustigar su cuerpo con latigazos o descargas eléctricas, o hacer que se trague una *píldora del malestar*.

A pesar del arsenal de ideas y artefactos a disposición del legislador, sufrimos la penuria de media docena de soluciones, donde todavía prevalece el encarcelamiento y la pena monetaria. ¿Dónde estaba el diálogo de la ofensora con su ofensa, con su víctima, con el cuerpo social? ¿Dónde la justa retribución? ¿Por qué no vincular el maltrato a una sesión de introspección, o a un embarque en alta mar? ¿Por qué no a la lectura de algunos fragmentos de Cicerón o Tucídides?

En la tercera noche de insomnio, irremediablemente desvelado, tomé lápiz y papel, y tracé rectas y perpendiculares a mano alzada hasta conformar cien cuadrículas. Como frontispicio inscribí en pequeñas letras mayúsculas: MATRIZ DE JUSTICIA. Luego apliqué el sacapuntas y, calmosamente, mientras en el tocadiscos giraban vinilos del repertorio camerístico, rellené la rejilla. Buscaba configurar un mapa de los parámetros fundamentales para la definición y realización de mi idea personal de *Justicia*.

Hay singladuras ensayadas una y otra vez: las geometrías del deseo, el análisis de la naturaleza del Poder, la búsqueda del elixir que revele la sabiduría de las grandes transiciones. Aventuras de la mente en cuyo germen anida la añoranza de una existencia liberada del Hecho; epopeyas que no rinden informes, azotadas por los vientos de un torbellino sensorial. De ellas he vuelto con las manos vacías, exhausto y desorientado; a veces, he regresado renacido tras recibir una infusión de la materia con que está hecha la Duración. Esa vez difería. Al surgir de una necesidad vital, la voluntad deseaba trabar idea y factualidad como el tendón se adhiere al músculo y al hueso para transformar el brazo en un instrumento de fuerza.

Me movía desde el exterior hacia el núcleo, en un movimiento centrípeto de arrollamiento en espiral. La casilla cero era invisible: el Lenguaje. En la periferia incluí la Coyuntura: sistema educativo; tributos, seguridad social y sanidad pública; energía, infraestructuras y medioambiente; empleo y modelo productivo. En un segundo anillo, conceptos, pares de antónimos, realidades transversales como la Tecnología, el Azar, los tipos de la Narratividad, la Ciudadanía. A medida que iba aproximándome al centro, la comunicabilidad se complicaba. Era como si la aventura se transformase en una épica de la solipsis donde entelequias como Dios eran regidas por tiempos verbales estrafalarios y las tres personas del plural se disgregaban en un haz de centenares de pronombres en función de una alucinada combinatoria de las ideas de identidad y pertenencia.

En la sensualidad de un flujo incesante de inercias sensitivas e imágenes a medio formar, en la inefabilidad semántica de la gramática distorsionada de lenguajes privados, las referencias en las casillas centrales pasaban de la palabra al trazo jeroglífico, recogiendo experiencias que en mí habían ido cogiendo índole de idiosincrasia. Era la sombra de la relación entre la idea que de niño tenía del Amor y la emoción experimentada con el primer amor, y era la confluencia de un tacto de herrumbre y el aroma a mandarina una mañana lluviosa de septiembre en que estaba adormilado en un desván ocasional pensando en un color inventado.

El reto de esa MATRIZ DE JUSTICIA era cómo ordenar y, sobre todo, cómo sublimar toda información en un conocimiento de naturaleza superior que sirviera para la acción. Arrastrado por las galernas del dato, Anthropos siempre ha buscado una manera de hechizar la cantidad. Mientras no lo consiga, intuimos que su sabiduría es tan inútil como una academia para herrar unicornios.

Con el paso de las horas, las cuadrículas cobraron animación. Algo en ellas bullía en una intermitencia de luz que parecía la danza de una infinidad de escarabajos. Al coger volumen y relieve, iba adoptando la forma de un cerebro humano compuesto de miles de millones de cerebros diminutos. Entre ellos fluía el conocimiento como a través de la prodigiosa simplicidad de una flecha, que a la vez indica y alcanza. Actuaban con la precisión del arquero que, en vez de apuntar al corazón de la bestia, pacientemente apunta al objeto de su deseo para mejor flecharle el entrecejo. Esos cerebros se alimentaban de una fuente que parece haber quedado al margen de la Historia. Si me acercaba, podía observar ideas fósiles que sirvieron en su día en el curso de la evolución, y tienen la opacidad característica de la necesidad resuelta; bastaba retirar una telilla para ver su fulgor. Acercándome todavía más, fijándome en los flujos de luz, se apreciaba cómo los objetos se abrían como flores donde libaban las palabras, semejantes a libélulas que revoloteasen en alegre desenfreno, liberadas ya de la angustia de no ser raíz.

Era una fuente virginal e inagotable, que yo contemplaba con perpleja ingenuidad. Era la combustión de una sustancia elemental, tocada por el éxtasis. Al alba, la hipótesis se planteaba ya con el hechizo de un cáliz rebosante de oscuro vino denso: *Poiesis*—Arte, Poesía, creación luminosa.

Lo excitante de hacer una parada en las tabernas ignoradas es que uno nunca llega a saber si el extraño que invita a echar un trago es un ángel hastiado de misiones o un demonio tanteando la caída.

El vino rubio, con los deliciosos matices afrutados del país, se sirve en tazas de blanca porcelana. Su luz nos transporta a las horas primaverales en que el sol sazona las uvas, cuando multitud de vides emparradas, pendientes de lomas, o en las estribaciones de hondos valles, exhiben sus racimos.

En una vieja cafetera se cuecen piñas de percebes, servidas en bandejas cubiertas con tibios paños blancos que los comensales retiran como si descorriesen un velo bendito. Percebes del tamaño de un pulgar de leñador, que el chuzo de una rapa arriesgada expertamente ha separado de la roca que la furia del mar bate y combate. No es fácil retirar la telilla, y hasta el más experimentado puede salpicar al comensal frontero. La mancha es una medalla que se recibe con donosura. Ha merecido la pena esperar. El sabor de su carne jugosa se efunde por la boca, poblando cada cavidad en un estallido incomparable de insinuaciones marinas.

Con la matanza, el vino rebosa las copas. Servido en grandes fuentes adornadas de pámpanos, hace su entrada la testa del puerco. Afuera, entre la humareda de los rastrojos quemados, un vejestorio con la dentadura mellada, con voz ronca, en ocasiones plañida, ensaya alboradas o sentidas elegías, cuentos como el de aquel zahorí que apaciguaba la luz. Ya palpitan el violín y la flauta, la gaita y el pandero. Repican las campanas y fulguran los cohetes. Es la hora de la fiesta.

Una mujer preñada bandea por el sendero y acucia, palmea el cogote, para que esfuerce el paso, a un pequeño de cabello hirsuto, que solloza por el dolor y aguanta, contra el chichón, un patacón de cobre envinagrado. Los muchachos regresan de sus correrías por los montes. Apura el remo el pescador, el herrero depone el brazo y la herramienta; los ancianos desempolvan sus viejos trajes, se atavían con pudor, y se miran, y se ríen, y la chanza es un don que de pronto prolifera, y se dan espaldarazos.

Con dos golpes se clava la espita en otro tonel. Los ojos centellean. La charla se hace más animada. Surgen las pullas y las réplicas ingeniosas. Surgen los cánticos. Es la vida querida. Luz que un simple gesto del Destino convierte en escobajo.

En ningún lugar se agasaja al forastero como en estas comarcas. No se trata de una cortesía vinculada a un imperativo moral. Es el sentido de maravilla que impregna la constitución nerviosa de un pueblo hecho a un fatalismo de magias. Aquí la inexorabilidad del encuentro se hace sabiduría que recibe al visitante como al viento o a la lluvia, con la gratitud por el don concedido.

Labriegos que al tomar el azadón bendicen el día, te acogen en la paz de su laboriosa *mediocritas*. Una abuela, coqueta con su edad y las pecas de su delicada piel, amonesta a potas de latón una y otra vez remachadas, una y otra vez cascadas, como si fuera un batallón indisciplinado. Hoy toca el clareo de unas sábanas antiguas, que muestran cercos y manchones de estar tanto tiempo enmohecidas en cofres y arcones de nogal; bastará con restregar contra la piedra y luego ir asperjando sobre la hierba, para que vuelvan a lucir más blancas que ninguna.

Tras la comida, que se elabora con la hechicera sencillez de una tradición milenaria, recoge las migas mojando en la copa de vino delicadamente la yema del dedo anular y se adormila con el disturbio de la yesca. Por la tarde puede salir y soterrar una semilla, o detenerse ante los arriates, contemplando con guasa la evolución de cada planta, sin mayor preocupación, dejando muchas temporadas que las hierbas malas cundan por doquier, con el mismo ánimo con que unas monedas de plata, década tras década, han sido dejadas en parsimonia.

El sol es un coloso fatigado que convierte la música de las ideas en un delirio de epopeyas a través de espacios míticos, en pos de lejanas islas afortunadas. La Imaginación celebra su banquete vespertino. De péndulas ramas cuelgan los frutos dorados. El alma errante, peregrinando en busca de la luz irrebasable del conocimiento pleno, camina al borde de los acantilados, leve como el peso de los pasos en los días de la inocencia.

3

Con la llegada del frío, las criaturas del Bosque se defienden. Raro es que nieve. Los árboles abandonan sus hojas; las plantas pierden su componente aéreo. El animal se halla expuesto al rigor de una humedad que cala hasta el hueso. Escasean los alimentos. Todo lo domina una gélida quietud apenas rota por el estrépito de una rama tronchada por un depredador cegado de hambre.

El ambiente es hostil. Hay interferencia, explotación, exclusión. Surgen también las sorprendentes alianzas. Especies hay que se dispersan, se aventuran en nuevas áreas, donde han de adaptarse o sucumbir. Otras optan por la cripsis: alteran su color, su olor, su aspecto o movimiento, se hacen menos aparentes; se integran con el entorno, adoptan estrategias de inmovilidad.

Proliferan las asociaciones familiares. El piojo y la garrapata prosiguen su acción defoliadora; como parásitos colonizan, depredan especializadamente, sin causar daños a su hospedador. Se dan las simbiosis profundas. Los hongos y las raíces micorrizas cooperan. En el liquen, el alga aporta los productos orgánicos de fotosíntesis, permitiendo al hongo que se emancipe de su carácter saprobio; éste, por su parte, otorga las sales, la humedad, el tejido de sostén que permite una existencia no acuática.

El frío invernal, con el silbo de las ventiscas y la humedad de las nieblas, impone un largo período de reposo. Cerca de un roble, cerca de la talla enorme de su corteza resquebrajada y parduzca, hiberna inexpugnable un erizo paticorto. Muchos dormitan, pero el lobo no descansa ni ha de descansar hasta su apareamiento, como afirma la leyenda, en Nochevieja.

La idea impregna, como una lluvia gozosa, vastas extensiones de la mente: *Poiesis*. No se trata de que los jueces se dediquen a componer sonetos surrealistas, ni que los legisladores edifiquen estructuras neobarrocas en los textos de la Ley.

Cuando imagino la integración de la creación luminosa en el *modus operandi* de *Justicia*, pienso en un principio universal para el pensamiento y la acción que concierne a todo ciudadano y no sólo a los investidos públicamente con facultades especiales. Pienso que el acto de amar y el acto de legislar y el acto de laborar y el acto de danzar, el acto general de vivir, inclusive la tarea de integrar las imágenes y conceptos para una definición de *Justicia*, todo ello esté a cargo de acciones especializadas de la voluntad cuya exigencia de pureza puede parecer absoluta.

Si reflexionamos sobre lo que logran los artistas con un violín, con un bloque de mármol extraído de la cantera, con unas cuantas metáforas halladas entre el bullicio del Mercado, aplicando el recurso combinado de todas sus facultades, tendremos una imagen más clara de lo que está en juego: la transformación del Mundo mediante un esfuerzo de proporciones colosales.

Aquí la creación luminosa es una obra de ingeniería que cambia la faz de un continente, o la fundación de una república de ciudadanos-legisladores. Es también un gesto del cuerpo humano que tardaría milenios en decantarse.

Poiesis—Estamos ante una experiencia personal y común, que suele resultar inefable y de la que sólo se da cuenta por indicación, no mediante representación. Lo hemos observado en cientos de textos y obras de arte; lo hemos sentido en la naturaleza, en un giro del Destino.

Al hablar de *Poiesis*, uno se figura discursos alternativos a los cauces ordinarios de expresión; discursos que integran una peculiar conexión entre Imaginación y Realidad. Se piensa en artistas de la palabra, en creadores de la música o de la imagen también, que han fundado ámbitos de consagración. Siempre volvemos a ellos, porque nuestra sed de ser anhela volver a la cualidad de la luz que infunden, a la plenitud de un sedimento sublime, pero también al milagro creador que una y otra vez nos conmueve.

Volvemos para celebrar en la superficie en blanco, en el silencio de la sala, la renovación del espacio poliédrico de la creación luminosa: un ámbito exento donde formidables potencias operan la génesis de una expresión, la apertura de un campo de sentidos o, acaso humildemente, dejando un orbe de implicaciones y correspondencias, la fijación de un instante en la percepción frente a la fluencia ininmovilizable de la vida.

De *Poiesis* sabemos que no supimos mucho y que nunca sabremos demasiado. Sabemos, eso sí, que se trata de algo único: *Poiesis* es una experiencia singularísima que intensifica y amplifica la experiencia plural de la Vida.

Poiesis debe ser a *Justicia* lo que la Lógica es a la Filosofía: una vía de esclarecimientos. Su fin primordial, acotar la extensión de la tiniebla. Aquí no hay dogmas ni peticiones de principio. Lo vario enriquece. La paleta no puede prescindir de pigmento alguno.

¿Cuántas concepciones de la Lógica hay en Wittgenstein? ¿Cuántas en Rusell? ¿Y cuántas más si apelamos a Sexto Empírico, Leibniz, Frege, Dewey, Nagel, Peano, Quine? Esa pluralidad no invalida la funcionalidad del catálogo de instrumentos y procedimientos de que se sirve la Lógica para aclarar las condiciones apodícticas en que se sostiene la Verdad. Treinta y tres definiciones distintas de *Poiesis* jamás refutarán la eficacia de un epíteto de Homero; antes, al contrario, abren treinta y tres maneras nuevas de experimentarlo.

El creador poiético de *Justicia* debe comenzar por analizar las evidencias. Así, que hay leyes tan injustas que se asemejan al peón de ajedrez coronado tras el juego medio: una pieza excesiva, que de la Reina tiene su poder, pero no su autoridad, hecha para el estrago.

Lo grave no es tanto que las leyes sean injustas, sino que el ciudadano haya perdido la capacidad crítica para discernir cuándo la Ley se promulga sin la cobertura irradiante de *Justicia*. En esto sucede como cuando irrumpen las primeras tormentas otoñales, y nos percatamos de que la realidad que nos deprime no es que se haya acabado el verano, sino que haya desaparecido de la mente, de nuestro deseo, el esplendor del pensamiento del verano.

Justicia se distingue de la Ley como el vino lo hace del vinagre. No es un tema de paladares. Es la calidad del instante en que el apetito y el gozo ideado por nuestra voluntad, convergen con la espléndida madurez de la bebida, que sacia por sí misma. En el vinagre, en cambio, lo tardío sirve para aderezar ingredientes insulsos.

Hablamos de la Ley tal como la conocemos, no tal como la imagina el artista de *Justicia*. Desde Rousseau, la Ley es entendida como la expresión de la voluntad general. A medida que pasan los siglos y los intermediarios de la Ley sofistican las barricadas de su particular interés, se va perdiendo el eslabón que vincula el imperativo del individuo y la voluntad general. La Ley, en sus mejores realizaciones, se transforma en la expresión del compromiso coyuntural entre grupos de interés.

Hay que reformular qué estamos diciendo cuando hablamos de *Ley*, cuando hablamos de obedecer la Ley. *Obediencia* procede de *ob-audire*: la intención de implicar la voluntad de uno en lo que se oye de otros. Esa donación no puede ser ciega. Ha de referir el vínculo de una multiplicidad de criaturas que se compenetran de tal modo que cada mirada es un acto de revelación y anagnórisis. Una entrega mutua en el alba de lo perspicuo: para nosotros, eso es la Ley.

Justicia aloja una experiencia de la verdad problemática que no es tributaria del resto de praxis. Es una búsqueda cuyo valor radica tanto en los hallazgos como en los cauces de exploración. Es la experiencia de una permanente apertura a nuevos modos.

La podredumbre de la Verdad no es la mentira, sino las inercias de las verdades menores, su renuncia a la aventura del saber, que suele requerir atravesar los pedregales del dolor. Hay verdades que se presentan con el brío asertórico de una evidencia perentoria capaz de objetualizarse; hay asimismo verdades evolutivas, de carácter adaptativo.

Cuando uno deja de pensar en el bien común, se aleja de la felicidad genuina. La verdad de *Justicia* debe ser una verdad de procedencia y orientación comunitaria. Ello no significa que pueda asimilarse sin ambages a los consensos constructivistas o pragmatistas de la verdad. Un consenso de verdad puede resultar falso, incluso el consenso entre vastas comunidades que disponen de un caudal abundante de conocimientos y sana cultura crítica. Basta que un factor primordial sea inapropiadamente aquilatado. Por *comunidades* entiéndase una familia, o el conjunto de hablantes de un idioma, o un gremio profesional, o una generación de científicos, o una alianza de países, o una civilización.

Ninguna panacea salvaguarda del hecho de que, en un momento dado, esas comunidades se comporten como aquel navegante que, ya saliendo por la bocana del puerto, abrocha la rueda del timón a rumbo fijo sin tener en cuenta la fuerza del viento y la corriente. Cumplida la jornada de apacible singladura, a punto de anochecer, ya dispuesto a recalar y amarrar, pues hay previsión de viento frescachón y mar gruesa para las próximas horas, comprueba que la isla no se halla donde debía; y tras alzar el sextante hacia los astros del firmamento, el cruce de las rectas de altura dramáticamente le indica que se halla veinte grados al sur, en una área salpicada de escollos y bajíos.

Además, una verdad puede ser injusta. No dejará de ser verdad, pero debe ser corregida mediante la fundación de una nueva verdad superadora. En sí misma, *Justicia* es una esponja de verdad; si la exprimen los creadores poiéticos, su quintaesencia es un prodigio que indica rumbos y trasmite cualidades.

Poiesis está destinada a constituirse en el logos del individuo cuando se halle en plenitud de sus capacidades, por fin emancipado. Operando sobre *Justicia*, la integra un universo de acciones polimorfas.

Si imaginamos las evoluciones de bailarines o deportistas, el acoplamiento de los amantes, la precisión con que operarios y artesanos ejecutan los designios de la Imaginación y la Razón mediante una armonía de gestos, tenemos una intuición más clara de lo implicado: una poesía de la acción humana, cualquiera que sea su modo y circunstancia.

Justicia es una exigencia personal y común, una búsqueda que integra y excede al individuo. Es una vocación, repleta de sacralidad festiva, que sobrepasa las viejas nociones de derecho y obligación. Requiere un continuo adiestramiento que trence las conquistas de la Racionalidad y una Crítica de la Imaginación Práctica en éticas que reconstruyan a Anthropos desde una perspectiva creadora.

El creador luminoso debe trabajar la complejidad situacional. Al hacerlo, no ignora que se halla en algún punto intermedio en la evolución que va desde la idea de *Justicia* como conflicto a la idea de *Justicia* como fluencia—como expresión que tiende a la música y cuya inmanencia nos remite a la dinámica de fluidos.

Para el pensamiento antiguo, la situación de conflicto es un *datum* cuyo *desideratum* es el equilibrio. Pero el equilibrio ideal es un bien escaso, indisponible en la mayoría de situaciones. El equilibrio funciona como hipótesis de laboratorio, no en la dinámica de la Historia. Expresiones como *complejidad del equilibrio* o *equilibrio inestable* pecan de impropiedad.

Un avance es el pensamiento de prevención del conflicto. A través de praxis como la Teoría de los Juegos, la elaboración de modelos e hipótesis, o el análisis de riesgos o dinámicas estructurales, se pretende hallar el *equilibrio superracional*, si bien esas hipótesis ideales de racionalidades perfectas sólo de manera tentativa pueden servir en el curso de la acción mundana, donde operan formas irracionales de decisión, dilemas imperfectos y paradojas absurdas, además de intereses de imposible generalización. Basta analizar, por ejemplo, los procesos mediante los cuales elegimos pareja, o el fenómeno del sádico, que goza en la voluptuosidad de la destrucción contemplada.

Debemos poder considerar cualquier situación con clarividencia; debemos convertirnos en analistas del Hecho, pero también en arqueólogos, en geómetras visionarios del factor estocástico y el mundo de las expectativas, el juego de penetraciones y resistencias de los miles de millones de teatros de la mente humana.

Hay que conocerse bien. Quien triunfa en el conocimiento de sí mismo, está preparado para iniciar cualquier conquista, incluida la hazaña de acoger a todos aquellos que sufren en desolada soledad la sugestión de ser la única vara conque medir la aventura de la vida.

La recompensa por todos los sacrificios, por todas las renuncias, es incalculable. Si uno pone el oído en el pecho de la *Pietá*, puede sentir todavía los músculos en tensión del Buonarroti. La gracia creadora, la ligereza del gesto que fecunda, traspasa los ultrajes del tiempo.

4

Wir könnten viel, wenn wir zusammenstünden!

Remontamos el arroyo donde fulge la estela azul del martín pescador; perseguimos el trazado del cañón fluvial a través de las franjas y terrazas del encajamiento. El agua del mar ha ido ganando terreno debido al basculamiento de un gran bloque geológico. La pendiente multiplica el poder erosivo del agua, dando forma a taludes, cornisas y valles. Por momentos se escarpa, otorgando a la contemplación la ceñida angostura del tajo; entonces el monte presenta una textura rocosa, regresiva, apenas amarilleada con el porte almohadillado de matas de piorno.

Por la senda que faldea las laderas de la riba, siguiendo el estrépito de la corriente, entre restos de placeres auríferos, puede apreciarse la galería boscosa que sirve de escudo a las flores. En la umbría medra la mata del arándano; y, en un sector más estropeado, al pie de algún barranco, un arbolillo de follaje muy denso, el acebo, de hojas coriáceas y ápice en espina, que trae la ventura de su fruto globuloso de reluciente escarlata.

En los bordes crece el álamo blanquecino, y el avellano, tan apreciado por su fruto y en labores de cestería; y la gran flor roja de las adelfas; y olmos y fresnos; y, de tanto en tanto, algún individuo asilvestrado de lisa y grisácea corteza, o un golpe de arces, con sus racimos y sámaras. Sus raíces sujetan el terreno ante las frecuentes crecidas del río, absorben los contaminantes de sus aguas; equilibran la temperatura fluvial, ensombreciendo con sus copas el lecho. Funcionan como corredores biológicos, provocando el intercambio y la movilidad.

El cañón es un ecosistema lacustre que se extiende hasta los terrenos anegadizos y pantanosos de juncales, tremedales y atolladeros. Hay un fogonazo de color en picos y alas, y un ajetreo de aves construyendo sus nidos de barro sobre diques y espigones emergidos. Engrasa sus alas el somormujo. Ánades y zampullines devoran pulgas y otros comedores de sangre. Todo lo convierte en oteadero el cernícalo, apto para la caza; en posadero y plataforma o lanzadera en pos de la presa. En la orilla del río, o afirmada sobre alguna roca sobresaliente, la garza real se empolva con polvillo de plumón, a modo de talco, para evitar el apelotonamiento de las plumas con los restos de la caza. Hace sus nidos en los árboles: tres o cuatro huevos de color azul pálido, que defienden con su pico largo y recto.

La rana, que en el país suele ser parda y patilarga, o bermeja, no gusta de andar por las ramas; son salvajes predadoras de charca, devoran insectos, lombrices, pececillos, renacuajos, todo lo que tenga un tamaño apropiado. Los machos croan empedernidamente, máxime por la noche, proyectando por las comisuras de su boca los dos sacos membranosos. En primavera surgirán miles de huevezuelos envueltos en una sustancia gelatinosa; con el tiempo serán cabezotas caníbales. Por entre altas cañas de espadaña se cuela una anguila, animal asombroso; de ser una acintada larva transparente en mares lejanos, ostenta en la madurez nupcial dorso negruzco y vientre plateado.

La vegetación palustre de aguas quietas une su riqueza a la abundancia del aeroplancton. Conviven ranúnculos y algas como la espirogira. La hidra se fija a las plantas acuáticas y devora pequeños crustáceos con sus filamentos urticantes y sus tentáculos. En charcos de agua dulce se desarrollan las larvas de mosquito, nada a saltos la dafnia pulgosa, pululan libélulas masticatrices cazando al vuelo, y la trompa punzante del tábano se hace notar. Los aportes de la pudridez vegetal sedimentan el fondo, donde el agua ha sido reemplazada por un magma viscoso rico en limos, cantos y arcillas, dejando un manto detrítico sobre el que se desliza lentamente, entre otros infusorios caminantes, el paramecio.

En una *Justicia* de remedios, de restitución, de recuperación de equilibrios, el tema central es la responsabilidad por las acciones. En una *Justicia* creadora, continuamente entregada a la apertura de nuevos ámbitos, no importa menos la responsabilidad por las omisiones.

Immanuel Kant dice: *Actúa de tal modo que la máxima de tu acción siempre pudiera valer al mismo tiempo como el principio de una legislación universal.* Ello adquiere sentido pleno en las sociedades cerradas, donde la repercusión de un acto hasta cierto punto es calculable. En un mundo global, colmado de vastas realidades tornadizas, para un individuo responsable que pretenda aplicar la máxima kantiana, la tentación es la inacción: evitar toda injerencia innecesaria en el acontecer, con la simplicidad virtuosa de la hoja que se deja llevar por el viento implicada en el Tao, o esa carencia de angustiosa ansiedad que conlleva la ataraxia epicúrea.

En la *Ilíada*, al cantar la cólera funesta del pélida Aquiles, lo que primero pinta Homero es una omisión. Aquiles, estimando que su legítima porción del botín (Briseida) le ha sido inicuamente arrebatada, se abstiene de combatir. Se retira a su tienda de campaña, desde donde contempla impasible los estragos que entre las filas de la alianza causan los héroes troyanos. Sólo el dolor rabioso por la muerte de Patroclo (sólo por la ofensa última inferida a un afecto que considera personalísimo) hará que se rearme, aunque no para reanudar solidariamente la batalla, sino para cumplir en persona atroz venganza.

Intuyo que Homero apenas ha velado un rasgo que acaso desde el inicio de los tiempos siempre ha sorprendido observar en la personalidad del individuo excepcional. No son los catálogos de naves ni la descripción de las armas. No es el duelo de las troyanas, ni la vistosidad de los combates y juegos funerarios; ni siquiera la espantosa espectacularidad del homicidio de Héctor. El alma del bardo ciego vibra en la tensión de esa espera en que alguien, a pesar de estar predestinado para la acción—el héroe, en el reino de la hazaña; el poeta, quién sabe si en la esfera de la amistad o del amor—, en cambio, se repliega, se ocluye: omite.

Las consecuencias de esta reflexión son graves; deberían serlo para el creador luminoso de *Justicia*. Con la aceleración mecánica del Mundo, mengua la cifra de actos derivados de una voluntad no mediatizada por la máquina. La vida se ha ensombrecido. El horror moral no es ya el hombre sin atributos, sin valores, sino el ciudadano sin voluntarias y conscientes intervenciones.

El individuo justo, la institución justa, el Estado justo, aquella entidad cuya esencia fuera *Justicia* alberga, tras la sublime belleza de su apariencia, una monstruosidad inhumana. El signo de *Justicia* es una luz personal y común, que irradia por doquier. Lo ignorado es el valor de su brillo, que es único e irrepetible para cada instante, para cada situación.

Desde un punto de vista formal, la acción del ciudadano orientada a *Justicia* se asemeja a la función de los signos de puntuación en un texto. El punto, la coma, el punto-y-coma, los dos-puntos, los puntos suspensivos, los paréntesis, los guiones, los signos de interrogación y exclamación, las comillas, el empleo consciente de espacios en blanco: en todos ellos la significación se explicita, no a través de la metafórica infinitamente remitida de las palabras, sino mediante una traza de escritura abismada en la posición y la función.

Esos signos son meros organizadores del discurso contenido en un texto: intermediarios transparentes de las significaciones. Intervienen, con una modulación o un énfasis, en zonas del discurso donde se pretende ocluir, cerrar, clausurar mediante otros posibles discursos contenidos en diferentes lecturas del texto, acciones de discurso. Ello se traduce en contextos situacionales donde cada signo deviene en función activada. Es aquí donde se revela su compromiso situacional y la obligada determinación de una filosofía de la acción.

Esos signos se caracterizan por su carácter elemental de función. Cuando no se hacen necesarios, son superfluos; son insignificantes, en el sentido de carencia de sentido, pero carencia sin sensualidad. Es la consecuencia de la desactivación de la función, no el resultado de una pérdida. Puntualización obligada ya que no es un fenómeno obvio en la realidad del mundo contemporáneo: lo que se destruye—la mano capaz de formalizar (una expectativa de sentidos)—suele ser reemplazado por la adoración perpleja e ineficiente de la pérdida—el muñón acariciado (placeres de la náusea)—.

Como sucede con los signos de puntuación, cada vez que surge o persiste una traba que impide ejercer derechos discursivos en cualquier ámbito específico de las justicias, la misión del ciudadano, como agente de *Justicia*, es restituir y enriquecer esos derechos, y luego, inmediatamente, retirarse: como ciudadano, a su propio discurso; como función de *Justicia*, a la insignificancia.

No hay sol más radiante en el universo moral que la idea de *Justicia*. Sin el amparo de sus efemérides, el mundo quedaría petrificado entre las tinieblas del capricho y el accidente, en la desintegración distópica de la barbarie.

A medida que la Tecnociencia suprime necesidades, se van eliminando sentidos de la Vida. Urge realizar una crítica radical de la Identidad y los instrumentos de que nos servimos para simplificar la índole poliédrica del individuo: es hora de inventar nuevos pronombres. A la hora de hacerlo, no podemos ignorar que la Razón, la facultad capitana, resulta obtusa en los escarceos a pie de cueva; y en las grandes extensiones, a mar abierto, sufre espejismos.

Si no quieren abismarse en un formalismo huero, las nuevas imaginaciones de *Justicia* deben entrañar un árbol de valores. Esta exigencia, perentoria ya en el pensamiento tradicional, adopta rasgos vehementes en una poesía de la función insignificante donde el individuo consiente en transcenderse, transformándose en una fuerza orientadora multidimensional no tan disímil de aquella flecha, soñada por el heresiarca, que inconcebiblemente indicaba la ubicua omnipresencia de Dios.

De los frutos de ese árbol puede predicarse su maravillosa abundancia. Dicho eso, no todos quedan al alcance de la mano; y hay racimos en agraz, y hay también drupas que ni siquiera en su plenitud dejan de ser amargas, y hay pepónides malogradas que se arrancian en el moho.

No en vano se pronuncia el nombre de Dios. No comparto la creencia en esa entidad divina, pero sí el fervor con que profesan sagrada fe los miles de millones que depositan en ello su esperanza. Pues lo que queda de Dios, tras extraer el error, es el esplendor de la voluntad humana en un proceso de intensificación y apertura cuyo logro supremo será *Justicia*.

Hay una profundidad vacía, y una anchura repleta de lasitud, y una intensidad que sólo es mueca. Es tiempo de abrir todos los vanos y dejar que fluya la luz de un impulso que cobra en su expresión la presencia genuina de los siglos: una *Justicia* constituyente, creadora, fundacional, en progreso, donde cada individuo resista triunfalmente la tentación de enfatizar lo justo como el viento resiste convertirse en canto.

Poiesis es esencial en la tendencia del espíritu hacia *Justicia*: en la adquisición de su estilo genuino (*goût*), que está hecho de mil negaciones y renuncias, y nada tiene que ver con ese aljibe de miasmas que llaman *el buen gusto*. La pureza es *severa*—separa el *verus*; corta el tejido y descarta la excrecencia.

Mediante el análisis poiético de la realidad, ordenando y priorizando datos con la exigencia titánica de provocar hechos henchidos de *Justicia* que alojen nuevas aperturas, es la Imaginación la estela que orienta la acción del ciudadano. No hay singladura posible sin esta dadora de rumbos. Lo sabe el navegante: quién ignora adónde va, jamás goza de vientos favorables.

En esta hora, presintiendo la disolución del color en los misterios profundos de la noche, la certeza final es que llevamos milenios presionando contra una membrana y en un momento dado la traspasaremos, penetraremos en un orbe donde nuestra identidad, nuestros valores, todas las referencias conocidas de nuestra existencia serán transfiguradas. Como si el ojo de la mente se desgajase y se proyectara más allá de las mónadas del tiempo, palpitando para sí en una conmoción sin zozobra, vibrando por el flujo de su fuerza. Es una emoción de soledad, pero también de gloriosa plenitud.

La lluvia ha dominado durante semanas. Basta que cese un instante para que la fronda se abra a la claridad y se filtre la magnificencia de la vida renovada. El Bosque, todavía empapado, dispensa una luz cuyos matices están destinados a un ojo superior. De siringes diminutas se lanzan proclamas en varios kilómetros a la redonda. Estalla el colorido de las primeras flores: el blanco y amarillo de la margarita, el naranja de las caléndulas, el azul intenso de las violetas.

Hay que aprovechar cada instante. El oportunista sabe esto mejor que nadie. Habita ambientes variables e imprevisibles. Suelen ser especies de pequeño tamaño corporal, crecimiento rápido y precoz madurez cuya longevidad raramente alcanza el año. Tienen alta capacidad de dispersión y dedican gran parte de su energía metabólica a la reproducción, la máxima concentración en un acto único. La mortalidad, independiente de la densidad demográfica, es a menudo catastrófica. Son pioneros. Como el abedul, de talla modesta, con el blanco lechoso de sus lisas cortezas y su hoja caediza en forma de rombo, ocupan el espacio vacío.

La abundancia de alimentos acicatea la llegada de visitantes, que desperdigan su colorido desde el centro mismo del Bosque hasta las barreras infranqueables de punzante espino albar, sumadas a la abundancia con flores blancas y frutos dulzones. Grandes cormoranes arriban procedentes de norteñas franjas costeras, formando bandadas regulares. Tras arduas sesiones de pesca, exhiben durante horas la estampa del gran porte de sus alas extendidas para secarse el plumaje, o agrupados en perchas o salientes que usan como dormideros. Algunos permanecen en la costa; otros se adentran en los ríos y charcas donde, con su largo pico ganchudo, bucean por cursos de agua lenta ante la abundancia de carpas.

Todos se cuidan. Un alimoche se atusa; ordena y arregla las plumas en mal estado; elimina suciedad y partículas extrañas; distribuye grasa de la glándula uropigial. Un ave canora logra que las hormigas depositen ácido fórmico en las plumas; abandonándose a una sensación placentera y desparasitante, se restriega contra ellas o se tiende en un hormiguero y deja que recorran su cuerpo.

Bulle la vida en las charcas. Rebrota y florece la cubierta vegetal; el cortejo vernal exhibe sus galas. Canta el sapo y le replica el autillo. Canta el cárabo un trémulo canto desde el agujero de su tronco.

EL ESTADISTA

One poem proves another and the whole,
For the clairvoyant men that need no proof:
The lover, the believer and the poet.

Wallace Stevens, *A Primitive like an Orb* (1947)

1

Noviembre es el ámbito de los accesos impracticables.
Un último delirio de luz aún más aguijado frisa

la textura finamente veteada de la piedra, ilustra
en el tacto angular de las inminencias un espacio
despojado de tensión, extraído, un espacio erradicado

en la perpendicular de su insistencia. No hay océanos
en esta aspereza ni un claro firmamento de nubes.

La piedra impone al ojo una evidencia absoluta.
La piedra fuerza la oclusión del sentido de fluencia,
suprime toda ilusión de implicación o transición

en la evolución de un campo hacia el equilibrio,
en el despliegue general del núcleo que organiza.

Impone la estabilidad de la integridad monolítica.
Aquí no basta un roce de ala para que la materia
congregue el afán del viento por cobrar morfologías.

No basta la poderosa coerción de una taumaturgia.
La piedra oprime contra sí la abolición de la piedra

erigiendo la plenitud de una singularidad de resistencia.
Por qué entonces, una vez más, sentimos en lo hondo
la invocación de una vehemencia que nos busca?

La mente clausura lo gris en el verdegrís de lo tornadizo,
y la idea de un fulgor sobre los siglos prevalece.

2

Los golpes de tanteo para captar la densidad y dureza
simulan el cómico picoteo de un pico picapinos.

Grandes lascas arrancadas por el martillo desbastador
vuelan con tal suavidad que parece sugerirse una gratitud
en la hendidura de lo roto. Es la destreza del golpe

largo y enérgico del mazo contra el puntero pesado,
y el de largas estrías, y el del cincel dentado que se cruza

y entrecruza, y el golpe leve y regular, el decisivo,
que rige la dirección y el control de la forma.
Jamás modifica su posición. Esculpe frente a frente,

sobre una cara, entrando en la materia golpe a golpe,
liberando el relieve capa tras capa, con una encarnizada

concentración, como si el ojo fuese engullido
por la visión confinada en el bloque de piedra,
como si todo el ser se hallara entregado al vertiginoso

esclarecimiento de una idea fija, la idea del cuerpo
como forma perfecta de la inteligencia perfecta.

Los brazos, la herramienta y la piedra alzan su discurso
en la aventura de una definición contra la evidencia,
aguzando los desplazamientos de intervalos en atonía.

Un fragmento será una roca, o un arpegio en la muda
vernal del basilisco, o una hipótesis de la raza de las madres.

3

Cuál es el umbral de transformación del moderno Leviatán?
Cuál es el fundamento de la cohesión vital en la cuadrícula

solferino de la mejor imaginada de las urbes venideras?
Entre la piedra se bosqueja, nupcial enunciación,
el individuo considerado como un proyecto de partícipe.

Sin ansias ni inquietudes ocupa las áreas anodinas
de la mente, los signos de una retórica de redundancias.

Las lunas de este noviembre de escorpiones ruedan
sobre el flujo de un circuito de sustituciones y moratorias,
las veladuras de la indagación moral, anamnesis cinerarias

que reflejan el pánico de la identidad y arrancan
a los cuerpos el solar azabache de un edén de vergeles.

Se alzan los azules polares de un crepúsculo augural.
Un volumen de transparencias basta para trazar
la parábola del ser sobre las fauces de la bestia,

allí donde incierto se conjetura lo apenas vislumbrado
y ya a punto de emerger, el centelleo diamantino

del farallón de los cumplimientos, la axial claridad
de una presencia vinculada al zoar de la nordesía.
El individuo considerado como un proyecto de partícipe,

no un asceta sideral en su armadura de plasma,
absorto en la majestad del conocimiento total objetivo.

4

El afinamiento en la mirada, una escisión abrupta,
la arista mortífera de cada objeto, varado en su siglo.

El cambio se opera en las instancias de percepción.
Las magnitudes temporales se exfolian, muestran
sus mallas, sus perturbaciones. De dónde viene la luz?

Un corazón palpita al tuntún, otro amaga de colapso,
y alguien se expone a la befa con su don emputecido.

El dolor se constituye en el dolor, no en fervores vacantes.
La mente vuelve a sus reductos expeliendo,
pergeñando, devorando obsesivas proposiciones,

apóstrofes chabacanos de egolatría, pertinacias falsarias
de aniquilamiento y redención, una vez y otra vez,

y otra vez. Los forenses lo confirman, es cierto,
para destruir un cráneo no basta un cartucho de dinamita.
O dicho en el estilo de la vieja antropología: el amasijo

de la devastación que pende del tronco no es más
que la distorsión de una idiosincrasia. La mente vuelve

a sus reductos buscando la varia y vivaz elocuencia
de un concilio de héroes y un artilugio es lo que halla,
la espasmódica electromoción de un gran guiñol,

un orbe de violencia donde son indistinguibles
las metáforas de la creación, las consecuencias necesarias.

5

El tiempo de la arena que finamente se precipita
sobre la arena, y el tiempo de la sombra que avanza,

y el de las fluctuaciones del agua, y el de los mecanismos;
el tiempo caedizo de los calendarios, el tiempo gregario
de los organismos, que cifra su defección y su gloria.

Pasa un menino con mastín bajo el arcabuz que alhaja
la antecámara puntillista. *Idola Specus*. Pasa el flash

de un flop de antiquark en Ratnapuara, y un desarrollo
topológico de cerviz de gavilán reivindicando trono
entre un gugólgono y la anarquía de tus mitocondrias.

Es martes y mediodía (y en el paréntesis se recrudece
la represión contra el intérprete: Smördigher o la mente

turquí, o diez denarios para una analítica del Yo, sea
R una espesura urdida con hebras de pesadilla rijosa,
excrecencia sentimental y racionalidad mecánica, y *P*

la emergencia parasitaria que recalcitra en sus *qualia*
como el tejido desahuciado de una araña trastornada):

es martes y mediodía, tiempo de segmentar la duración
de las horas que religan los ritos de la alienación y los ritos
de la pertenencia, las transgresiones, años de estridencia

y deterioro, las líneas para afrontar noblemente
las formidables fricciones de cada ser contra su *fatum*.

6

El individuo considerado como un proyecto de partícipe,
la aventura de una definición contra la evidencia.

Durante milenios ni siquiera los occisos contaban,
y el anatomista no carecía de paciencia ni de pulcritud,
pensemos en aquel cirujano de secutores y reciarios,

destripando simios o, ya por las callejas del medievo,
el trance de saquear zanjas y burdeles y patíbulos.

Dios tenía el aspecto de una tardanza aproximativa,
así el número de Ludolfo antes de convertirse en π.
El individuo no alza una singularidad de resistencia.

Atiborrado de astucias alojadas mediante pérfidas
coacciones, con un cuerpo en regresión ante el avance

colonizador de los implantes biomecánicos, disuelto
en mero magma de impulsos y estructuras, neutralizado
como instancia autónoma: existe todavía el individuo?

La brigada antiséptica del Dr. Omphalos lo duda.
En su bestiario combinatorio, prospectivo, el individuo

resulta un lodazal estratificado, infiltrado por esquirlas
de luz errante. Con cada borborigmo, con cada ñec-ñac
articular, la sublime disonancia de la dimensión plural

se reclina ante el altar de un ciclón de metamorfosis.
Es una teoría. Será refutada o demostrada. O ambas.

7

En la región de las montañas habita un primitivo
con tus ojos, tus labios, el compás de tus latidos.

Frugalmente se nutre con los módicos que halla
en prolijas caminatas. Medita, largamente medita
durante noches y días. Reflexiona sobre la comedia

de la acción y la reacción, la mutua implicación,
la cháchara biológica. Piensa el pensar como un lujo

de la evolución, y en las sucesivas claridades logradas,
la inteligencia para reconocer el hollar de una zarpa,
y el ingenio para comunicar el apareamiento

y el peligro, y para acechar y agazaparse y saltar,
y atribuir sonidos y símbolos a elementos y relaciones

en la escarpada odisea hacia la flexibilidad cognitiva.
Hay algo pétreo en él: en la insistencia de una voluntad
restringida a la mera repetición de enunciados absolutos.

Largamente medita para que traspase el cerco de su piel
y comparezca, en medio del bosque: una especie de trasluz,

un trasluz direccional que curiosea por la marmita,
y evoluciona entre el ramaje, y se refresca en la charca,
escurridizo y alerta como un tritón jaspeado.

Una luz sustancial. La existencia corpórea de una idea,
la vivencia mundana de las categorías del pensamiento.

8

El afilamiento asimétrico de los rasgos resalta pliegues
y lejos, y un burdo costurón granate que demedia

transversalmente, a la altura de los pómulos, el rostro
anguloso y su albura espectral: un alfeñique, mohín
de espantajo y pelaje de alimaña, tundido en su rupestre

tosquedad contra la evidencia, fragilidad que palidece
en la esbeltez de lo incompleto. Tiempo de titiriteros.

La agresión suele carecer de continuidad y duración,
acto único donde la impulsión sirve al apremio
perentorio: en la excitación de la decisión de atacar,

en la rápida aceleración de los instantes, en el ángulo
que se agudiza, transformar la voluntad en músculo.

Aplastar, arañar, estrangular, atenazar, desgarrar,
aquí no conviene la epopeya de la contemplación.
El instinto no oprime contra sí la abolición del instinto,

ni siquiera en la reducción eidética de su inercia fósil.
Cuando X renquea y se torna premiosidad y molicie

el instinto impone lo motriz de una reacción rotunda,
la contraofensiva de la apropiación universal—*PodeR*.
Wergelda vuelve al sedimento removiendo las taxias

y tropismos de una predisposición inmemorial,
más antigua que el terror, que el pedernal y la culpa.

9

En el *Clásico de los Interiores* la sangre avanza
seis pulgadas por cada movimiento respiratorio.

Hubo un reino que dejó un yugo salitroso de púas
y la idoneidad de un estilo radica en su coherencia.
La mente es la secuencia de los estados de la mente,

una abstracción para referirse a holismos en transición.
Tal vez sea preciso volver y caer en la estupefacción,

situarse fuera del tiempo, sostener la mirada a la mirada,
al brillo de la mirada que ya no es una mirada
sino un ser, el ser de la mirada concreta, la bestia,

que retorna con las pungencias de su hedor combo,
avisada sobre un sesgo de raíces y astrales trayectorias,

que escruta por la fronda y saja y depreda y escupe
iracunda el vilipendio estéril del vaticinio espeluznante.
Noviembre es el ámbito de las inercias sin repetición,

los grises donde la luz irreductiblemente se concede.
Tal vez sea preciso volver y hundirse en el marasmo,

situarse fuera de la idea, oponer blanco contra blanco,
y resistir, entre piedras malabares y fustigantes artilugios,
fulminada ya la esperanza contra el envés de la evidencia,

las pútridas turbulencias de la usurpación y el escarnio.
Acto Tercero. Escena Tercera. Es martes y mediodía.

10

Un país de jaurías y cárcavas, de estandartes y emblemas
concita los estigmas lacerados de la estirpe, feudos derelictos

para la fornicación en doncellazgos y la persecución
en cetrería, corcusida heráldica de ánimas sollozantes.
Turbio es el deseo; en rinconadas umbrías prospera

el deseo como el lirio blanco, en el reventón de un declive,
a la orilla de los alcorces. Una asechanza solivianta

el Yo en esta fosquedad donde furibunda la ventisca
bufa en ráfagas, y las menudencias se arremolinan,
se tienden en el repiqueteo de la huida como un largo

correaje, y se da el ofrecimiento animal del abandono.
Hiere al ser el huraño graznar de los pájaros aciagos.

La aventura de una definición contra la evidencia?
Tal vez sea preciso volver a blandir el florete dilemático.
Bajo el imperio de una fase estacionaria, inhalando

el polvo del varadero de los destinos, se escucharían
revelaciones de piedra en la abreviación de la piedra,

la luz del ser, el resplandor atroz de la personalidad,
exhalado con el postrer aliento, una atmósfera hiperdensa
que se ciñe contra el cuerpo, que se adhiere al cuerpo

como una mortaja, la única mortaja que puedes
merecer, la idea inmaculada que para siempre serás.

11

Abismos renunciatorios y cubículos ígneos cuadran
el ajedrez bajo las nulidades de la bóveda cromática.

Son sus piezas entes cretinos sin relieve muscular
ni implantación dentaria, imagmados desde un vértigo
inducido por meras implosiones de gas: mimosos

mutilados, rabiosamente contraídos en la expectoración,
sacudidos con furiosa violencia por espasmos de torsión,

y de repente sumidos en un estado de seráfica hipotonía,
una ramilla de perejil por sexo; efigies arrastradas
por el filo de una simplificación binaria, tajante como

el incidir del verde arlequín sobre una retina biónica.
Una mente es un afán, personal y común, en transición.

Así este espejeo que gatea y trepa y porfía, y abre puertas
con no-llaves, e imita las pantomimas de las nubes,
y balbucea vocablos que, en su trémula prosodia,

no buscan referir sino hacer presente una ausencia:
un cuerpo de luz, desligado del miedo y sus barbaries,

sobrio en el estoico *pathos* de su inexorable finitud,
gozoso en su unicidad y en su plural pertenencia,
abierto a la jovial vastedad de un océano de vidas.

El cielo no es azul cielo sino el perla de una perla
donde la *Y* escuda las taras heredadas por la *o* del Yo.

12

Mlle Perséphone, registradora de modelos históricos,
escudriña vellosidades en las hojas de su rododendro.

Aleación de factores que muestran regularidades
y a veces tienden al sistema, patrones de procesos
o acontecimientos. Austero es su repertorio, linajes

y raleas lo jerarquizan; sea ejemplo el áspid en el cuello
de Qleupater, la evolución diacrónica de la tolerancia

al sufrimiento, el paso del ideograma al archiconcepto.
Estudia el *PodeR*. Estudia, con soberbia y desprecio,
águila resoluta que rapiña la dignidad de la presa,

el individuo considerado como un croquis de súbdito.
El concepto es frágil, comenta atribulada. Basta

un incremento en la trama experiencial del concepto
para que se despeñe hacia la babilonia de la imagen,
forcejeando, ciego patizambo entre hostiles cascabeles.

Es martes y mediodía, y Mlle Perséphone yace
exangüe, devastada, emitiendo un quejido ininteligible,

el rastrillar de Prometeo enmudecido por la acción
del cincho y de la cuña, ya largo el uñón de su pezuña,
publicando en el polvo fugazmente el porvenir.

Primorosa como es su sensibilidad, es la sensibilidad
de un organismo ahíto por el reflejo condicionado.

13

Dónde está el individuo, el agonista, el insolente uno?
Tan lejos del enclave factual como la quinta sota?

Tan cerca como la poza donde fulge, damasco y bronce,
la urna de las reglas de la validez intersubjetiva?
Trompetas pitagóricas promulgan recaídas metafísicas

y el autómata ignora el empíreo de las consecuencias.
Axioma I (Probabilidad): el monopolio del Futuro.

No puede haber más futuros que desde, hacia, según, tras
—el sexto sentido del *PodeR* es el sentido preposicional,
proyectado al borde mismo de las adyacencias del ser,

expelido, devorado en su maquinal concatenación,
en el ajamiento de un fucsia neón que deglute y excreta,

sin significación ni sentido, sin finalidad, que cosifica.
Gomphidius vuelve a sus reductos falseando pasados,
yuxtaponiendo tuturutú y tantarantán retrospectivas,

insertando ignominiosas bufonadas de ajuste o evasión,
premeditando las escenografías del próximo presente,

temerario en la sinrazón, cegado por la avaricia y la ira.
Su mente es una visión, personal y común: es un ulular,
es el último dígito de una cuenta regresiva, y es el arca,

cúmulos de genotipos apilados en cargueros interestelares.
Zarparán esta madrugada para la propagación del Yo.

14

En la junta de subsecretarios ha irrumpido un mayordomo.
Porta en la bandeja de mimbre un cáliz de absenta,

un milhojas de crema y el trilema de Münchhausen.
Axioma II (Adhesión): luego no digas que no, tal vez cucú,
aquella expansividad del color negro en Groenlandia.

No hay sosiego en su designio artefactario, ni aposento.
El *PodeR* se realiza en el automatismo de la reacción,

el triunfo del oportunismo como ideología. Miau.
Coquelicot vuelve a sus raudales, y un reflejo es lo que halla,
la incursión de la mente que gallardamente se inmiscuye

en los procesos de la realidad, que analiza y opera.
Sobre los senderos submarinos que Poseidón ara

se desperdiga el lastre mirífico de un navío naufragado,
sobre túrbidos catafalcos donde la vida responde al imán
planetario con ciegas criaturas que fluctúan mientras

súbitamente lujosa resplandece la medusa en su diástole.
Es martes y mediodía, y no es más que un correlato

neural, como el vizconde Caligo, como lo piedra,
fracciones del ser con que aplacar un revoltijo de gatos,
erguirse en la extrañeza de la noche para sorber

una infusión de tojorrojo, eucalipto y arándanos.
En otros persistirán cuando tu sangre se pulverice.

15

Un campesino en las montañas de Cederberg,
acuclillado contra la desolación de la espina pensada,

expuesta en su despojamiento a la radiación del ser,
anula la mutación de color en la opacidad del instante,
lo rojo del tojorrojo hacia la solar oxidación del verde.

La subversión de valores peculiar al nihilismo,
a menudo parafraseado en la farándula de los jueves,

las miradas son maracas, los miramientos marimbas,
y el meridiano medido con mondas de mandarina
por muy meras meritorias en antojo de putón.

En los grandes despachos de las grandes capitales
Don Poltrón aprende a dimensionar el valor del valor,

la importancia de señorear sus dogmas y paradojas,
ah la utilidad marginal de una indiscreta confidencia!
Un *Börsenmakler* nos confió que su conciencia

se le asemeja, salvo que ésta detesta el clavicordio,
los ocasos en Kinshasa y cierto matiz de la canela.

Una duquesa y su conciencia se trataban de Usted,
Im leben gilt der Stärke Recht [*Die Weltwiesen*],
ensayos de confluencia para las tormentas de abril,

un abyad ugarítico o la evidencia en la *poiesis* del Tú,
proliferan los casos flagrantes de apropiación indebida.

16

En cientos de gabinetes adscritos a las burocracias
y fundaciones de filantropía, miles de metámetras,

con soberbia y desprecio, con punzante melancolía,
sofistican y dan polivalencia a los métodos de aquellos
espectros de mazmorra que antaño causaban

un silasolfa de aullidos mediante un octavo, un cuarto,
medio giro de torniquete. Son la necrosis ponzoñosa

de la mente y han adaptado un argot diafragmático.
Optimi, fortissimi, egregii, sapientissimi. Fieros,
sañudos adversarios. En las formas agostizas del Yo,

en la socialización, en las relaciones de producción
rastrean los talismanes inconscientes de la conducta.

Expertos en acuciar apetitos, expertos en asegurar
las turbonadas a largo plazo; taxonomistas de siervos,
con rigor atalayan los miedos, su dominación.

En cientos de gabinetes Lilly Twilight Lavender
aprende a salmodiar el sonsonete de la abyección,

la zafia y violenta brutalidad de la poesía del *PodeR*,
el estallar de burbujas de un planeta borboroide,
embruteced, postraos, adorad vuestras cadenas,

la trápala de una turba alharaquienta de homúnculos
masticando el paté del que reventó La Mettrie.

17

El peplo orea cada tachón, aviva las teas y la urbe
sonríe, fascinada como un cofre entreabierto.

Los doctos permanecen entre el séquito de aromas
como el niño de canasto al que aturden con sonajas.
Como ahora, que ordenan el banquete y llega y pasa

y dispone que se cubran con pañuelos o se lleven
(ruge el mar de las rapsodias) tres o cuatro caracolas.

El horror succiona la sed del ser, el horror abstrae
los accesos a la productividad del tiempo; el horror
altera de tal modo que todo parece retraerse

vertiginosamente hacia la exhumación de lo raíz.
Cada domingo, de sobremesa, mientras el quinto

quintillizo, Quintín, sufre depresiones vikingas o crisis
de ansiedad, el colmo de nutrientes educe la repetición
selectiva en la remembranza familiar. Amarga lección.

El feliz no vive sino el fatuo donaire de la negligencia,
y no hay belleza, ni la habrá, en lo más puro de la verdad,

que alguien nos demuestre que suspirar todavía es útil.
Nestergatt vuelve a sus reductos, a las conflagraciones
de una alucinante dramaturgia de preteridos arquetipos,

sin mistificaciones ni místicas, sin simulacros, sin otra
opción que la deliberación criminal y la aserción mítica.

18

La inanidad mítica, añoranza predilectísima del *PodeR*.
Su minuciosa desintegración de la cualidad histórica,

la inhibitoria, sarcástica coincidencia entre plan y acción,
craso reparto de roles que economiza incertidumbres.
Su fluir incesante como estructura, obliterando lo real.

El mito impone la estabilidad de las añejas geometrías.
El mito fuerza la fatal repetición de las coyunturas,

frustra la expectativa, precipita hacia el submundo
de la nolición, al báratro de la producción y la necesidad,
la objetividad de las relaciones de la mecánica.

Aquí no basta con instigar la reprobación del error,
atesorar la granazón del legado que ennoblecerá,

pura benefacción de las horas, al soñador del sueño.
No basta la poderosa coerción de una seducción.
Acto Tercero. Escena Sexta. Es martes y mediodía.

Pasan los despojos de un pegaso ungido en ámbar,
pasa la fusión violácea entre el esquema de colibrí

y un selenúnculo extasiado en su exedra levitatoria,
una almohada de basalto en el cráter Voskresensky.
Música para galápagos. Jaque. Rola una brisa turquesa

que lamina el cerebro y obra con sus transparencias
recamados portasenos de *soirée* para sirena madura.

19

En la espuma se aclara la complejidad de las catástrofes.
Agosto declinaba cuando 77 emergió de un ahogo de olas,

la piel escoriada por la centrifugación de la rompiente
y una lactuca en la cabeza a modo de vistosa pañoleta.
Una mente, en la secuencia palatina de las mentes,

es un individuo, holismo en transición. Abandonado
a la corroída calcinación del sueño, DiDiDiDi columbra

un acometimiento sin hartazgo ni cesura, ser testuz
y embestir a topetazos la evidencia. Como el ojo.
La idea fija del saltimbanqui: fue durar en volteretas?

Acre era el deseo en la fragosidad de los atajos,
y se arrumbaba la efímera incandescencia del metal

contra el ladrido del can y la broza de los fosos,
y asolados volúmenes, en ocre sinuoso y amaranto,
presagiaban el segmento en la hipnosis del segmento.

Nevaba un blanco magnolia sobre el clan diezmado.
Fue entonces cuando surgió, turgencia de la urgencia,

el denuedo del Yo como *prima ballerina assoluta*.
Qué violines, qué arquitecturas en citrina y *feldgrau*,
qué arsenal de sueños para un invierno de ciénagas?

Para el rumor de la muerte, un bauprés de galeón
y la verde ondulación de un verde ola en la mirada.

20

De qué brisas, de qué oros se agoniza en la evidencia?
Noviembre nos devuelve las azules llamaradas del ojo,

la precisión del ojo que estimula la funcionalidad
aletargada en los objetos, lo que perece en las inercias,
el verde jade de unas lágrimas anfibias de cloroformo.

Noviembre de crepúsculos y brumas y navales edificios,
bizancios de curso lento hacia la sed orientadas,

hacia una sutilidad de vanos en la luz del sentido.
Noviembre de las singladuras bajo horadamientos en H,
costeando con bonanza o al pairo, contra los tambores

de la fábula, tensa la voluntad y rumbo al cachalote.
Noviembre del Yo, el tiempo de sentir que la memoria

de la especie reside en cada cual, como un fuego colosal,
como una fuerza, repletando un espacio personal y común,
la mente del agonista considerado como un proyecto

de partícipe: una academia, un laboratorio, un teatro.
Superficious, el escafandrista voluntarista, lo postula

cuando siembra en el pentagrama relámpagos y esferas
o proyecta desde un bronco restallar de bombardas
su naranja *flamma* de alba con fugacidades de [•]:

lo que puede hacerse, deshacerse en cosa viernes,
puede hacerse, deshacerse en brocado isabel de neblina.

21

Nota para la escenógrafa.— Cuando la señorita Señora
se perfila sobre el taburete, al piano, contemplativa,

o ataviada de amazona es captada en el tranco arrogante
del bridón, cabalgando por los senderos del bosque,
no deshace ramilletes de caléndulas, ni amaña galano

el cabello, ni plumas reúne en su estuche de iguanas.
Acto Tercero. Escena Nona. Es martes y mediodía.

En la mente rojiza de herrumbre no hay superficie
sin su tropel de pináculos y cornucopias. Chillan bajo
el puente estorninos cual pelícanos, y en los ojos-vericueto

de la tarántula, de un verde luna, al fondo del callejón,
se lujuria con dedos numerosos, en una jerga vitriólica,

en algún matiz inconcebido de la impostación.
No se discierne en las cigüeñas la mímesis de la liturgia
esponsalicia del vexilólogo; ni en la atrabiliaria

licuefacción de los prontuarios, alfileres de marfil.
Suena el son de un soniquete sonando a ras del Yo

y se proyecta la catarsis específica de ver realidades
específicas en la blanca visión de un fogonazo corpóreo.
Los equilibrios que deconstruye el furriel de taxidermias

en el ministerio de horóscopos y astrologías judiciarias,
la evidencia, alambre que recorren fatídicos funámbulos.

22

Mañanas luminosas acogen el bullir del hábitat litoral,
lejos del piélago donde se obran inmanencias de luz

y el ave traza sus vuelos en el apogeo de lo euyecto.
Colonias de pólipos y aurelias solitarias fluctúan
al ritmo de la marea, las tonalidades pardafulvas

de laminarias y corbelas, o en aguas claras, el malva,
el bermellón, el púrpura de las rodofíceas. Mañanas

luminosas acogen el bullir del mundo interpretado
cuestionando los límites—ni jabalíes ni narcisos.
Una estrella de mar pone a punto los sentidos

comenzando el lento deambular de su jornada carnicera;
advierte los sifones de una almeja sedentaria

y con férreos tentáculos separa las valvas y le sorbe,
embuchando, la vida. Sobre un flanco contra el fondo
perciben las ostras un trasiego de crustáceos. Segrega

el percebe la negrura quitinosa de su envuelta.
La actinia ejerce, con vivos colores, peligrosa atracción.

Y en los dominios del pulpo curioso, una fila de dientes
afilados resaltan el verde pintado de un lucio voraz.
Mañanas luminosas acogen el bullir de la mente,

lejos de las simas donde se obra la intención y el ser,
en su pujanza, jamás decae o deriva hacia el símbolo.

23

Noviembre, en su codicia de luz, suelta contra el frenesí
de las sienes nueve escualos que atraviesan dócilmente,

resquebrajan los conductos de la sangre en su lancinar
furtivo, alcanzan las quebradizas hornacinas donde
antaño el clan oraba en pos de la bienaventuranza.

Así como en la navegación migratoria de las aves opera
una fuerza sigilosa y los relojes biológicos sincronizan

sus ciclos, oscilando al unísono en intervalos regulares,
así opera el arqueo semántico total, un corpus significado
que se distribuye por el idioma, que se reparte

por el entorno de cada palabra, desde la entraña originaria
hasta su perímetro de silencio. Una agregación,

una modificación, una pérdida provoca corrimientos,
surgen nuevos reflejos, nuevos vínculos e hiatos.
Al pronunciar una palabra, con cada nueva proposición,

estamos dando y recibiendo un orto de sentidos.
Labor de zapa y acarreo, para adalides y artilleros,

zahoríes e ingenieras; labor de logonauta minera.
Bienvenidos a la fantasmagoría dinámica de Mrs @,
poder cifrar el coeficiente de fluctuación del idioma,

la constante en la redistribución de sus equilibrios.
Pasadizos para acceder a la disponibilidad de la Historia.

24

La Historia? Es posible la planificación filosófica
de la Historia, programar el progreso de la Historia

tras la reflexión, liberando el estallido de acciones
totalizantes? Es factible la articulación comunitaria
de la aventura de una definición contra la evidencia.

Tiempo de claridad para un tiempo de partícipes.
Cuando el cuerpo invoca la pasión en los cuerpos,

invoca los soles de su religión, el prodigio de reposar
en el *quid* del vínculo, disolviendo los dilemas,
asumiendo jubilosamente el menester en la extenuación

y la encrucijada. El cuerpo del partícipe, luz medular,
luz dadora de esfuerzos y fluencias y ritmos pautados,

enaltecidos por la clara mediación del pensamiento,
fuego de la danza que entrelaza intimidad y discurso,
forma que busca la bizarría de los flujos de la forma,

la máxima exposición sensorial, la ufanía en el riesgo:
el juego, eso busca, el gozo de un avance donde efectuar

la averiguación de alternativas, el abasto de herramientas
y cauces para la acción. Tiempo de egresión. Hacia el rudo
estrépito de la pugna, hacia un dédalo de adaptaciones,

hacia la ironía de un idilio voluptuoso que en la tarde
transfigura la mórbida melodía de una libídine de ondinas.

25

En este mármol non finito, *Bruto* según Buonarroti,
el individuo, abstraído en el cuadrante acuático

de la introspección, transciende al tragoda marsupial
con puñal que se estremece presintiendo el magnicidio.
Se trata del repúblico en el trágico proceso de afirmarse.

Una combinación de simetrías y caprichos realza
la esencial inestabilidad del equilibrio, y en cierta flexión

se solapan el caudal del sacrificio y un estupor de apatía.
El cuerpo se ejercita en el vigor y el ímpetu presintiendo
la fusión final entre forma y propósito. *Gaudeamus.*

Aquí no se da el resquemor de la indignidad, el aliento
enrarecido de la indignidad cuando el silencio no amaina

y un desdén untuoso sucede a la náusea en la sumisión
de las mansedumbres. No se da la ternura insidiosa,
ni el envés renegrido de la misericordia en la mitología

de las edades funestas, todas las alusiones inhóspitas
que los corceles de febrero al averno defenestran.

Aquí no hay cubil humedecido ni hoces de légamo
que hinquen a dentelladas torso adentro, juntada
en haces, ante estacas y lanzas, la luz arrebatada.

El cuerpo huronea por su flujo, displicente o derrochado.
No necesita preámbulos ni una clarificación más nítida.

26

El cuerpo no necesita esgrimir en el azar un énfasis.
Y nosotros no necesitamos decretar bisiesto de vorágine.

Nosotros no tenemos que improvisar un *bozzetto*
del individuo amalgamando, sobre el tobillo izquierdo
de la norna Skuld, penelópicas prudencias,

una tersura yangkifi y cierta rutilancia shahrzad,
proclamando bravuras al son de una tonada triunfal,

cobrando la blancura de partículas que menudean
en la convulsión lumínica del abordaje, con chirridos
y crujidos y gañidos, y fulgos de arpón y maderamen,

qué nostalgia la de esa luz que ante el silencio claudica.
Impacientes progenitores sin cucuruchos de castañas

conforman la espera en el semicírculo coral de un primer
día de escuela. Da gusto detenerse. Varias brincan;
ese gime; uno, ajeno, corretea; otra avanza deleitada.

Esta observación no evoca ninguna morfología
de excepción, ni aprendizajes referibles como la frígida

cortesanía de un turbio conglomerado de atrofias.
Es la anticipación del individuo como un proyecto
de individuo, capaz de legislar su futuro imperativo

sobre la égida de un espacio abierto y una intensidad.
De máscaras carecen, del embozo de los conjurados.

27

Colombina vuelve a sus jardines, siempre vuelve.
Bajo el vuelo de atractivas mariposas diurnas,

que sienten la exuberancia en sus antenas mazudas,
florece la dalia y el crisantemo, la begonia y el geranio,
la azucena atigrada y la blanca petunia fragante,

radialmente listada en rosa. La hoja añil con estambres
amarillos de la campanilla deja paso a las cápsulas

dehiscentes de los iris azules, a los pedúnculos
de la pervinca violeta, a los embudos cabizbajos, olorosos,
de rojo cinabrio, de la amarilis, a una espiga de pálidos

jacintos, a las cabezuelas de las dalias, la crisantema
tricolor o altos gladiolos con sus flojas inflorescencias.

Los jardines de la mente no son los jardines del mundo.
Pero podrían. En Kant bastaba la soberanía de la Razón:
la Historia sería la institución ejecutiva de la moral.

Entre nosotros, queridos, bastaría con imaginar el ser
en la extravagancia de entrañar el fulgor de una idea,

el uno pensado como un proyecto de partícipe,
registro y factor, quintaesencia vital, compendio
de orientación y acción para la praxis y la teoría,

síntesis que haría inteligible cada tolvanera de lo ido,
cada pulgada en las vastas planicies de la permanencia.

28

Por qué hemos de crispar las manos para retener?
Por qué hemos de crispar las manos para alcanzar?

Caduque la memoria del jazmín y el ruiseñor.
Hubo un anhelo que ocupó mil mentes, y lo hay.
El individuo considerado como un proyecto de partícipe,

vertido en el placer de meditar en la primera periferia
de un enigma fecundo, la mirada remansada sobre el oleaje

de la noche, cuando el cansancio fundamental, la fatiga
que disgrega la identidad, nos devuelve la experiencia
del cuerpo como un trasunto de deidad dispersa.

Noviembre templa los hábitos de la posesión, y el Yo
vibra en armónicas recurrencias de auras y resquicios.

Que no hagan acopio de lo que no puedan germinar,
estas manos habituales, no una entelequia tentacular,
anómala como un lapso en la extensión de una fragancia.

Manos que se hunden por el fango y mundos
formalizan, o se aquietan, idas en el perplejo yacer

de las arcaicas paradojas, ser y dejar de ser,
y perdurar en los desprendimientos, libranza luminosa.
Manos concebidas para el sacro misterio de la entrega.

Despunta el alba. No hay amparo para el ser que sacia.
La jornada traerá fundación, o traerá pudrimiento.

29

Un afloramiento de roca ígnea fue consolidado
por empujes tectónicos de implacable potencia.

Bajo el estruendo de la tormenta las máquinas excavan,
taladran, recorren los espacios expoliados a la piedra.
Se ha producido un cambio de escala, de instrumentos.

Enormes excavadoras alzan su oquedad prismática, lodos
resbalan por los bordes como el icor por las comisuras

del lascivo. La tormenta es tromba, densa reciedumbre
de lluvia; es también, pavorosa alucinación de lo disforme,
las brutales colisiones de un fornicio entre cíclopes.

La hipótesis de una mente comunal y comunitaria
en lo común de la mente es la hipótesis de otro sol

orientando los escuadrones metafóricos del discurso.
En el fatigoso trajín de alojar los vínculos, el operario
viene y va con una acrimonia elusiva en los hombros,

sumido en el aguardiente, batido por el viento. Viene
y va, intrépido y aguerrido, en el tenaz discernimiento

del centro, el eje, la instancia para la exigibilidad moral.
La aventura de una definición contra la definición,
la evidencia considerada como un proyecto de partícipe,

erigiendo la plenitud de una pluralidad de absorción,
diseminado en el prodigio de una diáspora de estelas.

30

Nosotros no tenemos que arrojar contra la evidencia
cien apóstoles engendrados con la materia de los muros,

el arráez, el cancerbero, la ujier cero, as de la república,
empotradas en su pecho engarfiadas estacas de olivo
tostado. Llega la lluvia a las comarcas uberrimbríferas,

con furor de ofuscación y asedio llega, desplegando
en sus mantos el imperio oscuro, calando la tierra,

borrando surcos, rastros, huellas, escarbando
hasta las grutas con su arpa mineral. A veces dura
siglos. Tiempo de cobijarse en los cálidos recintos

de las casas de labranza, sus jergones descompuestos
y su techumbre rajada. Siempre hay un fogón utilizable,

y no faltan los víveres y mantenencias. Muchos recordarán
esos días poblados de leyendas, de trastos herrumbrosos
y maderas húmedas, donde la comunidad es justamente

la armonía de un pasado común y un mismo horizonte
de expectativas, los anhelos de una vida más plena

que cabrillea en los ojos de los más jóvenes. Un can
hocica por rendijas y rincones. La muchacha ensortija
entre los dedos su cabello oloroso. Se hace el silencio.

Ante el fuego danzante ha de inclinarse, con profunda
y sostenida reverencia, el individuo, la bestia esclarecida.

31

Tantas misiones como ultrajes e inicuas injusticias,
la opción virginal para una intuición de la acción.

Pentesilea, Hipólita, Camila, Clorinda, Marfisa,
Bradamante, Britomartis, ejemplario de imagos
embriagadoras donde el numen proyectivo

se refleja idealizando, como suprema cualidad,
la audacia cristalina en la patria silvestre de la proeza.

Alegorías del ser que no fabula su decrepitud,
ni percibe en los manantiales un odre saturado,
tantos itinerarios como ademanes y miradas.

Nureyevish invoca la sutil expresividad del cuerpo,
transmitida tras eras de fluencia y erosión, capaz

de conceder en reposo su belleza más furiosa.
Su sed vuelve a las fronteras, y es una sonrisa
lo que vuelve. Busca las vanaglorias minuciosamente

aniquiladas bajo el dosel disoluto de los crepúsculos
libertinos; busca la incandescencia del casiazul

del medianoche, la franca concupiscencia de un cuerpo
en plena posesión de su penumbra, los poliedros de luz:
la mente del partícipe considerada como un proyecto

de definición, la mente Niña, afilada en la persuasión
y porosa a los más clandestinos procesos de la materia.

32

Escampa. Con todo el ser, como la mar se abre
al claror venteado de la alborada, se nos confiere

la incógnita del contacto primordial, la convergencia
entre el cuerpo y los retazos del mundo. Una vivencia
noérgica, impresiva, el rudimento vivificante que abastece

la intelección. Una experiencia personal y común.
Una experiencia que afianza la inclusión del individuo

en la comunidad de individuos de cuyos torsos
alas no surgen, pero podrían, y cuya aventura
es la definición de un haz polifónico de destinos.

Ahí está la voz incomparable que nos habla
más allá de las pomposas amplificaciones del estilo

oratorio, más allá del fragor de los elementos,
entre la violencia de las cronologías, en la molécula
central de ese vendaval tendido en avalancha,

de los saberes periciales y de la función social
de la propiedad. Habla de nosotros y para nosotros,

para afirmar que siempre podremos reunirnos
en este sencillo lugar, *una* voluntad, *un* aliento,
una luz, y luego separarnos, abiertos a la vida

como se abrieron los párpados cuando el nieto frustró
la belleza de una apoteosis en la mente de Esquilo.

33

Dicen que esta forma proviene de un país de nieblas
propicio a la fantasía, a la imaginación inadecuada

que medra sin norma. Tendría por ello que tocarse
con un casquete de armiño o de astracán, o una caperuza
druídica, o un birrete romboidal de tafilete caoba,

o esas calzas de ogro azul vestorian que viste el clarinetista
en las meriendas campestres? Allí jamás se fantasea

con la bocina de un ornitorrinco emergiendo
de una laguna en Tasmania. Se contemplan las nubes,
las intimidantes configuraciones de hechuras cargadas

con el líquido corrupto que un absceso expulsa, el lustre
bilioso de una legalidad abdicatriz, petrificante, obscena

como el icono que ocluye el panorama, como el ardor
cataclísmico del punto ciego. *Moralität und Sittlichkeit.*
Una arqueta de escalpelos al fondo de la alacena,

una mola bovina en su claustro de formol, una escritura
de compraventa que relata trámites de entrega,

inspección o renuncia hace tiempo extractados,
las colindancias según el aquilón y el aire travesero,
la expresión del justiprecio en reales de vellón.

Sí: la común elegancia con que las manos se remansan,
el residuo exquisito en la mirada, las viejas cosas queridas.

34

Honorable Chambelán, la distancia crítica no depende
de una expedición a Katmandú ni del transcurso de siete

inviernos, sino de la asunción de nuevas cualidades
en la elaboración de la experiencia y la expectativa.
Hay una lozanía del ser que se subleva contra

el envilecimiento del tiempo-mercancía, la opresiva
acumulación de instantes equivalentes. Lo actual

es el umbral de agencias singulares, distintivas, epocales.
La mente vuela sus vuelos con la lógica del vuelo
en la esperanza de un retorno a la luz y al sentido.

Vuela con el magín del Estado, el pronóstico racional,
un proceso de previsión y satisfacción, de proyección

y cumplimiento. El *PodeR* no es el Estado. El *PodeR*
se aferra a la sordidez de su álef, insomne intenta imbuirlo,
hipostasiarlo en el Estado, en las facultades legítimas

adjudicadas al Estado. La mente sobrevuela el yo del Yo,
y su traza rasga un alivio como de nudo que finalmente

se zafa, la afluencia de una sangre de alborozo.
Repudio de las prerrogativas y potestades de excepción,
el carisma de la criatura providencial, la teología política.

Hubo un anhelo que ocupó mil meditaciones, y lo hay.
La efusión por doquier de las voluntades consagradas.

35

Nosotros no tenemos que improvisar la belleza
anestésica de un torsifungulado y denticonejuno maniquí,

idóneamente hibridado con el entrecejo de Netchaïev
y el mentón de Bossuet, para que prorrumpa
el túrgido alarido que revierta el vector del universo.

Skarlagen vuelve a sus gabinetes reparando anomalías,
corrigiendo discordias, ensayando disyuntivas, ahusando

la intención, pletórica de minucia y perspectiva,
noviembre de la desnudez del ave que asciende y vibra
y se proyecta con el desnudo apasionamiento del ave.

Son las energías e impulsos, los datos exactos, las reglas
fundamentales del tiempo histórico, la reminiscencia

del tintineo de una tarea repetitiva, el estro de su acaecer.
Es el afán de vigorizar la imaginación de las justicias,
la dignidad de realzar la fertilidad de los alfabetos

que abran continuamente espacios para la luz del ser.
Hubo un anhelo que ocupó mil amaneceres, y lo hay.

La aventura de confeccionar una Constitución *ex novo*,
más allá de las fortalezas jurídicas de *Marshall & Kelsen*,
un texto que concilie miríadas de textos, un poema,

el himno de la génesis de una nueva comunidad
en la tierra de los seres no esclavizados por el miedo.

36

Es preciso sostener la mirada, ajustarse a la claridad
en el ahínco de la evidencia, a ese exceso de nitidez

en la recomposición imantada bajo la curva del astro.
Estamos ante el exordio de la acción, ante el afán
del ser por cobrar morfologías: la aventura de instituir

en la pareja, en la tribu, en el legislador, en el mercado,
en los consejos de administración de las corporaciones,

la alteración del fundamento y condiciones del Yo.
La aventura de inspirar y celebrar la plural participación,
la emancipación sobre la indigencia y el privilegio,

la razón dialógica, la praxis responsable, el brío de la Ley.
Como el fruto puja sus auroras en lobregueces de caliptra,

el individuo considerado como un proyecto de partícipe.
Ninguna clepsidra, ningún tabernáculo podrá aherrojar
la aventura de postular la igualdad en la excelencia.

Otro es el tiempo que se abre, más allá de la hiedra
y el camafeo, el tiempo de los contextos de acción

que exceden al hombre y agrupaciones de hombres;
el tiempo de las generaciones humanas que experimentan
y esperan: el tiempo de la Historia—al tacto

se disgrega en corpúsculos de finísima luminosidad
como el vaho que difunden los cuerpos lacustres.

37

Cuál es la índole genuina del individuo? Gota a gota
se simulan las secuencias en la mudanza al desorden,

y el ser persevera y escucha y próvidamente memoriza
y considera el tránsito de las nubes, los cardúmenes
migratorios, el flujo del plancton oceánico, todo sistema

regular, siguiendo el humo de las transformaciones
hasta la región de la turbulencia. Hora de danzar a la orilla

de la mar entre rostros que una niña figuró juntando
piedras, presidirlos pensativo sin custodia de aves
en el tono novembrino de la mente, ese estado de serena

efervescencia peculiar a los vagabundos de la reflexión.
Hora de caminar por la avenida de las carrozas

y las finanzas por donde un día, ebrias de voluntad,
paseaban pálidas presencias que aún hoy transfieren
cualidades; dejarse llevar por las callejas pinas

convocando la alta prez de una hipótesis de luz.
El agonista considerado como un proyecto de definición,

paladín en las provincias de lo que sonriendo interfiere,
anfitrión de la celebración que jamás avasalla, ganando
naturalezas que al paso integra y fortalece, obteniendo

un bálsamo, un eco, la promesa de una alianza,
una lealtad, la creencia de alcanzar un instante de nobleza.

38

Esta tierra clama por el adviento de una era de abundancias
afincada en la preeminencia de ese estado de la mente,

personal y común. Es esa luz lo que hará componer
los códigos profetizados en los archivos milenarios.
Es esa luz lo que hará trazar las líneas que preconicen

el coraje de luchar por formar millones de príncipes.
Urge un inventario perspicuo de la república, la clarividencia

del poeta fijada en el operar de las estructuras mediadoras,
en la intrincada ponderación de los órdenes punitivos,
en las quimeras de la furia aceleradora de la Técnica.

En las imposturas que auspician que las multitudes
rindan vasallaje, idolatren la escoria de un falso bienestar.

Con qué palmo, con qué legua medir la promisión
de quienes dilatan los espacios con el hallazgo de sólo ser
quien no se nutre sino en el despilfarro de su don?

Aún está por llegar el tiempo en que se haga patente
la plena expresión del ser, la gesta de proporcionar

placer en el tedio, la gloria de infundir el vigor alegre,
el tiempo de sentir la magnificencia del amor
en la guedeja diurna que un suspiro decanta.

Hay una misión por cumplir, una misión para ti, ahora,
en el siglo de los cuidados paliativos, bravía como ninguna.

39

La misión del individuo considerado como un partícipe,
lograda en el laborioso portento de su cotidianeidad,

enriqueciendo cada acto, otorgándose en cada aceptación,
reafirmando los derechos de los otros cualesquiera,
suscitando la tácita exaltación de la voluntad general,

pionero y guardián del acervo y las libertades,
el magno esplendor del soberano en Democracia.

La aventura de definir la posibilidad de otra evidencia,
una firmeza impregnada, como este vagar a la intemperie
en el instante en que la mecánica de la mar restituye

la calma de los eones, y arriba un ave se consagra,
siente la palpitación de un espacio prístino, más amplio.

La mar no conoce a las criaturas de la noche
que en solemne contorsión se repliegan en busca
del tacto de la intercesión. La mar es un monstruo

ensimismado, extraviado en la pura percepción del tiempo.
En su anhelo de arboladuras, se retrae y contrae

en olas tenebrosas, brama sobre las restingas,
ruge, se encrespa, se expande en un estallido de vesania,
se inmola contra los escollos. No hay pureza como ésta.

Aquí todo tiene sabor a Ley, violada con la emoción
de quien da puntadas a un festón la víspera de bodas.

40

Oh fundar la república justa esparciendo la monotonía
moral del ciudadano excelente! Sí: la función del alma

consiste en filtrar las totalidades que uno absorbe,
los estratos renuentes de la arqueología de la mirada,
la memoria de los mobiliarios de una sensación,

las apariencias en la fijación de un sentimiento,
los instantes gloriosos de la intensificación

y la apertura. Escucha, camarada, hubo quien vivió
en la obstinación de instaurar una razón entusiasta.
Del viento sus centurias, despojos de sueño fue.

En su mundo huidizo eligió la energía que rebosara,
que traspasara el sentido del instante venidero.

Presencias, formas vastas, robustas, formas repletas
de naturaleza aglutinante; cuerpos hechos para ser
transitados por un tiempo todo anunciación y vestigio.

Tú eres la estricta realidad de ese porvenir de luz.
Busca vivir en la opulencia de las transiciones.

Colma tu pecho con el aliento de las formas vivas.
Más allá de la potencia masiva de una voluntad,
más allá de la feroz determinación del ser por excederse,

sólo en ti hallarás lo que buscas, los ojos de un extranjero
con alma de bailarín y pródigo en paradigmas.

HERÁKLEITOS
ESSAYS & POEMS

Kolibri 360 GmbH
Ferdinand-Jühlke-Straße 7
99095 Erfurt, Deutschland
produktsicherheit@kolibri360.de